百年上医·大师风采

丰泽杏林 隽彦长辉

徐丰彦教授诞辰120周年纪念文集

主　编　金　力　袁正宏
副 主 编　周　虎　徐　军
执行主编　黄岸青　周　律　丁士华

复旦大学出版社

编委会

主 编
金 力　袁正宏

副主编
周 虎　徐 军

执行主编
黄岸青　周 律　丁士华

编 委
（按姓氏笔画排序）

丁士华　王 艺　包 涵　刘 莉
许晓茵　吴晓晖　张 威　张 瑾
陈 洁　周 律　周 鹏　姜 红
黄志力　黄岸青　程 娌

编 务
何宜娟

立生理研究之言
弘为国育才之道

纪念徐丰彦教授诞辰120周年

左焕琛

二〇二三年十二月十二日

第十届全国政协常委，中国农工民主党中央原副主席，上海市原副市长，原上海医科大学基础医学院院长左焕琛教授题词

徐丰彦教授

序

歇浦汤汤,院宇辉煌;贤者之风,山高水长。

自1927年创校至今,复旦大学上海医学院(原上海医科大学)即将走过一百年的辉煌征程。从吴淞创校、宏业奠基到迁址枫林桥兴办中国的第一所国立大学医学院;从守护上海、抗日御侮到内迁滇渝、弦歌不辍;从回迁复校到溯江西进、援建大西南;从改革开放后援藏援疆医疗帮扶、助力脱贫攻坚,到白衣逆行、出征武汉、冲锋在抗击新冠肺炎疫情的最前线,上医风雨兼程,始终与国家民族同向同行,始终走在医学教育发展和改革创新的最前沿。

高山仰止,景行行止。近百年来,一代代上医人坚守办中国人自己医学院的初心,扛起发展中国现代医学的旗帜,为国家医学事业培养了大批优秀的医药卫生人才,在中国大地上扎下爱国奉献之根、医学教育之根、健康科学之根。如今的上医正勇立改革潮头,阔步走在建设世界一流医学院的新征程上,我们应始终铭记上医先辈们的崇高品德和精神风范,从他们身上汲取不断前行的智慧与力量。

如今,走入复旦大学上海医学院,东院区绿树掩映之间,16位上医一级教授的半身雕像映入眼帘。他们是上医"为人群服务"宗旨的践行者、"正谊明道"院训的开创者,是一代代上医人乘风破浪、扬帆远行的精神寄托,爱国奉献的红色基因深深融入他们的血脉和骨髓。他们的学识和情怀现在又馈赠了每一位当下的上医人,我们常常可以看到新生和毕业生在他们的雕像前合影留念、驻足沉思。著名医学教育家、生理学家徐丰彦教授的雕像就在其中,伫立在学子上下课的小径旁。徐老在生理学界钩沉索隐、磨砥刻厉近70载，取得了诸多开创性成果，为上医发展和国家医学事业作出了突出贡献。在他的带领下，上医的生理学科蓬勃发展。

潜心科研，深耕生理。徐老在我国近现代生理学起步阶段便开始从事生理学教学和科研工作，孜孜以求，勤奋不怠，即使环境恶劣、设备不足，也没有让他停下探索前进的步伐。炮火连天的岁月中，他坚持完成教学任务，并开展多项研究工作，首次提出"弥散性血管张力反射"的概念，阐明了血管张力反射在循环的自我调节中具有普遍性。徐老在未知的科学世界中披荆斩棘，却恪守着"不唯上，只求实"的信念，用平常心做着非凡事。

重视教学，培养师资。20世纪50年代初期，徐老担任上医教务长，在全国医学教育改革浪潮中，他激流勇进，在学制调整、课程精简、教材编写、教学计划制定等方面，发挥了重要作用。徐老重视培养青年师资，响应国家号召开办三期生理学高级师资进修班，为国家培养了一批生理学杰出骨干。医者师心，相得益彰，在他的管理和带领下，生理学科快速发展，上医在教学、科研和人才培养等方面都取得了显著成就。

学习中医，研究针麻。徐老积极响应党和国家号召，用现代科学方法研究和发扬祖国医学。20世纪50年代末，徐老带头参加中西医结合气功原理研究，受到卫生部表彰，研究成果为生理学教研组系统开展呼吸生理研究奠定基础。为探索针刺麻醉的生理机制与临床应用，徐老带领生理学教研组建立相关课题，展开深入研究，培养出一批立志投身针麻事业并作出积极贡献的新人。在上海市针麻研究大协作中，他出任机制研究组组长，在针刺镇痛机制研究工作中作出了重要贡献。中西结合，古为今用，徐老的科研成果，让传统中医焕发新生。

治学严谨，求真务实。徐老不迷信权威，始终坚持用学术立场来应对不符合科学事实的言论。不论是在国际广泛流传的"良导络"疗法，还是受到国内舆论认可的"凤汉管"，面对这些新言论，徐老始终秉持着严谨求实的科研态度，带领教研组展开实验，最终以翔实可信的论据揭示了这些理论研究的不足之处。为人谦和的徐教授，在坚持学术见解时却旗帜鲜明，体现了上医学者一贯坚守的严谨求实学风。

淡泊名利，指导后学。徐老曾经说过："我认为一个好的科学工作者必须有好的素质，在政治上，要热爱自己的国家，要有跟共产党走的决心。"在他的言传身教下，生理学教研组多次被评为先进模范集体。他主编的《人体生理学》成为我国第一部生理学大型参考书，并荣获全国优秀科技图书一等奖。淡泊名利，不在意个人得失的徐老一生心系医学教育事业，尤其重视教学工作的质量。"严格的要求、严肃的态度、严密的方法"是他为医学教育工作者定下的标杆，他日复一日、以身作则，为我国生理学界培养了大批优秀的骨干教师。如今，徐老桃李满天下，各地医学院校的学科带头人中，常常可以见到昔日徐老讲台下的莘莘学子。十年树木，百年树人，徐老开创的医学教育事业，后继有人。

徐丰彦教授用一生的探索与实践在我国生理学发展史上谱写了光辉篇章。他求真务实、勇于创新的科学精神，追求真理、敢为人先的探索精神，团结协作、淡泊名利的团队精神，胸怀祖国、甘为人梯的奉献精神，永远激励着一代代上医人砥砺前行。

今年是徐丰彦教授诞辰120周年。抚今追昔，我们整理出版《丰泽杏林　隽彦长辉——徐丰彦教授诞辰120周年纪念文集》，既是对他卓越成就和崇高精神的缅怀致敬，也是赓续弘扬上医光荣传统的宝贵实践。希望我们每一位上医人都能继承徐老的遗志，不忘初心，迎难而上，不断攀登世界医学高峰，在推动现代医学发展的广阔道路上取得更辉煌的成绩。

金力　老琥

2023年11月

目 录

攀峰生理　师之楷模　　　　　　　　何宜娟 / 001
画说大师　　　　　　　　　　　　　蔡志华 / 056

纪念文章　　　　　　　　　　　　　　　 / 057

我的爷爷徐丰彦　　　　　　　　　　徐文仲 / 059
怀念恩师徐丰彦教授　　　　　　　　萧　俊 / 062
求真务实的楷模　　　　　　　　　　姚　泰 / 064
正派做事　清白为人　　　　　　　　程介士 / 072
追忆徐丰彦教授二三事　　　　　　　郑履康 / 080
师恩难忘　　　　　　　　　　　　　刘汉清 / 082
忆恩师　铭传承　　　　　　　　　　陈槐卿 / 088
实验基本功要心灵又手巧　专业知识要广博而深入
——徐丰彦教授的言传身教　　　　蒋志根 / 099
回忆导师徐丰彦教授　　　　　　　　夏　莹 / 103
我的恩师徐丰彦教授　　　　　　　　周逸平 / 106
从徐丰彦到曹小定　看上医精神的传承　吴根诚 / 109
中西医结合针刺原理研究的引路人　吴根诚　王彦青 / 117
生理学家徐丰彦教授　　　　　　　　陆　明 / 126
燕歌行　　　　　　　　　　　　　　季为群 / 131

论文代表作 / 135

A Note on the Calcium Content of the Skeletal Muscles After Thyroparathyroidectomy and Parathormone Injection
　　　　　　　　　　　　　　FONG-YEN HSU, CHIAO TSAI / 137

The Depressor or Vasotatic Reflexes
　　　　　　　　　　　　　　R. K. S. LIM, FONG-YEN HSU / 145

The Effect of Adrenaline and Acetylcholine on the Heart Rate of the Chick Embryo　　　　FONG-YEN HSU / 173

Two Simple Heart-Oxygenator Circuits for Bloodfed Hearts
　　　　C. LOVATT EVANS, F. GRANDE, FONG-YEN HSU / 185

The Diffuse Vasotatic Reflex
　　　　　　　　　　　　FONG-YEN HSU, LIANG-WEI CHU / 192

Observations on the Inhibitory Action of the Vagus Nerve on Intestinal Motility　　　　　　　FONG-YEN HSU / 208

肠—肠抑制反射及其条件反射的建立　　陈明光　徐丰彦 / 215

气功疗法机制的研究　　　　　　　　徐丰彦　林雅各 / 224

植物性神经系统生理学进展　　　　　徐丰彦　沈　锷 / 234

针刺促进动脉血压正常化的机制探讨　　　　徐丰彦 / 250

岁月留痕　　　　　　　　　　　　　　　　　　/ 253

攀峰生理 师之楷模

何宜娟

徐丰彦(1903—1993),浙江淳安人。一级教授,著名生理学家、医学教育家。

徐丰彦1923—1927年就读于复旦大学,毕业后在国立第四中山大学医学院(今复旦大学上海医学院,简称上医)任教。1930年,到北平协和医学院进修,在林可胜教授指导下进行循环生理学研究。1932年,任中央大学生物学系讲师。1933年获得中华教育文化基金资助赴英国伦敦大学埃文斯(C. Lovatt Evans)实验室学习,获哲学博士学位,之后又跟随比利时生理学家海门斯(Corneille Jean François Heymans)进修循环生理学,主攻颈动脉窦区的生理功能研究。1936年回国后,先后在中央研究院心理研究所、中央大学医学院生理科工作。1945年,徐丰彦受聘于内迁重庆歌乐山的上医,任生理学教授。

中华人民共和国成立后,徐丰彦教授以极大的热忱投身于医学教育事业。他除担任上医生理学教研组主任外,还担任教务长和基础医学部主任。他响应国家号召主持举办了三期生理学高级师资进修班,为国家培养了一批生理学杰出骨干。他主编的《人体生理学》成为我国第一部生理学大型参考书,荣获全国优秀科技图书一等奖。20世纪50—60年代,他开始以现代科学方法对气功疗法和针刺疗法作生理机制的研究。1978年以后,他带领青年教师与研究生取得了有关针刺调整机制的一系列成果,曾获得国家教委、卫生部和上海市的科研成果奖。

1956年,徐丰彦光荣地加入了中国共产党,曾当选为上海市第三届人民代表大会代表，上海市第五、六届政协委员。曾任中国生理学会理事、上海生理科学会副理事长、中国科学院生理研究所学术委员会委员、卫生部医学科学委员会生理专题委员会委员和针灸针麻专题委员会委员、国家科学技术委员会医学专业组成员、中国医学百科全书编辑委员会委员等，还曾任《应用生理学》《生理科学进展》杂志顾问，《生理学报》《中华医学》《上医大学报》《上海医学》等杂志副主编、编委。

1993年1月22日，徐丰彦教授因病逝世。徐丰彦教授把自己的毕生精力用于国家的医学教育和科学事业，他是上医永远的精神丰碑。

一、书香世家　勤学爱国

徐丰彦1903年12月5日出生于浙江省淳安县。

淳安县位于浙江省西部，地处昱岭、白际、千里岗三大山脉怀抱之中，清莹透彻、奔腾不息的新安江横贯东西全境，是风景秀丽的千岛湖所在地。明嘉靖年间，淳安在乡以下设三十六都，徐丰彦祖上就世居在六都蜀阜的古虹村上庄畈（今淳安县威坪镇）。蜀阜历史悠久，位处淳安西部山区，与皖南边界接壤，虽然崇山峻岭、风景秀丽，但交通闭塞、生活艰苦，当地人于乱山石中开辟良田梯地，将深谷荒地耕成肥沃粮川，因而练就了他们闻名于浙皖地区的艰苦卓绝精神。徐丰彦从小生活在这里，在蜀阜勤劳勇敢的民风熏陶下成长，而后他走出淳安，在生理学领域钩沉索隐、磨砥刻厉近70载，不能不说也受这种故土精神的影响。

徐丰彦出生的古虹村（图1），村头原有一座四孔石拱桥，由明代蜀阜进士徐楚主持修建，拱桥古朴别致，外形似彩虹，因而古虹村又称"虹桥头村"。千百年来，徐姓人家在这里聚族而居，繁衍生息，孕育了以血缘关系为纽带的宗族文化，形成了族权统治的权力体系。村郊那座气势恢宏、散发着浓厚宗法气息的徐氏宗祠，在族人眼里可以说是根脉相连的避风港，但对徐丰彦一家来说却并非如此。在徐丰彦的记忆里，幼时家里经常受到族人的排斥与欺侮，祖父徐润一向恪守本分，

图1　徐丰彦的故乡古虹村
（图片来源：徐文仲）

不善交际，为了避免与族人发生矛盾，卷入宗族争斗的漩涡，就带着年幼的徐丰彦去淳西他地的私塾教书。徐丰彦跟随祖父生活10余年，小学正是在祖父所在的私塾就读的。

祖父徐润选择在私塾执教，不仅是被生活所迫，同时也是受当地崇文重教的社会风气影响。徐丰彦一家生活的淳西地区山多地瘠、沟壑纵横，农业生产条件差，困于农耕生活，当地重教兴学蔚然成风，书院星罗棋布，到处书声琅琅，历代人才辈出，以"文献名邦"著称。徐丰彦祖上世代读书，他的曾祖父也是私塾教师，而父亲徐炳（字斗生，号云巢）（图2）是清宣统己酉年（公元1909年）拔贡，著有《云巢腾墨》《云巢诗集》等作品，曾致力于收集整理《余力稿》等蜀阜文献，称得上是淳西名宿。辛亥革命后，徐炳被聘为浙江省立第九中学堂（简称九中，今浙江省严州中学）教员，任职达18年。中国花鸟画大师吴茀之在九中读书时，他的国文老师就是徐炳。1947年，徐炳主编《淳安县志》，1950年，淳安建立各界人民代表会议制度，徐炳当选为常务委

图2　徐丰彦的父亲徐炳
(图片来源：网络)

员会副主席。受地区及家庭文化氛围的影响，徐丰彦从小就勤奋好学、俭朴刻苦。同时，由于从小跟随谨小慎微的祖父生活，耳濡目染之下，徐丰彦也形成了沉静少语的性格。

在古虹村以北不远的碣村，曾有一个叫方腊的历史人物，是北宋时期农民起义的领袖。方腊反抗压迫、英勇斗争的故事在淳西蜀阜一带口口相传，在幼时徐丰彦的心里留下了深刻印象。加上读私塾期间祖父格外用心培养，徐丰彦很早就树立了强烈的爱国情怀与坚定的报国志向，他时常勉励自己勤学笃行，学有所成以强国富民。1917年，小学还没毕业，徐丰彦就从小山村考到了父亲执教的九中，在这里开始了四年的中学生涯。

九中历史悠久，前身可追溯至清康熙年间创建的文渊书院。嘉庆时，文渊书院改为双峰书院。清末，光绪帝赞同维新派"改革科举，兴办学堂"的主张，严州府奉令将双峰书院改为六睦学堂。六睦学堂的兴办，为严州六县新学创立之始。徐丰彦的父亲徐炳到这里任职时，六睦学堂已更名为浙江省立第九中学堂。这一时期的九中名师云集，既有一批进士、举人出身的国学宿儒，又有一批留学归国的西学精英，如清末举人宋钟俊，拔贡方赞修，日本早稻田大学毕业的同盟会成员包汝羲，留学日本并追随孙中山参加辛亥革命的南社先贤公羊寿等。

九中严于建制，素以校风严实著称，首位校长王韧以"做事不做官，做官为做事"的风骨成为九中师生的典范。1917年，在九中的新生开学典礼上，时任校长方赞修向学生重申"做事不做官"的训诫，并强调"不做官"不是不做官员，而是不把官职当作官位，不摆官僚作派，不做钻营的政客。这场演讲给台下的新生徐丰彦留下了极为深刻的印象。多年后，徐丰彦曾在一份业务考绩里写道："无组织管理才能，今后努力方向，继续做点科研，不愿做行政工作。"[①] 这种自谦务实、沉浸于科研的态度，不能不说是受九中"做事不做官"训诫的影响。但其实徐丰彦并不是没有做过"官"，他曾担任上医生理学教研组主任、教务长和基础医学部主任，牵头建设上医生理学教研组，培养大批生理学杰出人才，主编全国生理学教材和参考书，用行动诠释了"做官为做事"的精神内涵。

徐丰彦入学那年，九中恰好取消以"四书""五经"为内容的经学课程，但受父亲的影响，徐丰彦爱好文学，喜欢作诗。在九中读书的几年里，他恪守"严勤实敬"的校训，勤奋刻苦，功课在班级名列第一，各方面能力突出，还当过班长。时间很快来到1919年，当"五四运动"的热潮波及这座浙江西部的小城时，二年级的徐丰彦也热血潮涌地参加了这场轰轰烈烈的爱国运动。他与同学们一起走上街头散发传单，游行示威，高呼"拒绝在和约上签字""抵制日货""誓死争回青岛"等口号，声援北京学生的反帝爱国斗争。不过这时的徐丰彦并没有想到，几年之后，他会考上上海"五四运动"的指挥部和大本营——复旦大学。

---

① 复旦大学档案馆，1999-DQ15-0262，干部档案（徐丰彦）.

复旦大学具有光荣的革命传统。1919年5月6日,复旦大学国文部教授邵力子把北京发生学生运动的消息带到复旦大学,敲响了"五四上海第一钟"。在李登辉校长的支持下,复旦学生联合上海各校成立学生联合会,成为上海学生运动中的一支主力军。"五四运动"是复旦发展历史上的重要契机,由于在"五四运动"期间声名大噪,复旦延揽众多进步人士来校任教。这一时期的复旦已经分设大学部和中学部,文、理、商科并立,学科建设不断完善。等到1923年徐丰彦入学时,大学部已经从海格路(今华山路)的李公祠迁至江湾校舍,奕住堂、简公堂、第一宿舍、第二宿舍等建筑也已相继落成。

复旦大学历来重视爱国教育与政治启蒙。在学校的鼓励下,学生们发挥自治精神,自发组织了"进德会""公民研究社""社会服务团"等社团组织。其中"进德会"以增进德行为宗旨,每周邀请名人来复旦演讲德育问题。徐丰彦入学后,也积极聆听爱国人士振聋发聩的演讲,从中汲取进步力量,政治意识得到增强,爱国激情也被进一步激发。1925年5月9日,复旦举行"五九"国耻纪念会,徐丰彦与同学们在大操场宣读"复我国魂,奋我前程"的誓词,以示不忘国耻,奋发图强。不久,五卅运动爆发,复旦师生集体罢课,徐丰彦与同学们一同声讨日本帝国主义枪杀工人的暴行,并将伙食费节约下来捐助给工人们。复旦学生还在《民国日报》发表宣言:"凡是中华民族、都应该有一种敌忾同仇的气氛、都应该有一种救亡御蹴的决心。"①借助宣言,徐丰彦心中反帝、反封建的强烈呐喊得到抒发。

青年时代的徐丰彦追求真理与进步,渴望国家独立强大与民主自由。他亲历两次学生运动,深刻认识到青年群体在社会变革与民族振兴中发挥的巨大作用。中华人民共和国成立后,徐丰彦积极响应国家"向科学进军"的号召,受卫生部委托在上医举办了三期生理学高级师资进修班,他十分重视青年人才培养工作,培养了大批本科生、研究生以及国家急需的生理学高级师资人才。

---

① 复旦大学学生宣言.民国日报,1925-6-8.

二、复旦学子　生理启蒙

徐丰彦考入复旦大学之前,还曾经在复旦中学插班补习两年。

1921年徐丰彦从九中毕业后,与几位同学一同来到上海报考大学。对于文理两科,徐丰彦胜券在握,但由于山区小城学习环境相对闭塞,英文这一门相对薄弱。果不其然,报考结果出来后,因为英文成绩不佳,他落榜了。

这次落榜,使徐丰彦深刻意识到学习英文的重要性,他决定先插班进入上海的中学,以尽快弥补自己的短板。适时复旦章程规定,"凡投考中学,以具有高等小学毕业程度,或与本校中学补习科相等之程度,且国文通顺者为合格。其学业优长者,考验各科学程度分别插班。"于是,徐丰彦经过插班考试进入复旦中学部三年级,为考入大学做准备。当时复旦中学部分设文理普通科和商科,学制为四年,优秀的毕业生还可以直接升入复旦大学。在中学部补习的两年里,徐丰彦保持朴实的学生作风,埋头于学业(图3)。通过两年的穷追猛赶,他的英文水平有了很大提升,逐渐能够看懂英文书籍。1923年秋,各科成绩优秀的徐丰彦,顺利升入了复旦大学理科一年级。

复旦大学自迁至江湾后便进入了快速发展期。1923年秋,大学部共招收了530名学生。这一年,黄炎培应邀来复旦讲演,称赞"复旦是中国唯一的、真正的私立大学"。但作为私立学校,复旦大学向来注重社会需要,文科与商科是其重点学科,纯粹科学的发展空间十分有限。直至郭任远这位天生具有叛逆气质的心理学博士的出现,才开拓性地打破了这种局面,而这种局面的变化,也直接影响了徐丰彦的求学之路。

图3　复旦中学四年级时的徐丰彦

1918年，郭任远从复旦毕业后，赴美国加利福尼亚大学攻读心理学，期间他对欧美传统心理学中的"本能"学说产生怀疑。1921年，他在美国《哲学杂志》发表《取消心理学中的"本能"说》一文，在心理学界掀起了关于本能问题的论战，此后又发表一系列批判本能学说的论文，首次提出心理学是一门自然科学的观点，成为行为主义心理学派的代表人物之一，"推动了美国传统心理学向现代心理学的转变"[①]。1923年春，年仅25岁的郭任远获得心理学博士学位归国，复旦大学校长李登辉得知后，派12名代表前去拜访，在与北京大学、东南大学的激烈角逐中，最终以"十二分欢迎的诚意"成功延请郭任远回母校任职（1924年《复旦年刊》所载《心理学系成立纪事》）。到复旦后，郭任远向热心教育事业的同乡郭子彬、郭辅庭父子募捐3000元，购置了一批书籍、仪器和实验动物，在他的主持下，心理学系随之宣告成立，于1923年秋季开始正式招生。

复旦的心理学系刚成立时隶属于理科。成立之初，心理学系开设四班：人类行为学、实验心理学、比较心理学、心理学翻译。为了向学生传播科学心理学知识，提供学习研究所需，郭任远购置了大量图书、杂志以及常用的实验仪器，并在心理学系设置了辅庭图书室（图4）、人类实验室（图5）及动物实验室（图6）。徐丰彦初次来到辅庭图书室时深受震撼，这里有数千册心理学、生理学、生物学相关书籍，还有数十种英、德文杂志。其中很多是郭任远来复旦任职时带来的，也有部分是向郭任远的朋友、芝加哥大学生理系在读博士蔡翘所借，还有部分是美国心理学家爱德华·托尔曼（Edward C. Tolman）等教授相赠。人类实验室也颇为完备，有实验仪器数十种、生理模型数十具，而动物实验室中有鸽子、猫、犬、猴、白鼠等多种动物，用作专门研究，这让徐丰彦叹为观止。对于复旦心理学系的成立，该系首届毕业生胡寄南曾感叹："这样浪漫式的成立史，不独在学校史里面，辟一新纪元，即以

---

① 陈寅主编.先导——影响中国近现代化的岭南著名人物·中[M].深圳：深圳报业集团出版社，2008：468.

图4 辅庭图书室

图5 人类实验室

图6　动物实验室

全国学校而论,亦不多见。"(1924年《复旦年刊》所载《心理学系成立纪事》)

除担任心理学系主任,教授心理学外,郭任远还于每周三、周五演讲两小时,本校学生及社会人士皆可来复旦听讲。郭任远趁此机会向当时尚不知心理学为何物的大众宣传心理学理论和最新研究成果,很快就风靡复旦校园与沪上学界,吸引了一批青年学生。徐丰彦就是其中之一,郭任远的课程和演讲他无一缺席,几乎成了心理学系旁听生。

在郭任远的主持下,心理学系的规模很快得到扩大。1924年春,经郭任远提议,复旦大学学制改组,大学部设商科、理工科、文科、心理学院。心理学院之下,设生物学系、动物心理学系、应用心理学系、普通心理学系。同年,郭任远又向郭子彬、郭辅庭父子募得五万大洋,开始筹建心理学院大楼。此外还添聘教授,增加教科,添置书籍、仪器,设立研究院,并招收了复旦首位研究生蔡乐生。不到一年时间,心理学已经成为复旦知名学科。

随着心理学院规模的不断扩大,它对复旦学生的吸引力也越来越强,开始陆续有学生转读心理学,如后来成为我国著名心理学家或生理学家的胡寄南、冯德培、朱鹤年等。1925年春季学期,徐丰彦也正式从理科转入了心理学院。同级学生中,除徐丰彦外,还有童第周、马云、蒋天鹤、郦翰丞、朱懋祺(图7)等。他们大多从复旦的文、理、商科转入,对心理学的了解并不系统。徐丰彦的同班同学郦翰丞曾描述过他们转科之后的课业情况:"因为这个缘故,所以我们在这一年中所读的学分尽力地只求减少,专心于所选的几种学课上和课外的涉猎,因此只选了比较的初步的如普通心理学、应用心理学、比较心理学和变态心理学等这几种。"(1925年《复旦年刊》所载《心理学院二年级》)

转入心理学院后,徐丰彦在郭任远的指导下开启了全新的学习方式。据心理学院首届学生彭兆良回忆:"他的教法,和别的教授不同……他采用自由主义的;不注重考试,不注重背诵,不注重孤独本

图7　1925年,徐丰彦与同学合影
左一为徐丰彦,左四为童第周

的教科书;他所注重的,唯在图书室里看参考书与课外的工作……不但要做报告,并且还要上讲坛去报告。"(1925年《复旦年刊》所载《入心理科后的追忆》)郭任远所采用的教学形式,其实就是现在的研究性学习,他让学生们在阅读心理学英文原著、进行小组讨论汇报和提出个人见解的过程中,不断自由探索,从而获得突破性发展。对于这种研究型学习方式,刚开始徐丰彦压力非常大,虽然他在报告前做足了准备,但一旦走上讲台,看着台下侧耳聆听的同学,心中难免紧张。好在几次锻炼后,也就逐渐驾轻就熟,收获颇丰。

从理科转入心理学院后,虽然课业紧张,但平日里徐丰彦与同学们志同道合,在班训"勿谓今日不学而有明日"的指引下,相互砥砺,切磋学术,寻求真知,还一同参加心理学院学生发起的"心理同乐会",关系十分融洽。直到晚年,徐丰彦与冯德培、童第周、朱鹤年等同学还保持着热切的联络。

1925年9月,心理学院增设附属实验中学作为实验基地。徐丰彦平时除了学习心理学课程、做各项研究报告外,每周还抽出时间去实验基地进行心理实验。其中让他印象最为深刻的一组实验,莫过于后来轰动世界的"猫鼠同笼,大同世界"。为了进一步否定本能论,肯定后天的学习与经验对行为所起的关键作用,郭任远指导徐丰彦等学生将刚出生的猫和白鼠放在同一个笼内饲养,结果猫和白鼠互不相犯,玩乐嬉戏,和平共处。虽然猫有时想抓白鼠,但当猫向老鼠伸爪时对猫进行电刺激,猫就会把爪子收回去,这样重复几次之后,猫便不会再去碰老鼠。郭任远通过这个实验证明猫抓老鼠并不是先天的本能,而是后天学习的结果。这次实验的结果,让徐丰彦真正明白了郭任远常挂在嘴边的"拿出证据来"的含义,实践出真知,不能盲从前人的学说和观点。这种科学态度对于他以后从事研究工作产生了很大影响。

复旦心理学院创办以来取得的成就备受社会各界瞩目,郭任远更加意气风发,决意将心理学科扩充为生物学科。1925年4月,复旦得到中华教育文化基金会的资助,该会承诺每年拨款一万元用来发展复

图8　1926年落成的子彬院

旦的生物学科。1926年6月5日,筹建了近两年的心理学院大楼落成,命名为子彬院(图8)。落成典礼后,徐丰彦与同学们精神焕发地搬进了这栋当时复旦最宽敞、最豪华的大楼,"此院建筑计分三层,连汽楼计四层。内部分人类实验室、动物实验室、图书室、演讲厅、生物实验室、照相室、影戏厅、教室等。"(1925年《复旦年刊》所载《本校一年来大事记》)这是子彬院建成初期的规模情况。至于子彬院之后几年的情形,我们可以通过1933级生物学科校友王友夑的回忆探知:"三层则是生物学系的大本营,有一大教室,凡是二、三、四年级的课程与实验都在这一房间内,动物学、植物学的标本,显微镜,各种仪器,布满在四壁的壁橱内……大教室后面一走廊,右通系主任办公研究室,并有楼梯下楼上化学、物理等课。左通至切片技术室,可制造切片标本。再过去为系的图书室,有很多外国杂志。再过去一小门,本有一阁楼,为单身教授及助教的卧室。底层大教室是生物学的讲堂,有很多别的院系同学选这门课的,亦在此听课。在子彬院与第四宿舍之间,有一小规模的绿室,培养植物及青蛙。在三楼后面露台,罩了很大的一个铁丝网,里面养养猴子、白兔及鸡,以供实验之用。"①据称,在复旦的心理学院大楼建成之前,只有苏联巴甫洛夫心理学院颇备规模,美国普林斯顿大学虽然也设有心理学院,但规模尚不能与子彬院相比。"故此院在历史上可占第三位,在中国则为破天荒第一位置。"(1925年《复旦年刊》所载《本校一年来大事记》)在当时,复旦心理学院被誉为"远东第一心理学院",因为它的欧式建筑风格与美国白宫相近,又被誉为"小白宫"。

随着子彬院的落成,复旦心理学科也正式改组为生物学科。这一时期,郭任远延揽了国内一流学者来任教,如生理学权威蔡翘、主攻细胞学的蔡堡、以遗传学见长的李汝祺等,有"一院八博士"的强大师资阵容,盛极一时。"近代生理学是一门实验性学科,其发展不但依赖于物理、化学,而且还依赖于实验技术与设备"。②郭任远深谙此理,所以除了引进人才外,他还在原有实验器具的基础上添置了各类设施,比如在子彬院二楼走廊添设了标本橱,在三楼添设一所实验室,并为实验室购买了多条台凳。他还专门从德国订购了复合显微镜10台,解剖显微镜12台,显微镜总数量多达46台,还购置了上百种无脊椎动物标本。这批实验设备的添置,在当时我国生理学实验教学并不普及的情况下,为徐丰彦提供了非常难得的实验条件。

虽然我国生理学教学始于清末,并且民国初期颁布的"壬子癸丑学制"中也规定,理科大学和农科大学等非医学院也要设置"生理学"课程,但在20世纪20年代中期以前,国内的生理学课堂上基本上只有讲授式教学,停留在动植物的形态描写和分类研究上,而无配套的生理学实验。直到1925年,林可胜自美国回国后,才率先在北京协和医学院开设了实验课。"身为生理系主任的林可胜还带领同事们在协和附设的机械室用了约一年的时间,自行设计、制成多种学生用生

---

① 王友燮.盛极一时的复旦心理生物系.见:彭裕文,许有成主编.台湾复旦校友忆母校[M].上海:复旦大学出版社,2003:98-102.
② 王志均,陈孟勤主编.中国生理学史[M].北京医科大学,中国协和医科大学联合出版社,1993:44.

理学实验仪器,并把部分仪器推销给国内其他学校,不久,上海、广州等地也相继仿制。"[1]当时复旦是否也仿制了这类生理学实验仪器,我们目前无法通过史料证实,但可以肯定的是,复旦心理学院在1925年就设置了人类行为实验室、生物学实验室以及动物行为试验场,借助这些实验室与新添置的仪器设备,蔡翘等学者在讲授式教学之外,也进行了实验启蒙教学,"以实验证学理,其理易明,而收效亦多,诚合教育之方针也。"(1925年《复旦年刊》所载《复旦大学之概况》)从而将先进的生理学实验技能与研究方法传授给徐丰彦等学生。据同学朱懋祺回忆,这一时期的徐丰彦在蔡翘的影响下,对生理解剖很感兴趣,"余与徐丰年('年'字应为'彦')君性喜学理,对于生理解剖、卫生等科,尤有兴趣。"(1926年《复旦年鉴》所载《生物学科三年级心理学系》)

如果说徐丰彦最初是在郭任远的吸引下从理科转入心理学院,那么蔡翘则是徐丰彦进入生理学研究领域的真诚伯乐(图9)。我国现代生理学在发展过程中形成了南北两个学术中心,北方以林可胜为代表,南方则以蔡翘为代表。1925年,蔡翘获得芝加哥大学哲学博士学位,在芝加哥大学研究生院期间,他师从著名心理学家哈维·卡尔(Harvey A. Carr)教授研究心理学,同时跟随美国科学院院士、比较神经学家查尔斯·赫利克(Charles J. Herrick)辅修生理学和神经解剖学。"蔡翘在跟随赫利克学习神经解剖期间,在美洲袋鼠脑组织的神经解剖研究中,发现顶盖前核是视觉和眼球运动功能的中枢部位,即顶盖前核区,国际上有称之为'蔡氏区'"。[2]在蔡翘的指导下,徐丰彦系统地学习了生理学、神经解剖学和组织胚胎学等课程。

---

[1] 邓铁涛,程之范主编.中国医学通史·近代卷[M].北京:人民卫生出版社,2000: 365.
[2] 张大庆,李金湜,徐坤,管同著.当代中国医学家学术谱系[M].上海:上海交通大学出版社,2016: 53.

图9 徐丰彦(左)与蔡翘(右)合影

徐丰彦很喜欢蔡翘老师的课堂。蔡翘十分讲究教学艺术，讲课从不照搬讲义，他着重讲清基本知识，然后提出带有启发性的问题，让学生们独立思考，得出结论。同时他也十分重视实验操作技能的培养，对于重要的生理学现象，只要条件许可，他尽量安排实验，让学生对所学知识有透彻的理解，培养他们从事科学研究的基本功。蔡翘还十分注重培养学生严谨的科学态度，提高学生的表达能力和写作能力，对徐丰彦的作业和报告，他要求文笔流畅、内容无误，并且逻辑严谨。徐丰彦走上生理学教学工作岗位后，也以同样的标准来要求自己的学生。除了专业方面，更令徐丰彦感到敬佩的是蔡翘在生理学上的另一开创性工作，在当时国内大学普遍用外语讲课的风气下，蔡翘勇于发出反对的声音，他倡导用祖国语言教学，并编著了我国第一本大学生理学教科书。

蔡翘的为人为学，受到了学生们的衷心爱戴和尊敬，这些学生后来很多都成为蜚声国内外的科学家，除了徐丰彦之外，还有冯德培、童第周、朱鹤年、蒋天鹤、陈世骧、沈霁春等。20世纪70年代，徐丰彦与冯德培、童第周、沈霁春、朱鹤年相聚，之后他们特地寄了一张聚会的合影给蔡翘，照片背后有题诗："五十年前师生情，今日会议倍觉亲。沪地同窗共聚首,古稀年要鼓干劲"。不管是读书进修,还是在之后的生理学研究工作中,蔡翘都给予了徐丰彦非常重要的指导和支持。徐丰彦曾回忆说:"蔡翘老师对我的影响很深,使我一生走上了生理学工作的道路。"[1] 蔡翘对徐丰彦也尤为欣赏,多年后,他曾说过:"徐丰彦在复旦时,朴素勤学,寡言多读,成绩为一班之冠,我很称赞其品格和成绩。"[2]

按照当时郭任远的计划,还要在复旦陆续开设生物化学系、植物学系、人类学系及病理学系,并创设精神病医院、盲哑及残废学校、婴儿教养院、生理学及解剖学院、铁工厂及木工厂等。但计划还没来得及付诸现实,郭任远就于1927年辞职离开复旦,不久之后,蔡翘也离开复旦。在经历了"心理学时代""生物学科时代"之后,1929年生物学科改为生物学系,隶属于理学院,开始进入"生物学系时代"(1935年《三十年的复旦》所载《生物学系系史》)。1923—1927年徐丰彦在复旦读书期间,正是心理学院从心理学系发展为生物学科的辉煌阶段。师从郭任远与蔡翘等受过西方科学训练的老师们,徐丰彦在这里先后学习了心理学、生物学和生理学这几门学科,并较早接受了科学实验启蒙训练,为以后终生从事生理学工作打下了坚实的基础。1927年徐丰彦从复旦毕业后,又跟随蔡翘来到刚成立的国立第四中山大学医学院,二人白手起家,在这里开始了创建生理学科的新事业。

三、潜心科研　积累沉淀

1926年,中国生理学会成立,林可胜担任第一届会长。学会成立后积极开展学术活动,并于翌年创办了学术季刊《中国生理学杂志》(*Chinese Journal of Physiology*)这使得中国不但有了生理学研究,而且还有了学术团体和刊物,也使得中国生理学在1926年之后获得了稳固、迅速的发展。这一时期,徐丰彦跟随蔡翘任教于上医,通过工作、进修

---

[1] 徐丰彦.我的回顾[J].生理科学进展.1992,23(3): 193-195.
[2] 孔本瞿.生理学家徐丰彦.见: 姚泰.上海医科大学七十年[M].上海: 上海医科大学出版社,1997: 213-228.

深造等方式，不断获得成长和突破，在开展各类生理学研究后明确了研究方向。1937年之后，受侵华战争影响，在仪器设备缺乏、研究条件受限等情况下，徐丰彦曾辗转于长沙、衡山、桂林、贵阳、成都等地，最终又来到重庆歌乐山的上海医学院继续开展教学与研究。

1927年蔡翘离开复旦时，适逢国民政府实行"大学区制"，将九所公立学校合并改组成立国立第四中山大学，设自然科学院、社会科学院、文学院、哲学院、教育学院、医学院、农学院、工学院、商学院九个学院，其中医学院和商学院设在上海。9月，蔡翘受聘于国立第四中山大学医学院，任生理学副教授，在院长颜福庆的带领下，与乐文照、任廷桂、高镜朗等一同致力于在上海建立一所由中国人自办自教、为中国人服务的医学院。作为蔡翘的得意门生，徐丰彦也一同来到上医任助教，二人担当创建生理学科的重任。此时上医只有乐文照、任廷桂、高镜朗、蔡翘、徐丰彦这5位专任教师。次年1月，徐丰彦的同学蒋天鹤也来到上医任组织学助教。

当时，生理学科在国内称得上是一门新鲜学科，我国自办的大学很少开设生理学科，蔡翘与徐丰彦二人白手起家，创业的艰难可想而知。蔡翘除了教生理学之外，还兼任比较解剖学、神经解剖学与组织胚胎学的教学工作，徐丰彦则负责实验示教。当时的实验条件很差，不少实验器具需要向其他医学院校借用，但是这并没有阻碍徐丰彦的成长，他的实验技术日益精进，生理实验室也很快从无到有创建起来（图10）。这一时期蔡翘培养的学生有易见龙、周金黄等，他们后来也都成为蔡翘的助手，与徐丰彦一起在蔡翘的指导下从事神经生理学、内分泌生理学和神经药理学等方面的研究。

教学之余，徐丰彦在蔡翘的带领下积极开展科学研究，他们在前人工作的基础上，进行甲状旁腺与钙、磷代谢关系的研究。当时上医的实验设备十分有限，生理实验室只有一个蒸汽消毒锅、一台电动离心机，以及一些玻璃器皿和试剂。在这样简陋的条件下，师徒二人想方设法克服困难开展实验，他们自己捕捉实验用犬，自己吹制玻璃仪器。没有做化学定量用的微滴管，就用锉刀在普通玻璃管上做刻度代

图10　上医吴淞生理实验室

替。通过实验,他们发现注射甲状旁腺抽取物后,血中的钙、磷含量均有增高,而钙、磷增加的比例为2∶1,与骨中的钙、磷比例相等。说明血中所增加的钙、磷是由骨中钙、磷化合物动员而来。他们继而观察静脉注射草酸钠和枸橼酸钠对血钙的影响,发现血中的钙质浓度立即减低,数小时后方恢复,但割除甲状旁腺的犬,其血浆钙的恢复则甚慢。此项结果进一步证明甲状旁腺有动员骨钙到血钙的功用。他们还发现,肌肉中钙的增减,完全以血钙浓度的高低为转移,不受甲状旁腺的调控。

在此研究基础上,蔡翘与徐丰彦于1929年开始联名在《中国生理学杂志》连续发表了多篇论文,如《甲状旁腺挛痉之发生》(*Studies on the Pathogenesis of Para Thyroid Tetany*),《注射于血中甲状旁腺抽精后血浆之钙质与磷质:关于被调动的钙质之来源之研究》(*Plasma Calcium and Inorganic-Phosphorus Following Intravenous Injection of Parathyroid Extract: A Study on the Source of Mobilized Calcium*),《注射草酸钠与枸橼酸钠于血中对于血浆之钙与无机磷钙质的浓度之影响》(*The Effect of Intravenous Injection of Sodium Oxalate and Citrate on the Concentration of Plasma Calcium and Inorganic Phosphorus*),

《摘去甲状旁腺及注射甲状旁腺抽精后肌钙之分量》(*A Note on the Calcium Content of the Skeletal Muscles after Thyroparathyroidectomy and Parathormone Injection*)等。他们阐明了甲状旁腺切除后，血钙浓度的严重下降是造成肌肉抽搐以至死亡的主要原因，否定了前人"解毒学说"的论断，并进一步说明甲状旁腺是通过影响骨中磷酸钙的分解释放而导致血浆中钙、磷浓度的变化。在《我跟随蔡翘教授的岁月中》一文中，徐丰彦回忆了这段艰苦的科研经历："我跟随蔡老工作，一切向他学习，他对科学事业的专一精神与毅力也感染了我，更使我体会到科学研究固然需要一定的条件与设备，但设备不是唯一的因素，更重要的是有创造性的人。只要有基本的物质条件，如能善于利用它，也能开展一定的科学研究工作。"

在颜福庆的悉心经营下，上医经过几年的发展，办学规模不断扩大，汇聚了一批海内外医学精英。如药理学家朱恒璧、热带病学家应元岳、病毒学家汤飞凡、眼科学家周诚浒、产科专家孙克基、妇科专家白良知等。1928年后，张鋆、卢于道先后到上医任教，主讲解剖学课程，王有琪自东南大学毕业后也到上医任解剖学助教，这在一定程度上减轻了蔡翘、徐丰彦的教学和实验负担。1930年秋，蔡翘推荐徐丰彦到北平协和医学院进修深造，在林可胜教授的指导下开始循环生理学研究。林可胜是我国现代生理学的奠基人，他1925年从美国回国后就担任协和生理学系主任、教授，领导教学及科研工作，成为协和首位华人教授，在消化生理、循环生理和痛觉生理方面研究突出，广获声誉。1927年，林可胜实验室发表了《活体灌输胃之血管舒缩反应》一文，是我国生理学杂志上有关循环生理的第一篇论文。

到协和后，徐丰彦开始了一系列严格的教学和科研常规训练。林可胜对进修生有严格的要求和完整的规划，按照他的要求，徐丰彦每次实验前都需要对实验所需的仪器、药品进行仔细检查，对熏记纹鼓纸（传统的生理学实验记录方式）、麻醉动物等操作，都必须十分熟练。无论是急性实验还是常规实验，徐丰彦都严格遵循操作规范，否则林可胜会毫不留情地加以批评。除此之外，徐丰彦还定期到动物房饲养和护理各种动物,到仪器修造车间学习使用和制造各种仪器。当时仪器修造车间里有一位手艺精湛的玻璃技工,给徐丰彦留下了深刻印象。这位玻璃技工是林可胜从德国聘请的,专门为生理科制造各类实验仪器,在教育经费紧张的年代,林可胜实验室的仪器设备基本能够自产自足。在协和生理学系,徐丰彦经过了全面系统的训练,这为他之后从事生理学教学、科研工作打下了坚实的基础,并且这套严谨扎实的培养模式也跟随徐丰彦一生,在上医生根发芽。

除了以上一些常规训练外,徐丰彦把大部分精力都用在科研上。在林可胜的指导下,徐丰彦开始进行颈动脉窦压力感受器反射的研究。在动物实验中,他们分离颈动脉窦区,保留窦神经与中枢的联系,发现人为改变颈动脉窦区的灌注压,可引起体循环平均动脉血压的改变。据此,他们绘制出反映颈动脉窦内压与主动脉血压之间变化的关系曲线,也称为压力感受性反射功能曲线,并指出在该曲线的中点(即正常血压水平时),压力感受性反射最敏感。1931年,林可胜与徐丰彦二人一同在《中国生理学杂志》(1931年第5卷第1期)上发表了颈动脉窦压力感受性反射的研究结果《血管制压或血管张力反射》(*The Depressor or Vasotatic Reflexes*)。

循环生理与临床医学关系密切,而且在战争年代更具有实际意义,徐丰彦更为感兴趣,他决定长期从事循环生理研究。徐丰彦在林可胜身边虽然只学习了半年,但他非常珍惜这段学习经历。晚年时,他曾回忆:"林教授的实验技术非常好,手术很漂亮,使我学到了不少本领,更重要的是他的科研思路清楚,思维敏捷,使我提高很快。林教授也非常称赞我,讲我手术细致、敏捷,为人正直,作风正派,对我评价很高。时至今日,我仍非常怀念这一段学习经历。"

1931年春,徐丰彦进修结束回到上海,继续投入上医生理学教学与科研中。这一时期,因蔡翘也曾先后前往英国和德国进修,所以上医聘请了上海雷士德医学研究所(Henry Lester Institute of Medical Research)生理学主任安尔(H. G. Earle)博士及同济大学生物学主任汉斯·史图博(Hans Stübel)教授讲授生理学课程。

1932年，"一·二八"事变爆发，上医的吴淞校舍被毁，学校搬到海格路临时院舍继续教学。之后不久，徐丰彦离开了上医，到南京中央大学生物系任讲师。我国著名循环生理学家吴襄在中央大学生物系学习时，动物生理学一科的任课老师就是徐丰彦。在南京的一年里，除了教学任务外，他利用实验室仅有的一只孵卵箱，独立完成了关于鸡胚无神经心脏对神经化学递质的反应性的研究，并将研究成果《肾上腺素及醋酸胆毒（醋酸可林）对于鸡胎心脏之影响》(*The Effect of Adrenaline and Acetylcholine on the Heart Rate of the Chick Embryo*)发表在《中国生理学杂志》（1933年第7卷第3期）。

1933年，徐丰彦申请到中华教育文化基金会的奖学金，经过蔡翘介绍，赴英国伦敦大学洛瓦特·埃文斯（C. Lovatt Evans）教授实验室进修。埃文斯是英国著名生理学家，继承斯塔林（E. H. Starling）循环生理学传统，对糖代谢也颇有研究。蔡翘此前出国进修期间就曾在埃文斯教授实验室进行糖代谢研究。刚到埃文斯教授实验室，徐丰彦按照要求完成了难度较大的心肺制备和胰腺切除手术，凭借精湛的技术出色地通过了实验基础考察，获得了埃文斯教授的高度赞赏。1934年，埃文斯教授、徐丰彦和小坂隆雄（Takao Kosaka）用去纤维蛋白血灌注离体犬肺，并用人工呼吸机维持呼吸，发现血液中葡萄糖的浓度逐渐减少，乳酸逐渐增多，从而改变了以往学界认为肺是无代谢作用的"惰性"器官的观点，首次肯定了肺具有代谢活性。此后，肺的代谢功能及其与疾病的关系越来越受到重视。

徐丰彦原本仅打算在英国进修一年，但是在埃文斯教授的劝说与推荐下，他将进修时间延长为两年，在此期间完成了心肌乳酸代谢的研究论文，并成功获得哲学博士学位，同时加入了英国生理学会。但是，由于博士论文与自己原本的研究方向不一致，徐丰彦又去比利时根特大学，跟随大名鼎鼎的生理学家海门斯（Corneille Jean François Heymans）教授进行血管系统的研究，并与海门斯教授合作研究颈动脉窦区的生理功能。虽然只有半年时间，但练就了一身过硬的科学实验本领。

1936年春，徐丰彦回国，又经蔡翘推荐去中央研究院心理研究所，任副研究员。心理研究所是中央研究院下属的13个研究所之一，1929年5月成立于北平，是我国第一个研究心理学的专门机构。初期主要研究有关动物学习方面的问题，1930年增加了神经解剖方面的研究，1933年3月迁往上海，开始侧重于神经生理方面的研究。1935年6月，心理研究所又迁往南京。1936年，有职员18人，除徐丰彦外，还有唐钺、汪敬熙、卢于道等。在心理研究所期间，徐丰彦一边建立实验室，一边继续颈动脉窦压力感受性反射的延伸研究。他发现血管压力感受器并非仅仅存在于主动脉弓和颈动脉窦，而是广泛存在于整个动脉系统的管壁，在血管内压升高时，都能发生血管舒张反射，但以主动脉弓和颈动脉窦区的反射效应最为明显，因此他提出"弥散性血管张力反射"的概念，阐明了血管张力反射在循环的自我调节中具有普遍性。①

1937年，日寇攻占上海，徐丰彦随心理研究所内迁。在搬离南京的途中，因遭遇敌机轰炸，徐丰彦损失了523册西文书籍以及两件实验仪器。炮火连天的年代里，他随心理研究所先到长沙，又辗转到衡山、桂林，还曾在湘雅医学院和贵阳医学院做过短期授学（此期间徐丰彦与家人合影见图11）。时局动荡，研究工作也被迫停顿，于是徐丰彦利用这段时间，参考国外的教科书编译了《人体生理学》书稿，这本书稿凝结了徐丰彦大量时间和心血，但受战争影响，直到1951年才得以正式出版。

图11　1938年，徐丰彦与家人合影

---

① 孔本瞿.生理学家徐丰彦.见：姚泰.上海医科大学七十年［M］.上海：上海医科大学出版社，1997：213-228.

受战争影响,当时很多高校内迁办学,重庆、成都、昆明等地区大师云集,盛况空前。当时中央大学医学院也迁往成都华西坝,借华西大学医学院部分校舍上课。此时蔡翘在中央大学医学院任生理学教授,在他的努力下,不但很快恢复了生理学教学,成立了生理学研究所,还于1938年秋成立了中国生理学会成都分会,以开展学术交流活动,使成都成为战时中国生理学研究的重要基地之一。1939年下半年,当蔡翘得知徐丰彦在贵阳缺少开展科研工作的条件后,专门写信邀请徐丰彦加入。不久,徐丰彦应邀从贵阳来到成都的中央大学医学院,任生理科副教授,与易见龙、吴襄、朱壬葆、周金黄等一起筹办生理科实验室(图12)。在蔡翘的主持下,徐丰彦等还联合华西医学院与齐鲁大学医学院的生理、生化和药理等教师,定期举行学术报告会。1941年6月,蔡翘创办了《中国生理学会成都分会简报》(Proceedings of Chinese Physiological Society Chengtu Branch),并任主编,后来太平洋战争爆发,《中国生理学会成都分会简报》便成为国内唯一的生理学刊物(1941年徐丰彦教授写的实验日记见图13)。至抗战胜利为止,《中国生理学会成都分会简报》共出两卷13期300多页,对当时的生理学科研成果交流起到重要作用。

图12　1940年,徐丰彦在成都的中央大学医学院做实验

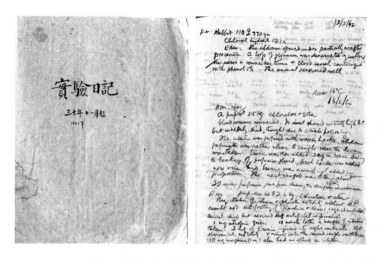

图13 徐丰彦的实验日记手稿（1941年）

当时，中央大学中与医学院一同在华西坝办学的还有农学院畜牧兽医系，该系利用华西坝人才聚集之便，聘请了系外知名教授授课，徐丰彦也在其中，为畜牧兽医系学生讲授生理学课程。1945年夏，徐丰彦还担任了第六届留美公费生考试动物生理学一科的命题人。

在成都的五年里，虽然物价高涨，物资匮乏，空袭频繁，工作条件不利，但徐丰彦与同事们精神振奋，和衷共济，工作颇见成效，学术氛围十分浓厚。徐丰彦在完成教学任务之余，开展了多项研究，完成了多篇科研论文，包括消化道管壁乙酰胆碱含量研究，犬肠肌神经支配的研究等。他在犬肠肌神经支配的研究中提出假设，认为支配肠肌运动的迷走神经中有胆碱能和肾上腺素能两种节后纤维，这一假设后来被外国学者证实并加以深入研究。对于这段时光，徐丰彦曾回忆："对我来说，这是我最佳的工作环境，我一生最可纪念的五年。"

1944年12月，在林可胜的筹划下，中央研究院成立医学研究所筹备处，将筹备处设在内迁重庆歌乐山的上医校舍内，并请当时在上医任生理学教授、主任的冯德培担任筹备处专任研究员兼代理主任。接到筹备医学研究所的新任务后，冯德培邀请徐丰彦接替自己在上医的职务。因而1945年春，徐丰彦从成都来到重庆，时隔10多年，再次受聘于上医，担任生理学教授、主任。

图14　1945年，中央研究院医学研究所筹备
处在重庆歌乐山的上医校舍内成立
后排左起：徐丰彦、刘育民、徐学峥、杨慰

医学研究所筹备处刚成立时(图14)，人员与各项设施都还不完备，与上医的生理科一直保持密切的往来合作。一方面，冯德培继续兼任上医的生理学教授，另一方面，医学研究所筹备处从上医毕业生中选拔青年人才，如医疗系的刘育民、胡旭初等，以充实研究人员队伍。同时，徐丰彦也在医学研究所筹备处任兼职研究员，与冯德培一同开展筹备事宜。

1946年，上医复员返沪，医学研究所筹备处与中央研究院的其他研究单位也一道搬至上海，安顿在岳阳路320号从日本人手里接收过来的自然科学研究所大楼内，与上医枫林桥校舍仅隔一条肇嘉浜，教学、医疗与研究方面仍保持相互配套与密切合作。中华人民共和国成立后，筹备处发展成为中国科学院上海生理生化研究所，1958年，生化部分另行建所，这里便成了生理研究所，上医生理科的不少青年教师（如张镜如、姚泰、曹小定等）都曾在这里进修。

四、学习苏联　教学改革

返沪后，徐丰彦将所有精力集中在重建生理科上，他邀请了朱壬葆教授来上医任教，并聘请了殷文治、董泉声、林雅各、胡家骏等年轻教师，逐步将上医的生理科组建起来。

1950年6月，第一次全国高等教育会议在北京召开，会议决定了大学制度改革的基本方针与方向，还分发了苏联的有关大学资料，详细介绍了苏联的大学办学方法。自此,我国高等医学教育模式从效仿欧美开始转向全面学习模仿苏联。1950年10月,华东卫生部任命徐丰彦为上医教务长,负责领导上医的教学工作。徐丰彦还长期担任上医院务委员会常务委员、生理学教研组主任和基础医学部主任等职,因而在20世纪50年代上医医学教育改革的浪潮中,徐丰彦是参与者、探索者,更是见证者。

首先是学制调整方面。由于医药卫生人才的严重缺乏,我国吸取苏联医学教育中的分科经验,在全国医学院校推行分科重点制,并开设两年制的专修科。按照1950年6月卫生部传达的《全国高级医学教育学制课程计划草案》,经院务委员会决议,上医按照"基础科目服从临床科目,临床科目服从实际需要"的培养方针,实行分科重点教育。这一时期,按照教育部的指示逐步进行医科教育改制,成为徐丰彦担任教务长之后面临的一项重要任务,他多次召开讨论会,组织收集各科改制意见(图15)。调整后的上医,医科设甲乙两组,甲组分内科、外科、儿科、妇产科,学制5年,其中修业4年,实习1年;乙组分公共卫生学系、眼耳鼻喉科学系,学制4年,其中修业3年半,实习半年。

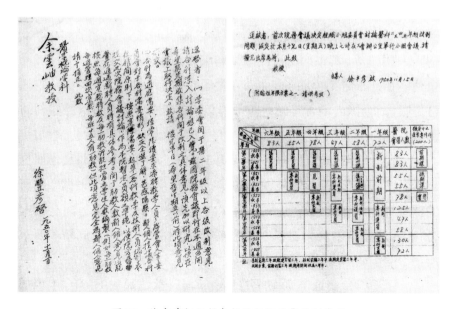

图15 徐丰彦担任教务长后组织收集改制意见

而药科分药剂学系、药物化学系,学制4年,第三年起分系,最后一学期到工厂实习。并且增办两年制的医学专修科和药学专修科,医学专修科分甲乙丙丁四组,内科、小儿科为甲组,外科、妇产科为乙组,眼耳鼻喉科为丙组,公共卫生科为丁组。

其次是精简课程和编写教材。自1950年起,在徐丰彦的主持下,上医多次召开各年级课程精简会议,遵照卫生部颁布的试行课程表,结合上医的现实情况,以提高质量降低数量、照顾学生负担为原则,制定了课程精简计划。对于课程中不切合中国实际的、陈旧的、琐碎的、重复的、不常见的内容作了删除,规定各科各年级一律采用国语进行授课,并且特别强调教材要与实验结合,实验要与教授结合,基本科要与临床科结合。为了配合课程精简工作,1950年8月,卫生部成立编审委员会为全国医学院校编译适用的教材和参考书。

中华人民共和国成立之初,上医还多使用英、美、德、日等外国教材或自编讲义,课程改革实施之后,徐丰彦响应卫生部的要求,带头组织各科教师编写中文讲义、教材纲要和实习指导(图16)。截至1951年底,上医已经编写出版了17本教材,如《人体生理学》《病理学总论学习提纲》《神经外科学》《耳鼻咽喉科学》《小儿科学》《公共卫生学》《实用内科学》《眼科学》《现代物理学》《临床麻醉学》《胚胎学纲要》《劳工卫生》等,其中徐丰彦抗战期间编译的《人体生理学》(图17)一书就是在这一时期出版的,而郭秉宽教授的《眼科学》此后曾一再修订再版,成为国内中青年眼科医师的必读参考书。为了继续推进教材编写工作,1952年8月,上医组织成立了教材编审整理委员会,教员们利用暑期时间编写教材。1953年6月,学校还召开了第一届教学研究工作会议,重点研讨专修科、本科的培养目标与区别,提出根据专修科的课程计划来制定教学大纲和教材内容,编写一套各课程间有机配合、相互联系的专科教材,以解决专修科与本科之间因不同培养要求所产生的步调不一致问题。

为了更好地吸取苏联医学教学经验与科学技术,1953年,卫生部下达《一九五三年全国高等医药院校教学人员开展俄文专业书籍阅

图16　徐丰彦(右)和同事讨论教材编写　　图17　《人体生理学》封面

读速成学习的决定》，全国医药院校开始了俄文速成学习。按照卫生部的要求，上医制定了推行速成俄文计划草案，目标是在1953年秋季学期开学前后，使全校581名教员中80%以上的人能够独立阅读与翻译一本俄文医药专业书籍。速成俄文计划分四期进行：第一期是准备期，主要任务是组成速成俄文教学小组，集体研究俄文速成经验，编印教材，做好准备工作；第二期是实验期，主要任务是在教务长领导下开办速成实验班以积累经验，由第一期组成的教学小组执行教学任务；第三期是实验推广期，在教务长领导下，将教学小组作适当扩大调整，组成速成俄文教研组，执行教学任务；第四期是全面推广期，组织速成俄文推行委员会，下设办公室，具体领导速成俄文教研组执行任务，其中徐丰彦担任委员会副主任委员及办公室主任。

与学习俄文同步进行的，还有学习巴甫洛夫学说活动[①]。20世纪50年代，苏联政府大力推行"巴甫洛夫主义"，巴甫洛夫学说盛极一时，成为医学界和生理学界的统治理论。受当时苏联的影响，中国的

---

① 巴甫洛夫(1849—1936)是19世纪下半叶至20世纪上半叶最有成就的生理学家之一，在血液循环和消化方面作出了卓越的贡献，巴甫洛夫学说是指巴甫洛夫关于条件反射的学说，或者说是关于高级神经活动的学说。

医学界也开展了学习巴甫洛夫学说的运动。为使大家对巴甫洛夫学说有一个初步的正确认识，上医成立了巴甫洛夫学习委员会。徐丰彦作为委员会主要负责人，领导各科成立学习小组，通过组织报告会、讨论会、自学等方式在全院展开学习活动。各科中，生理、药理、病理、生化以及细菌五科为重点小组，另外还有公卫、寄生虫、生物、解剖、外科、五官科、儿科、妇产科，共计13个学习小组。其中生理科的学习热情最为高涨，不仅研读巴甫洛夫的经典著作《大脑两半球功能讲义》和《客观研究动物高级神经活动（行为）的二十年经验》，还组织科内教员在掌握大脑皮质活动基本规律的基础上，进行巴甫洛夫条件反射实验的操作学习。通过学习，大多数学员对巴甫洛夫学说由片断的、不完整的了解，提高到比较系统的、全面的认识。虽然巴甫洛夫学说在上医曾掀起一阵学习热潮，但是，对于把巴甫洛夫学说视为"金科玉律"，并以之统帅一些医学科学的做法，徐丰彦保持了相对理性的态度，他清醒地认识到："巴甫洛夫是卓越的科学家，他的学说对生理学作出了贡献，但是不能夸大。"①

为了提高医学教育质量，扩充医学师资队伍，20世纪50年代初，卫生部制定了高级师资培养计划，委托部分高等医药院校举办各门基础学科的高级师资进修班。高级师资进修班每期1~1.5年，结业后，将由卫生部统一分配到国家需要的地方。1951年夏，按照卫生部要求，上医开始举办第一届高级师资训练班，接收了61位从全国各地医学院校选派的即将毕业的医学生。按照卫生部提出的培养要求，上医将他们分散在各教研组及各临床医院，并结合具体情况制定计划加以培养。徐丰彦作为生理学教研组主任，亲自培养高级师资，为他们讲授高级生理学，并系统地指导生理学实验。按照要求，生理学高级师资班的学生，要先经历一段时间的基础理论复习与实验技术培养，继而转入较复杂的理论知识与实验技术，最后再参加一部分教学工作与

---

① 杨俊华，宋传玉.学者的正气　闪光的人品——访徐丰彦教授.见：上海医学辩证法研究会《医学思维与方法》编委会编.医学思维与方法·第1辑[M].上海：上海科学技术出版社，1986：3-8.

学生实验辅导工作。高级师资不仅要跟随上医二、三年级学生一同听课练习，还要参加小组讨论、读书报告和实习报告。动手能力是从事实验科学最为基础、最为宝贵的能力，徐丰彦十分注重。为培养学生的动手实践能力，培训期间，徐丰彦亲自带学生做心肺制备、颈动脉窦灌流、胰腺切除、坐骨神经动作电位等大实验。徐丰彦于1951年、1952年、1958年培养了三期高级师资（图18），囊括了全国各医学院校的生理学教研组骨干，为国家培养了一批生理学优秀人才，后来这些人中有很多成为各地医学院校的学科带头人。

除了注重高级师资的培养外，徐丰彦也非常重视对青年教师的培养。任教务长期间，他组织基础及临床各科召开主任会议，讨论助教培养要求与培养计划，并由教务处的下设部门教务科，对各科的助教培养情况进行监督检查。他一再强调青年教师要过"三关"（外文关、

图18　上医生理学高级师资进修班结业典礼
右起：徐丰彦、钱惪、黄家驷、基比雅柯夫、程介士

教学关、科研关)。他也一再强调,每位教师在工作中要重视"三基"(基础理论、基本知识、基本技术操作),做到"三严"(严格的要求、严肃的态度、严密的方法)、"三独立"(独立学习、独立思考、独立工作)。在广泛收集意见的基础上,徐丰彦把对青年教师的具体培养规划,写在了生理科12年规划草案中,连所需阅读书目的章节都明确标明。徐丰彦所培养出来的青年教师,不仅专业本领过硬,而且各方面能力都相当突出,他的学生张镜如、萧俊、姚泰,后来曾经担任过上医领导,为上医的发展作出了重要贡献。

20世纪50年代初期,我国高等教育除了进行学制、课程、教材等方面的改革,还以苏联模式为蓝本设置了教学研究指导组,全面开展教学改革,建立起以专业为核心、按照统一的教学计划培养人才的教学制度。早在1950年6月,上医就已经组织了业务学习委员会及其分组委员会作为研究教学的机构,徐丰彦曾任委员会秘书。任教务长后,徐丰彦又组织各科教学人员组成教学小组,以加强政治学习、业务学习以及研究工作。1952年,上医按照中央要求设立教学研究指导组(简称教研组)的指示,将各教学小组逐步过渡为教研组。从"关于整顿教研组负责人工作的初步意见"[①]中,可以看到上医各学院设有36个教研组,其中生理学教研组主任为徐丰彦。每个教研组除主任外,还从助教或讲师中任命一名干事,指导学生该门课的学习,深入了解并反映学生学习情况,以不断改进教学方法,提高教学效能,成为学生、各学科、教务处之间的桥梁。为提高课堂教学效果,教研组采取课前备课、写讲授提纲和试讲等方式,部分教研组还通过召开师生座谈会、教学小组联席会议、讨论会、教材展览会等方式提高各科教学质量。可以说,各教研组在明确培养目标、研讨教学计划、制定教学大纲、编写教材、布置实习、安排课程、培养师资、科学研究和学习苏联教学模式等方面都发挥了一定作用,成为上医教学及科学研究工作的中心组织。

---

① 复旦大学档案馆,1952-XZ11-0033,报送本院各学科各教研组主任名单.

为了实现第一个五年计划的工作任务，1954年，上医以整顿巩固、提高质量为中心继续稳步推进教学改革，成立了科学研究委员会和生产实习指导委员会，试行了级主任制度，并同步进行了医院制度的改革。科学研究委员会以"科研与教学相结合、与实际相结合"为方针，组织各教研组将工业卫生、中医中药和血吸虫病防治作为重点进行调查研究工作。经过一段时间的努力，全校近80%的教研组、45%的教师都开展了研究工作。至1954年底，学校计划确定的176个科研题目完成了80%，不仅推动了科研工作，活跃了科研氛围，也提高了教学水平。而生产实习指导委员会则负责统一领导全院各科的生产实习工作，根据卫生部的统一计划和本院的具体情况，拟定全院（包括临床）的生产实习计划，并审查各学院的生产实习计划和大纲，研究和检查实习中的重大问题。另外，为加强教学联系，密切各科间的相互配合，全面了解学生实习情况，上医还在一、二年级学生班级试行级主任制度，以改进教学为中心，结合学生的思想纪律教育、生活管理进行工作。临床方面，进行了医疗制度的改革，各附属医院逐步推行病房负责制，加强对病区的管理，并在此基础上开始学习苏联先进的"保护性医疗制度"，使医学质量得到显著提高。

1954年7月，根据中共中央提出的"学习苏联先进经验，结合我国的实际情况进行教学改革"的方针，高教部与卫生部联合召开第一届全国高等医学教育会议，我国各高等医药院校开始全面系统地学习苏联，统一了各专业的培养目标、教学计划和教学大纲。8月14日，卫生部下达关于采用苏联教材的通知，指示各医药学校试用苏联教材译本。不过，上医在使用苏联教材和统一教学大纲时，发现苏联教材内容与各教研组的授课内容很难相配合，因此各科还是以使用自编讲义为主。其实，苏联教材不完全适合我国实际情况，在当时是普遍存在的现象。因而为保证教学质量，1956年9月24日，卫生部又下达《关于高等医药学院教材规划的通知》，提出"根据各门学科的发展和祖国医学科学研究成就"自编教材。在此情形下，上医立足具体情况，授课时以教授自编的讲义或教材为主,苏联的教材仅作为参考书。以生理学科为例,中央卫生部组织了徐丰彦、王志均、赵以炳等专家教授编写《生理学》教材,由徐丰彦任主编。书中汇集了大量国内的生理学资料,展现了我国在生理科学方面的研究成果,同时,书中不仅介绍了祖国医学的学术思想,同时也运用祖国医学的学术观点解释生理科学问题,在继承和发扬祖国医学遗产方面有一定的贡献。1958年出版后,先在少数医学院中试用,1959年开始正式公开发行,供全国医学院校使用(图19)。之后,在卫生部的主持下,徐丰彦主编的《生理学》又进行了修订,第二版于1963年出版。1965年上医生理学教研组出版了《生理学实验指导》(图20)供各医学院校选择使用。1975年起,人民卫生出版社对《生理学》教材修订再版,改编成生理学参考书《人体生理学》,由上医主编,于1978年正式出版。1989年,《人体生理学》(第2版)修订出版,由徐丰彦、张镜如主编,全书共分10篇、57章,约270万字,是我国第一本生理学大型参考书。1992年,该书获得全国优秀科技图书一等奖(图21)。

图19 《生理学》(1959年版)封面

图20 《生理学实验指导》封面

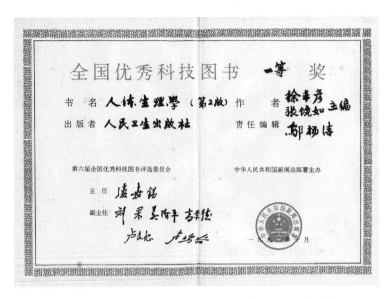

图21　1992年10月,徐丰彦、张镜如主编的《人体生理学》(第2版)荣获全国优秀科技图书一等奖的证书

20世纪50年代,通过学习苏联,上医在教学、医疗、科研、管理等方面建立了一套管理制度,在具体的实施中,徐丰彦在学制调整、教学计划制定、师资培养、制度改革等方面,都发挥了一定的领导作用,上医在短期内快速建立起一套新式的医疗卫生人才培养机制。但是对于苏联的经验,上医并没有全盘借用,而是保持去粗取精的态度,经充分讨论认为适合院情的,才予以采纳。例如为了更好地开展教学、科研与人才培养工作,上医建立学术委员会,举办学术讨论会,并招收副博士研究生,在上医,可以"既学习巴甫洛夫、米丘林学说,也开设孟德尔、魏尔啸讲座"[1]。

五、培养人才　进军科学

徐丰彦曾经说过,"医学事业改革的目的,是发展医学科学和培

---

[1] 刁承湘主编.上医情怀[M].上海:复旦大学出版社,2007:185.

养人才"。①教学改革进行以来,在徐丰彦的领导下,生理学教研组在教学、科研和人才培养方面取得了显著成绩,成为全校各教研组的表率。

20世纪50年代,生理学教研组的教学人员,除徐丰彦外只有年资不高的4位讲师和几位助教、技师。在人员有限的情况下,教研组的教学、科研、师资培养等各项工作能够忙而不乱、井井有条,一个重要原因就在于徐丰彦采用了"全面负责、具体分工"的领导方式。徐丰彦将教研组内的工作进行了明确分工:教学工作由教学秘书专门负责,一般性的事务工作由一位最高年资的老技师负责,课堂示教由一位半脱产的助教和技术员共同准备,实验由高年资助教负责。这样一来,不仅可以提高教研组整体的工作效率,也充分发挥了组内成员的积极性,还加强了徐丰彦作为教研组主任的领导作用。

为提高教学人员的理论水平,徐丰彦定期召开文摘报告会与教研组会议。文摘报告会每周三举行,每次两小时,由教研组成员轮流主持,除了精读文摘、讨论论文外,还留出时间对生理学前沿知识进行学习。这样不仅可以提升学科视野,也有利于积累科研资料。教研组会议一般每两周举行一次,除讨论教研组的一些重要问题外,徐丰彦还和大家讨论教学方法,进行教学方法评议。徐丰彦定下规矩,每节课助教都要根据教学大纲写好讲稿,经他审阅修改后,先在教研组会议上进行预讲,预讲过后组内成员提出问题,展开讨论,并指出优缺点及改进意见,助教根据预讲的情况作过调整之后,才能在课堂上对学生进行正式讲授。

在教学方法上,教研组注重培养学生提前预习的习惯,每节课前,教员都会先将讲课提纲和参考书目公布给学生,让学生提前做好预习的同时,也逐渐掌握独立查找书籍文献的能力。课堂上,教研组反对罗列现象,采用重点讲课与启发教学的方式,将生理学重点知识贯穿

---

① 上海医学辩证法研究会《医学思维与方法》编委会编.医学思维与方法[M].上海:上海科学技术出版社,1986:4.

在各章节内容的讲解中,使学生在学习过程中能够举一反三、灵活应用。同时采用图表教学、课堂示教、拍摄教学电影等方式,来讲解语言不易讲明的内容。在每章节的学习中,还穿插介绍相关理论的研究过程,引导学生在思考和讨论中一步步得出结论,培养学生的科研思维。每一个章节讲完后,还进行阶段复习,使学生在教师指导下围绕该章节中心问题,纵横联系,结合实际,进行巩固提高。在辅导方面,因材施教,开辟辅导室,建立生理学习园地与学生科研园地等。对工农卫生系的学员,结合他们的特点,采用不同的教学方式。在实验方面,课前教研组集体备课,编印实验指导方法,强调独立操作能力和实验设计能力,想方设法增加学生操作实验的机会,引导学生在实验中得出科学结论。

与教学工作同样受到重视的,还有教研组的科研工作。1955年10月,苏联生理学专家基比雅柯夫教授来到上医,受聘担任院长顾问及生理学进修教师的教学工作(图22)。在基比雅柯夫的指导下,生

图22　徐丰彦教授(右)与苏联专家基比雅柯夫(中)

理学教研组响应国家"向科学进军"的号召,制定了科研规划,围绕内感受器调节问题在循环、呼吸、消化等方面广泛开展探索研究。开始时,助教中存在一些顾虑,徐丰彦帮助大家克服思想障碍,他不止一次地在教研组会上鼓励大家必须树立雄心,他说:"困难的确是很多,但是应该向前看,不要保守,而是大胆做,努力去克服困难。我愿意尽一切努力,并毫无保留地把一切都教给你们。相信你们一定会达到更高的水平。"[①]他又指出:"我们不要忽略教学,必须把学习专家的教学方法去应用到实践中去;研究是为了提高教学质量,因此必须把科研工作和教学工作结合起来,二者不可偏废。"[②]

在徐丰彦的鼓励和带动下,生理学教研组的科研氛围十分浓厚。1956年,上医生理学教研组开始招收首届研究生,有萧俊、钟慈声、陈明光、刘觐龙等,后续几届中又招收了姚泰、郑履康、刘汉青、陈子彬、马如纯、何菊人、陈槐卿、蒋志根、林殷利等。培养研究生时,徐丰彦把加强思想政治教育、端正思想作风和科学态度放在最紧要的位置,他提倡导师要定期与研究生进行谈话,通过道德教育帮助研究生树立正确的学习目的。徐丰彦还十分注重培养研究生的科研创新能力与独立工作能力。在指导研究生时,他会结合教研组的科研任务,综合考虑开展课题所需的设备条件与技术条件,由浅入深、由易到难地为研究生设定适合的科研课题。他曾说:"导师有责任对各个学习环节加以指导,但指导不是包办代替。"[③]在指定的课题内,他不设条框,让研究生系统阅读文献,独立思考,独立设计实验,独立完成实验操作与观察,独立分析整理实验资料,独立完成论文写作,并以科学思维与实验论据进行论文答辩。但科研过程中,学生的文献阅读情况、课题构思、实验方法、计划安排、实施情况等,他都一一关心掌握,在学生遇到关键问题时,他会第一时间给予适当帮助,为学生把关。徐丰彦的指导方法是启发式的,从不压抑青年人的成长,他引导研究生积极发言,鼓

---

①② 何莲芳.生理教研组在向科学进军[N].上海一医报,1956-06-01.
③ 徐丰彦,张镜如.生理学教研室研究生培养工作略谈.见:上海第一医学院编.上海第一医学院研究生硕士论文选[M].北京:知识出版社,1983:334-336.

励研究生与他平等讨论，从不将自己的想法强加于人，与他交流，如沐春风。

生理学教研组之所以在短时间内就有了更快、更显著的提高，还与虚心向苏联专家学习有很大关系。苏联专家每周一、周五上午都会向学生授课，为提升教研组教学水平，全体教学人员都前去听讲，并且参加最后的考试及考查。在实际工作中，教研组也积极采纳专家的意见，在专家的指导下确定了学生实习内容与实验指导方法等，又根据专家的建议，采取阶段复习的方法，帮助学生巩固理论知识。

在党的"教育必须为无产阶级政治服务，必须同生产劳动相结合"的教育方针引领下，徐丰彦认识到教育必须全面负责"教医又教人"。1958年，徐丰彦带头担任班级辅导员工作，深入学生群体，了解学生们的学习和思想情况。在《上海一医报》(1958年3月28日)中，刊登了卫生系二年级一班丁国鑑的文章《我们敬爱的辅导老师——徐丰彦教授》，记录了徐丰彦对学生全面负责的实际行动：

"在短短的三个星期中，徐丰彦教授已多次以不同的形式和我们见了面。第一次是在班会上，他对我们说要在每周抽出一定的时间来作为我班的辅导工作。徐教授在行政工作和教学工作上是很忙的，但在百忙中还要挤出时间来辅导我们，真使我们感激。尔后，他又先后与我班学习小组长、团支委进行了座谈，了解学习、生活情况。最出乎我们意外的是在一个星期日的下午，徐教授亲自来到了我们的寝室，跟我们作了亲切而又诚恳的谈话。他不仅问了我们的学习情况，还听取了我们对教学工作上的意见和勤工俭学等问题。前几天，在路上，又关怀地与我们谈起文体活动，他那微笑的面容，使我们觉得比以前更可亲了。"

1960年，生理学教研组提出了"一条龙、三化、五结合"的口号。一条龙是教学组织、教学环节与教学内容相关联，三化是教学内容与方法上的现代化、电子化、电影化，五结合是教学与科研、劳动相结合，教与学相结合,青年教师与老年教师相结合,中医与西医相结合,个人钻研与集体帮助相结合。为了提高教学工作的效率,徐丰彦还将全体教研组分成医疗、卫生、药科、工农卫生系四个教学小组,每个教学小组由一名高年资教师和几名青年教师组成,这样避免了教员兼跨数个教学内容时所造成的忙乱现象。经过分工后,大多数青年教师都参加了讲课,发挥了青年的潜力,培养出大批新生力量。而教研组主任与高年资教师可以节省出更多的时间,用在指导教学和领导科研等工作上。为了实现教研组的技术革新,徐丰彦指派青年同事到中国科学院上海生理研究所去学习电生理技术,回到教研组后,再传授给教研组内其他同事。实验器材方面,给教辅人员配备了一批电子刺激器,完成了电生理设备的组建,也将电生理实验引入了学生实验中,实验室面貌焕然一新。

六、学习中医　研究针麻

20世纪50年代,国家重视中医药事业的发展,提倡学习中医,继承与发扬祖国医药遗产。1958年10月11日,毛泽东主席指出"中国医药学是一个伟大的宝库,应当努力发掘,加以提高",并认为西医学习中医,"是一件大事,不可等闲视之"。紧接着,11月18日,党中央在对卫生部党组《关于组织西医离职学习中医班的指示》中,号召进一步加强中西医的团结合作,共同整理与发扬祖国医学,用现代科学方法进行中医中药的研究,从中提取精华。在中央的重视下,全国兴起了学习中医的热潮,1958年,上医也成立了中医中药研究室,全院开始了对中医中药的学习研究(图23)。

这一阶段的徐丰彦,和教研组同事陈明光进行了胃的容受性扩张观察,他们选用慢性实验犬研究由扩张刺激引起的肠—肠抑制反射,并在此基础上建立了条件反射。同时,他还带领上医教研组开展呼吸生理学研究,对颈动脉窦压力感受器兴奋时的呼吸反射进行了探索。他们观察到,人在清醒或浅麻醉条件下可出现呼吸兴奋反应,并观察

图23　1959年，上医教授们学习中医
左起：盛梦仙、徐丰彦、杨国亮、陈露仙、丁训杰

到呼吸中枢的状态与呼吸反射的型式有很大关系。他们还研究了呼吸道传入的反射作用，观察到肺缩小刺激有利于呼吸复苏，而肺扩张刺激则不利于呼吸复苏，并且呼吸道阻力增加时可反射性增强呼吸运动。

为了继承与发扬祖国医学，探索中医的奥秘，徐丰彦带领教研组对气功疗法的生理机制效应进行了研究，开始尝试从呼吸生理学的视角研究中医气功锻炼时的呼吸频率和形式。根据人体吸气时心率加快、呼气时心率减慢的窦性心律不齐现象，教研组的张镜如大胆提出设想：气功有可能通过随意调节呼吸来改变交感和副交感神经的紧张性，从而控制内脏活动，达到治病健身的目的。为了验证这一设想，徐丰彦和教研组的同事们利用午休时间，按照上海气功研究所讲授的方法在阶梯教室练习气功，观察自己身体生理指标的变化。他们发现，练气功时人体呼吸频率明显变慢，代谢率低于基础代谢率，也低于文献记载的深度睡眠时的代谢率。他们进一步设计动物实验，用肺内充气或肺内抽气的办法，使动物暂停于呼气或吸气状态，从而观察各种内脏活动的改变。最终他们指出，吸气中枢活动时可引起体内广泛的交感兴奋，而呼气中枢兴奋时则可导致交感活动的抑制和副交感活动的加强。他们还进一步设想：体内的植物性功能一般都是不随意的，但人可以随意控制呼吸，再通过呼吸中枢活动的改变来影响各种植物性功能。1958年，在徐丰彦的指导下，张镜如等在《上医学报》第四期发表《呼吸机能与植物性神经机能之关系》一文，这是我国第一篇气功原理研究论文。1959年3月，在上海市卫生工作会议总结大会上，上医生理学教研组获得了卫生部颁发的集体奖。11月，上医在生理学教研组设立了气功专题研究组，徐丰彦为组长。这一阶段，他们的研究结果主要有《气功疗法机制的研究》《练气功调息过程中呼吸运动形式的初步分析》《练功过程中脑电图的初步观察（文摘）》《气功练功过程中血压变化之观察及气功疗法治疗高血压病机制之初步分析（文摘）》等。其中，《气功疗法机制的研究》入选卫生部组织编写、人民卫生出版社1959年出版的《庆祝建国十周年医学科学成就论文集（上）》一书。1962年5月，教研组将最新研究成果《气功生理机制研究综述》发表在《上海中医药杂志》上。

20世纪50年代，随着中医的发展，针刺疗法也开始跨进外科手术室的大门，广泛应用于临床各科，针刺麻醉（简称针麻）的理论研究与临床应用也随之逐渐展开。起初，针麻还只是应用于摘除扁桃体、胆囊切除、阑尾切除等中小型手术中，直至1959年3月30日，广西柳州结核病院外科医师高永波成功用针麻为一名肺结核患者打开胸腔，切除了右肺上叶，此后，我国针麻便开始向临床大手术进军。1960年，上海第一结核病防治院（今上海市肺科医院）与上海市针灸研究所合作完成了针麻下的肺切除术，并通过反复实践，摸索出一套针麻下肺叶切除术的操作流程，掌握了一定的临床规律。这一工作引起了卫生部和我国科学界的重视，也引起了其他学科，特别是生理学工作者的浓厚兴趣。

其实，关于针刺效应的机制探索，徐丰彦在1956—1957年就已经开始重视，他是上医针刺原理研究事业的奠基人。当时，徐丰彦派教研组的莫浣英到1955年刚成立的中国中医研究院学习针灸技术，并开展针灸生理效应的实验研究。莫浣英回到教研组后，在徐丰彦的指导下进行针刺对消化道运动效应的实验研究。徐丰彦还指导程介士做动物实验，研究针刺对膀胱运动和排尿反射的易化或抑制效应。1962年6月，中国生理科学会在上海举行了"生理、药理专业学术会议"，对生理和药理这两门科学中若干主要问题的国际进展进行了报告和讨论。会后，徐丰彦、胡旭初将会议期间的报告和讨论记录加以整理，出版了《生理学进展》一书（图24）。

图24 《生理学进展》封面

1963年，上海市卫生局副局长杜大公与"针麻办"的王翘楚走访中科院与上医，邀请了冯德培、张香桐、徐丰彦等到上海市第一结核病防治院参观针麻，徐丰彦亲眼看过针麻手术后，表示很值得研究。1964年底，徐丰彦又带着姚泰、曹小定等再次前往上海市第一结核病防治院，参观针麻下施行的开胸肺切除大手术。曹小定在《针麻原理研究之路回顾》中谈到这次经历："他们将肺叶切除手术分为十九个步骤，遵循中医循经取穴的原则，采用手足同名经相配的方法，根据切口位置，分别选用了相应的穴位，由专人按统一指挥进行提插捻转，使肺叶切除的手术取得了成功，这在当时真是一个奇迹。"回到学校后，大家感到十分兴奋，教研组的姚泰还一口气给徐丰彦写了整整三页纸的长信，谈了自己对于针麻的想法。临床实践的成功，迫切需要基础理论研究的深化。在教研组开会讨论如何加强科研工作时，徐丰彦认为针麻就是值得研究的现实课题,于是组织教研组开始进行针麻和针刺镇痛的机制研究,并建立了相关的科研课题。在他的支持鼓励下,培养出曹小定等一批立志投身针麻事业并作出积极贡献的新人。

1965年7月,卫生部组织成立了上海市针麻协作组,分临床研究组和机制研究组,徐丰彦任机制组组长,张香桐任副组长。在徐丰彦的领导下,一场关于针麻机制研究的全市大协作开始了,中国科学院上海生理研究所、上海第一医学院(今复旦大学上海医学院)、上海第二医学院(今上海交通大学医学院)、上海中医学院(今上海中医药大学)、上海第一结核病防治院、复旦大学、华东师范大学等单位的科研人员正式展开研究。研究工作分几个小组同时进行,上医生理学教研组的莫浣英、姚泰、陈子彬等和上海中医学院的金舒白医师以及上海市第一结核病防治院的高彤华医师合作,进行人体穴位的痛阈测定研究。上医生理学教研组的曹小定,与上海市第一结核病防治院的李开桥二人负责观察和总结针麻的临床规律,进行针麻患者手术前后生理体征的变化研究。此外,还有张香桐负责的中枢神经系统的电生理研究小组,复旦大学和上海中医学院合作负责的针刺动物实验研究小组,华东师范大学负责的针刺心理研究小组等。

其中,曹小定等进行了肺、脑、甲状腺等188例手术前的针麻效果预测,通过术前对耐皮肤温度和皮肤电反射等项指标的测定,并结合术后针麻效果的评级分析,"发现病人针刺前的耐痛水平以及针刺后耐痛阈和皮肤温度的改变与针麻临床效果之间有一定的关系……并认为针刺时交感中枢的活动可能受到抑制。"[①]不仅总结出针麻效果的个体差异的规律,同时提出了针麻效果与针刺抑制交感机能活动有关的初步设想。另一边,莫浣英、姚泰、陈子彬等进行了较大规模的人体穴位痛阈测定试验。他们经过反复测试比较后,决定采用带有刻度的弹簧棒,先由专门的针灸师进行针刺,再由经过训练的护校毕业生对受试者全身各部位进行测痛。他们做这个实验时,徐丰彦也主动体

---

① 《针刺麻醉》编写小组.针刺麻醉理论研究资料选编[M].上海:上海人民出版社,1973:45-52.

验针刺痛感，姚泰曾回忆老师徐丰彦做测痛实验时的场景："他静静地躺在床上，微微闭上眼睛，由莫浣英老师给他扎针，我给他测痛。一般人，在鼻翼旁边的一个点（相当于迎香穴的部位）测试痛阈时，当测痛器加压到100多克时就感觉疼痛了，我在给徐先生测痛时，他鼻翼旁的痛阈也和一般人差不多，但在针刺后，当加压到400克时他还没有说感到痛，我那时真有些担心别把他的皮肤损伤了。"他们这项实验选择了29个穴位（阳经17个，阴经12个），进行了624人次的测痛试验，获得了12万余个数据。结果发现：① 针刺针麻常用穴位，在大多数受试者中能提高耐痛阈。② 针刺不同穴位，耐痛阈提高的程度是不同的，针刺一个（或一组）穴位，对身体各部分的镇痛效应也有不同，说明针刺穴位产生的镇痛作用具有相对的特异性。③ 针刺穴位产生的镇痛作用受试者之间存在着明显的个体差异。①这些研究结果，至今在临床上仍具有重要的应用价值。

1969年12月，全国战备医药科研工作会议在天津召开，会议制定了全国针麻工作的规划，从此我国的针麻工作进入了迅速发展阶段，同时也掀起了一场空前的"针麻热"。1970年和1972年，我国分别举行了两期针麻学习班，针麻手术也开始在全国迅速推广。1971年2月，上医生理学教研组的曹小定作为上海市针麻协作组代表参加全国中西医结合工作座谈会，会上周恩来总理认真听取了曹小定等关于针麻研究情况的介绍。1972年，受卫生部委托，上海第一医学院与上海第二医学院、上海师范大学、中国科学院上海生理研究所、上海中医研究所以及上海市第一结核病防治院共同编写了《针刺麻醉》一书，对之前的针麻临床和原理工作进行了总结，在当时普及和推广针麻技术方面起到了一定的作用。1975年，为加强针刺镇痛机制的研究，上医生理学教研组联合解剖、组胚、药理、生化、物理、化学等教研组教师成立了针刺原理研究室，生理学教研组的多位年轻教师组成了针刺原理研究室的核心力量。曹小定担任研究室主任，徐丰彦兼任顾问，全力

---

① 《针刺麻醉》编写小组编.针刺麻醉理论研究资料选编[M].上海：上海人民出版社，1973：33-39.

支持针刺研究工作。

这一时期，学界也对针麻的原理开展了神经学说与经络学说的热烈讨论。以张香桐和徐丰彦为代表的生理学研究人员认为，针麻在肺、脑、心脏等大手术中取得成功，主要是由于针刺可以通过外周穴位对中枢神经产生刺激，从而对痛觉产生某种生理调整作用。上海中医学院、上海市针灸研究所、上海市第一结核病防治院的中医针灸和有关专家则认为，针麻能够镇痛，除神经机制外，还有针刺通过经络调整全身气血，从而对局部痛感起保护作用的原因。心理学教授胡寄南和精神病学家粟宗华则认为，针麻中心理因素与镇痛效果之间存在重要关系。虽然各持己见，但大家相互尊重、畅所欲言，中医与西医、基础与临床之间亲密协作，在上海针麻研究的活跃气氛中，上医生理学教研组及针刺原理研究室在探索针刺镇痛的作用原理与临床规律方面，取得了不少成果，在一定力度上推动了上海的针麻研究工作进展。

1978年10月，在青岛举行的中国生理科学会第15届代表大会暨学术会议上，徐丰彦提出了多年来的设想：针刺之所以能治疗疾病，是由于针刺对机体功能有调整作用，而这种作用是可以用近代生理学的方法在动物实验模型中加以研究和阐明的，这一观点得到了大会的重视。回校后，他积极开展针刺对调整心血管活动机制的研究。20世纪50年代末，中国科学院上海生理研究所的胡旭初曾开展"针刺引起的血压异常状态正常化现象"的研究，他通过动物实验证明，在完全相同的针刺刺激下，无论是高血压还是低血压都可以回归正常。徐丰彦早年曾进行过心血管压力感受性反射的相关研究，胡旭初的这一研究结果使徐丰彦受到启发，他组织教研组青年教师和研究生进行动物实验，着重研究针刺对调整异常心血管活动的机制研究，同时也研究了针刺对异常心律，防御反应，肾脏排水、排钠等生理活动的调整作用。1980年，上医生理学教研组的"针制实验性高血压与心律失常的机制分析"研究，获得卫生部医药卫生科技乙级成果奖和上海市科技进步三等奖。1986年，上医生理学教研组的"针刺对实验性高血压、低血压、心室期前收缩、容负荷和失血的调整作用"研究，获得国家教委科技进步一等奖。1989年,由于在针麻科研领域的突出贡献,徐丰彦受到上海市卫生局表彰,获得个人荣誉证书。

在徐丰彦的长期关心和指导下,上医的针刺研究队伍逐步发展壮大。1981年,上医成立中西医结合基础学科博士点,这是全国第一批博士点,也是最早开展中西医结合针刺原理研究的单位之一。1983年,受世界卫生组织和卫生部共同任命,上医在针刺原理研究室基础上成立WHO传统医学合作中心。1985年,针刺原理研究室正式命名为针刺原理研究所。在此基础上上医成立了神经生物学研究室,承担神经生物学的教学科研工作。1989年起,上医中西医结合基础学科成为全国第一批国家重点学科。1992年,在针刺原理研究基础上,联合全校从事神经科学研究力量,经国家计委、卫生部批准,曹小定等建立医学神经生物学国家重点实验室。在以上基础上,2002年,中西医结合基础科研团队组建成立中西医结合系,致力于中西医结合基础方向的教学、科研、人才培养和国际合作。徐丰彦不仅是上医生理学科的创建者,也是上医中西医结合系的奠基人。

七、坚持真理　不畏权威

徐丰彦治学严谨,谦虚谨慎,一丝不苟,从不随波逐流、趋炎附势。他对任何事情都讲究实事求是,在学术与科研上更是如此。

1955年,一位教授来上医宣扬巴甫洛夫学说。讲座上,这位教授打着唯物主义的旗号,发表了很多不符合科学事实的言论。他声称,神经冲动与电流流动是一样的,人体内的生物电与电灯泡内的电也是一样的。台下的学生们听到这番言论后面面相觑,这时,生理学教研组的助教张镜如站起来了,指出报告中很多地方不符合生理学事实。徐丰彦也站起来支持张镜如,他直言,做学术报告必须向听众负责,内容要有根据,不能信口开河。

一直以来,徐丰彦都教导学生要用科学证据说话。20世纪50年代,日本学者中谷义雄在对一名重症肾炎患者的脚部进行电阻测定时，发现在该肾炎患者身上，自颈部开始沿着乳内侧经腹部，再向下经腿内侧，即在相当于肾经的走行线上，某些区域的导电量较周围皮肤高，他把这些区域称为“良导点”。因为这些“良导点”在体表的一定部位呈现有规律的线状排列，因此他把这些由“良导点”排成的类似经络的线，叫作“良导络”。1957年，中谷义雄发表了“良导络”研究结果，引起很大反响，很快，良导络疗法开始在日本广泛流行，并流传至一些欧美国家。“良导络疗法就是用良导络探测仪测定各经代表点的导电量，从测得的数值分析病变的性质，再通过针刺相应的治疗点进行调节，以治疗疾病的一种方法。”①一时间，以良导络理论为卖点的经络探测仪高调上市。对于靡然成风的良导络理论，徐丰彦并没有盲目跟风，而是冷静地带领教研组的李鹏、郑肖剑等人对这一理论展开实验验证（图25），并把结果发表在《生理学报》（1962年第25卷第3期）上。他们以翔实的数据为基础，探讨了皮肤电的测定方法，证明人体手掌处的皮肤电活动较活跃，而中谷义雄以手掌为固定电极安置处探查人体皮肤各点的电阻是不合理的，并且指出，“皮肤电位差及慢相皮肤电反射每天每人不同，变动很大，且在大量工作中不论于何种情况下以何处为‘零点’所测得的结果

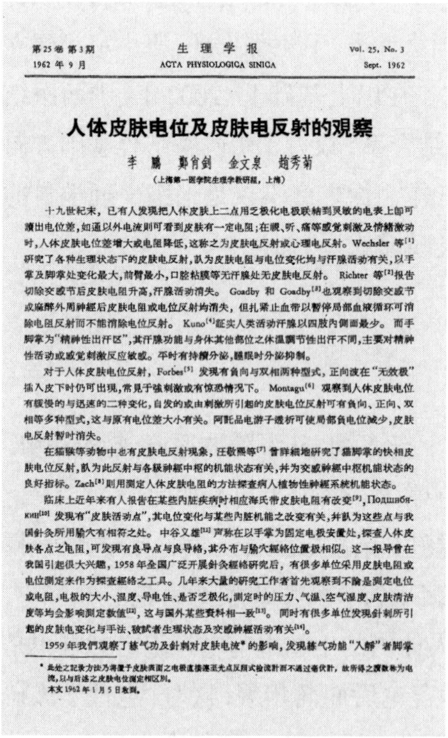
第25卷 第3期　1962年9月　生理学报　ACTA PHYSIOLOGICA SINICA　Vol. 25, No. 3　Sept. 1962

人体皮肤电位及皮肤电反射的观察

李鹏　鄭肖劍　金文泉　趙秀菊

（上海第一医学院生理学教研組，上海）

十九世紀末，已有人发現把人体皮肤上二点用乏极化电极联結到灵敏的电表上即可讀出电位差，如通以外电流則可看到皮肤有一定电阻；在视、听、痛等感覚刺激及情緒激动时，人体皮肤电位差增大或电阻降低，这称之为皮肤电反射或心理电反射。Wechsler 等[1]研究了各种生理状态下的皮肤电反射，認为皮肤电阻与电位变化均与汗腺活动有关，以手掌及脚掌处变化最大，前臂最小，口腔粘膜等无汗腺处无皮肤电反射。Richter 等[2]报告切除交感节后皮肤电阻升高，汗腺活动消失。Goadby 和 Goadby[3]也观察到切除交感节或麻醉外周神經后皮肤电阻或电位反射均消失，但扎紧止血带以暂停局部血液循环可消除电阻反射而不能消除电位反射。Kuno[4]証实人类活动汗腺以四肢內側面最少。而手脚掌为“精神性出汗区”，其汗腺功能与身体其他部位之体温調节性出汗不同，主要对精神性活动或感覚刺激反应敏感。平时有持續分泌，睡眠时分泌抑制。

对于人体皮肤电位反射，Forbes[5] 发現有負向与双相两种型式，正向波在“无效极”插入皮下时仍可出現，常見于強刺激或有惊恐情况下。Montagu[6] 观察到人体皮肤电位有緩慢的与迅速的二种变化，自发的或由刺激所引起的皮肤电位反射可有負向、正向、双相等多种型式，这与原有电位差大小有关。阿託品电游子透析可使局部負电位減少，皮肤电反射暂时消失。

在猫猴等动物中也有皮肤电反射現象，汪敬熙等[7] 曾詳細地研究了猫脚掌的快相皮肤电位反射，認为此反射与各級神經中枢的机能状态有关，并为交感神經中枢机能状态的良好指标。Zach[8] 則用測定人体皮肤电阻的方法探查病人植物性神經系統机能状态。

临床上近年来有人报告在某些內脏疾病时相应海氏带皮肤电阻有改变[9]，Подшибякин[10] 发現有“皮肤活动点”，其电位变化与某些內脏机能之改变有关，并認为这些点与我国針灸所用腧穴有相符之处。中谷义雄[11] 声称在以手掌为固定电极安置处，探查人体皮肤各点之电阻，可发現有良导点与良导絡，其分布与腧穴經絡位置极相似。这一报导曾在我国引起很大兴趣，1958年全国广泛开展針灸經絡研究后，有很多单位采用皮肤电阻或电位測定来作为探查經絡之工具。几年来大量的研究工作者首先观察到不論是測定电位或电阻，电极的大小、湿度、导电性、是否乏极化，測定时的压力、气温、空气湿度、皮肤清洁度等均会影响測定数值[12]，这与国外某些資料相一致[13]。同时有很多单位发現針刺所引起的皮肤电变化与手法、被試者生理状态及交感神經活动有关[14]。

1959年我們观察了練气功及針刺对皮肤电流*的影响，发現練气功能“入靜”者脚掌

* 此处之記录方法乃将置于皮肤表面之电极直接連至光点反照式检流計而不通过毫伏計，故所得之讀数称为电流，以与后述之皮肤电位測定相区別。
本文1962年1月5日收到。

图25　徐丰彦指导李鹏等完成的《人体皮肤电位及皮肤电反射的观察》论文
（图片来源：《生理学报》1962年第25卷第3期）

① 《实用针灸辞典》编委会编．实用针灸辞典［M］．北京：知识出版社，1980：377.

在腧穴与非腧穴部位均无明显区别。"①徐丰彦等人的研究证明,中谷义雄的良导络理论基本前提与结论都是经不起推敲的,这项研究对当时一哄而上的"良导络热"起到了一定的降温作用。

1963年,朝鲜平壤医科大学的金凤汉在《朝鲜医学科学院学报》(Joural of the DPRK Academy of Medical Science)第5期上发表了《关于经络系统》(On the Kyungpak System)的论文,宣称发现了与中国古代经络穴位相对应的解剖结构,证明了经络实体的存在,并将这一新发现的结构命名为"凤汉管""凤汉液"和"凤汉小体"。生理学教研组的年轻同事们得知后很是心急,徐丰彦却保持一贯严谨冷静的态度。他认为,花大量精力去寻找"经络的实质"以试图证明古人在人身体上画的12条经络的存在,这种做法是不可取的。他说,这就好比古人说月亮里有一个嫦娥,现在有了天文望远镜,有人就想用望远镜去找月亮里的嫦娥,他强调应该用现代科学的方法和技术去研究传统中医的理论。

由于金凤汉的研究工作一直高度保密,发表的论文也未详细报告实验方法,我国科学家难以对其结论进行重复验证。因而,1963年12月10日,卫生部部长钱信忠带领中国科学家代表团赴朝鲜,对金凤汉的研究结果进行考察(图26)。代表团阵容强大,除徐丰彦和中国科学院上海生理研究所的胡旭初外,同行的还有中国中医研究院院长鲁之俊、生理学家张锡钧教授、组织学家李肇特教授、病理解剖学家梁伯强教授等。出访前,国家科委主任聂荣臻明确指示:一定要团结友好,虚心学习,实事求是。不能肯定的不要去肯定。政治上支持和科学上的实事求是一定要结合。②12月14日,也就是代表团出发访朝数天后,我国《人民日报》翻译转载了《关于经络系统》全文,同时配发《为朝鲜科学研究的卓越成就欢呼》《我卫生部和医学科学院等致电朝鲜有关单位祝贺朝鲜经络系统研究的巨大成就》两篇文章。

---

① 李鹏,郑肖剑,金文泉,等.人体皮肤电位及皮肤电反射的观察[J].生理学报,1962,25(3):171-181.
② 薛攀皋.金凤汉事件[J].炎黄春秋,2009(7):60-64.

图26　中国科学家访朝代表团成员合影
右四为徐丰彦教授

与《人民日报》不同,中国科学界认为金凤汉的研究结果还有待进一步验证。就在12月14日当天,中国科学院上海分院恰好在组织政治学习,看到《人民日报》的文章后,生理、生物、化学、实验生物、植物生理和药物等几个研究所的研究人员自发地在会上展开了激烈讨论。12月17日,中国科学院生物学部也邀请了北京解剖学、组织学、组织化学、生理学和生物化学等方面的科学家,举行了由竺可桢副院长主持的"关于经络系统座谈会"。经过讨论,北京和上海的科学家都一致认为,金凤汉的研究在实验方法、结果观察及结论等方面存在许多问题,应谨慎对待。

到朝鲜平壤后,12月16日,中国科学家代表团参观了朝鲜的经络研究所,并现场观看《关于经络系统》这项研究的实验过程。过程中,徐丰彦等吃惊地发现这里的研究人员之间从不进行学术上的交流和讨论,个人研究结果都直接向金凤汉等两三位领导报告,并统一由他们汇总发表,这种科研氛围明显存在问题。但考虑到需要顾及两国之间的友谊,徐丰彦与同行人员当场没有发表意见,整个过程中只听只看,不议论不表态。29日,代表团回国后,立即分成两组,在中国中医研究院实验室进行验证工作。

1964年1月18日,中国医学科学院召开了欢迎访朝医学代表团归国茶话会,商讨进一步的方案。国家科委、卫生部医科委等有关领导也一同参加,会上李肇特教授介绍了此次朝鲜考察经过,各位代表团成员针对朝鲜见闻也发表各自意见。一番讨论后,形成了支持和反对两种意见。会上,徐丰彦表示"现在反对方面有实验根据"[①]。所谓的"实验根据",就是指由徐丰彦设计、胡旭初等负责重复试验的"凤汉管"验证工作。

在进行"凤汉管"验证工作时,他们先重复金凤汉的实验方法。从实验兔的一条大腿血管输入生理盐水,另一条大腿血管开一个口子,让血和生理盐水流出,十几个小时后血液流尽,血管内只剩盐水时,点滴停止。此时剪开大血管,可以清楚地看到血管壁上有一条明显的白线,这就是金凤汉宣称的经络的"凤汉管"。但徐丰彦认为,这很可能是在生理盐水点滴的过程中,血液中的纤维蛋白原随血液流动的方向凝固而形成的线状纤维蛋白。于是,徐丰彦等按照金凤汉的做法再重复一次,不同的只是在滴入的生理盐水中加入一定量防止血凝的肝素。结果,如徐丰彦的预期一样,肝素阻止了纤维蛋白的形成,血管中的白线没有出现。同时,通过对白线的进一步分析,证明其成分是蛋白质。徐丰彦用一个小招,就将"凤汉管"的存在否定了,他以坚实的专业基础和严谨认真的态度捍卫了生理科学的真实性。另一边,由李肇特教授领导的工作小组也通过科学方法否定了"凤汉小体"的存在。

即使徐丰彦等已经通过科学实验对金凤汉的研究进行了证伪,但是当时国内舆论已经形成不可挽回的"一面倒"势态。由于特殊的历史原因,少数领导坚持肯定经络的客观存在,在这种形势下,如实汇报是冒着极大风险的,于是很多人选择了沉默,相关研究论文也没有

---

① 复旦大学档案馆,RW1017-0001,徐丰彦中科院访朝茶话会议录、奖状.

公布于众。但徐丰彦并没有趋炎附势,他不计个人得失、实事求是地向上级汇报。结果徐丰彦因为这件事受到很大影响,一度被认为是"压制新生事物的人"。虽然承受了很多不公正对待,但徐丰彦始终本着对科学和真理的执着,从未说过一句违心话。后来的事实也证明了,徐丰彦的做法是完全正确的。真相揭开后,徐丰彦还是像往常一样,埋头于教学和科研中,从来没有在任何场合炫耀自己当时的先见之明。对于他来说,坚持实事求是的科学态度,是科研工作中最基本的一条原则。

八、心系医教　德泽后世

1956年6月1日,《上海一医报》刊登了徐丰彦的《把我的生命献给党的革命事业》一文,文中徐丰彦激动地说:"几年来,我亲眼看见祖国在中国共产党的光辉领导下,进行着前人从来没有做过的,甚至不能设想的事业,并在各项事业中取得了伟大的成就,我国有了灿烂的前途。我感到能够生活在这一时代而骄傲。"这一年,徐丰彦怀着满腔热情,申请加入中国共产党。1957年10月18日,徐丰彦光荣地成为一名中共正式党员。

一直以来,徐丰彦忠实履行入党誓词(图27),时刻不忘自己的党员身份,曾当选为上海市第三届人民代表大会代表(图28),上海市政协第五、六届政协委员(图29);曾任中国生理学会理事、上海生理科学会副理事长、中国科学院生理研究所学术委员会委员、卫生部医学科学委员会生理专题委员会委员和针灸针麻专题委员会委员、国家科学技术委员会医学专业组成员、中国医学百科全书编辑委员会委员等,还曾任《应用生理学》《生理科学进展》杂志顾问,《生理学报》《中华医学》《上医大学报》《上海医学》等杂志副主编、编委。在1956年全国教授级别评比中,徐丰彦被评为一级教授。被评定为一级教授的都是学界泰斗级人物,而上医的一级教授有16位,仅次于北京大学。1997年,徐丰彦被评为上海市教育战线先进工作者。

攀峰生理　师之楷模

图27　1956年,徐丰彦在入党宣誓会上宣誓

图28　徐丰彦当选上海市第三届人民代表大会代表证书

图29　徐丰彦当选上海市政协第六届委员会委员的通知

徐丰彦淡泊名利，一生心系国家的医学教育事业，从不在意个人得失。1966年2月19日，在一份写给校党委的报告中，徐丰彦主动要求降低自己的工资，他说："共产党员不应该有'教授'的称号，这两者是不相称的，也不应该享受这样高的待遇。尤其是我，双职工，没有多少负担，请党委考虑把我的工资降低，在逐渐缩小物质待遇差距的步伐中先行一步。"① 徐丰彦从不看重物质待遇，也不追求个人名誉。为了让青年一代更快成长起来，他指导青年教师做了很多科研工作，帮助他们反复修改论文，但从来不署自己的名字，并要求年资高的教师署名在后，年轻教师署名在前。在他的言传身教下，生理学教研组团结和睦、勤奋工作，1981年和1985年两次被评为上海市模范集体，1986年被评为全国教育系统先进集体。

1966年，上医的基础医学部与医学系合并，徐丰彦主动辞去基础医学部主任职务，专心于教研组工作。他十分注重教研组梯队建设，注意选拔和培养带头人才，有计划地选送青年人才出国进修，培养了一支学有素养、造诣深、教学经验丰富的中年教师骨干队伍，并以青年助教与教师为主力构成了新的梯队。为了给中青年人才提供更多成长空间，1980年，徐丰彦辞去了教研组主任的职务，推荐年富力强的同志接替。他还多次谢绝了上级希望他担任院领导的建议，最终以顾问的身份，继续关心学校的发展。

徐丰彦一向公私分明，担任顾问时，学校给徐丰彦配备了公车，但徐丰彦从不轻易使用，私事更是绝对不用公车。徐丰彦素来勤俭节约，他家住在平江路宿舍，房屋简陋，空间局促。20世纪80年代，学校进行外事活动，外宾想到徐丰彦家里探访。学校有意出钱为徐丰彦装修，但徐丰彦拒绝了，他说，我们做人要实事求是，我们国家现在就是这样的情况，没有必要特地装修。接待外宾的时候，吃饭就在他家的亭子间，亭子间里保温用的老式饭窝就放在墙角。

徐丰彦对子女要求也十分严格。1952年，女儿徐元秀从上医毕业

---

① 复旦大学档案馆，1966-DQ11-0032，人民来信、谈松华检查.

时，正值抗美援朝。徐元秀原本可以留校任教，但考虑到国家的需要，徐丰彦对女儿说："现在东北是祖国最需要的地方，你去东北吧。"在父亲的鼓励下，徐元秀远赴沈阳的东北药学院（今沈阳医科大学）任教，投身于祖国最需要的地方。对于孙辈，他始终恳切叮嘱，希望他们努力工作和学习，不断提高工作能力和道德品质，成为一个正直高尚、有用于人民的人。

晚年的徐丰彦疾病缠身，但仍心系生理学教育事业，想着继续为教研组出力。思考再三后，他叫来教研组的李鹏，语重心长地说："我现在身体不大好，可不可以我招研究生，你来帮我带。"他还跟李鹏聊了很多培养研究生的想法，并叮嘱他过两周再来商量此事。不幸的是，没过多久，1993年1月22日，徐丰彦就因病去世，终年90岁。按照他早先立下的遗嘱，他去世后仪式一切从简。

徐丰彦教授几十年如一日，将他的毕生精力奉献给中国生理科学事业。他没有显赫的光环，却培育了一大批生理事业的接班人，用自己的光和热照亮了他们不断前行的道路。

作者何宜娟系复旦大学档案馆馆员

画说大师

绘画作者：上海工艺美术学会会员、上海市美术家协会会员、新世纪艺术馆常务副馆长、复旦大学总务处蔡志华

纪念文章

我的爷爷徐丰彦

徐文仲

我从小随父母在杭州生活,与爷爷在一起的时间不多,比起生活上的关爱,爷爷更注重对我们言行上的教诲。虽然爷爷已经离开了很多年,但他的谆谆教诲我永生难忘。

早在特殊时期,我祖父母及父母蒙受许多不白之冤,我们孙辈也受到牵连。1970年小学毕业后,不到15岁的我就被安排去农村插队,本正是读书年龄,却不能读书,心中难免会产生愤愤不平的想法,但爷爷胸怀坦荡,从未对这些不公正待遇有过怨言,总是教育我们要向前看。后又因种种原因我返城无望,心中十分迷茫。1976年,爷爷趁我去上海探亲时语重心长地对我说:"我们家没一个孩子在农村工作,我看有一个在农村工作也蛮好,农村也可以大有作为。"并问我想法如何。我当时想,别人都想方设法让子女离开农村,怎么爷爷还让我坚守农村。后来我才明白爷爷的良苦用心,他考虑的是响应国家号召,希望我安心于农村、扎根农村。

早年我父亲在杭州工作,爷爷身边仅有我姑姑徐元秀。1952年,我姑姑从上海第一医学院毕业,爷爷积极响应国家支援东北建设的号召,鼓励我姑姑去东北工作,后来姑姑去了东北药学院就职。当时的交通远不及现在便捷,姑姑去沈阳工作就意味着未来他身边将无子女陪伴照顾,但爷爷考虑的永远不是家人和亲情,在国家和家庭问题上,他永远是以国家为重、以事业为重。

爷爷非常热爱我们的党和国家,记得在我工作后,爷爷曾对我讲

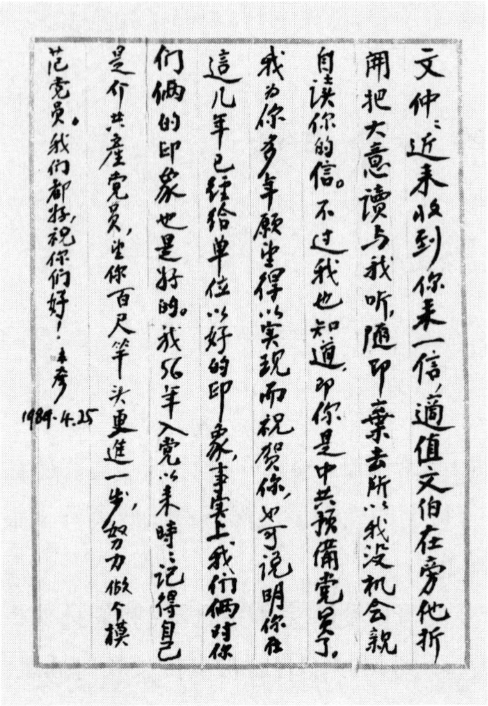

文仲：近来收到你来一信，適值文伯在旁他拆開把大意讀与我听，随即棄去，所以我没机会親自读你的信。不过我也知道，即你是中共预備党员了。我为你多年愿望得以实现而祝贺你，也可说明你在這几年已经给单位以好的印象，事实上我们俩对你们俩的印象也是好的。我56年入党以来时时记得自己是个共産党员，望你百尺竿头更進一步，努力做个模范党员。我们都好，祝你们好！丰彦
1989.4.25

图30　1989年，徐丰彦写给孙子徐文仲的信

过一件事。中华人民共和国成立前他在某大学任教时，校方规定教授用英文授课，那时中国贫穷落后，外国人瞧不起我们中国人，但我们中国人为什么也要看不起自己，不用中文而用英文讲课？做人要有骨气，所以他还是坚持用中文讲课。从这件小事上足以看出他对自己祖国的热爱。

爷爷也非常关心我的政治生活，1989年我的入党申请被批准，爷爷得知后非常高兴，立即回信鼓励我："我为你多年愿望得以实现而祝贺你，也可说明你这几年已给单位好的印象。事实上我们俩对你们俩的印象也是好的，我1956年入党以来时时记得自己是个共产党员，希望你百尺竿头更进一步，努力做个模范党员。"（图30）虽寥寥数语，但足以看出作为一个已87岁的退休老教授对党、对国家的无限忠诚和对后辈的殷切希望。

爷爷在内心上虽深爱着我们，但绝不会在生活上宠惯我们。记得在我七八岁时，有次晚上到上海去，爷爷转了两次公交来月台接我们，当天晚上阿姨问我们明天想吃什么，因我知道阿姨烧的八宝鸭很好吃，就随口说："吃八宝鸭。"爷爷听到后非常生气，当着大家的面训诫我："怎么想吃什么就要吃什么，不能这样讲话！"并连问我几遍："你知道钱是从哪来的吗？"当时我羞得无地自容，这也是我第一次看到爷爷这么严厉，自那以后我永远记住了金钱来之不易，只有靠自己努力才能有所得。

我们去上海的次数有限，爷爷虽然言语不多，但他仍时常教育我们要努力学习，认真工作。我们去上海时也总是看到他坐在书桌前聚精会神地看书或写东西，即使晚年也是如此，他与我们聊的也多是学习、工作上的事，很少聊及家中生活琐事。他从未给我买过任何吃、穿、玩之类的物品，也没有给过我一分零花钱，唯一给我的礼物就是1980年我毕业前寄给我的《实用内科学》和《外科学》，目的是让我好好学习，将来更好地为人民服务，他一直是以这样的方式关爱、教育着我们。爷爷生活简朴，勤俭节约，只要他自己力所能及的事也总是尽量不麻烦别人，晚年时他还坚持自己洗衣服，冬天房间取暖的煤炉也是自己点燃，自己清除炉灰。我小时候去上海，爷爷要求我每天一大早和阿姨一起去排队买菜，自己的碗筷自己洗，培养我们艰苦自立的良好品德。

爷爷晚年身体健康每况愈下，我非常想念他，担心他的健康，但当时我任单位党组机要秘书，他知道我工作责任重，总是电话安慰我，让我把自己的工作做好，不要挂念他。由于岗位特殊，爷爷病危时我也没能去看望他，以至未能送他最后一程，我感到非常难过。但我知道，爷爷始终希望我能将精力放在自己本职工作上，一切以事业为重，我问心无愧，始终遵从爷爷的教诲去实践自己的人生。

爷爷在我眼里就是这样一位令人尊敬的长者。

作者徐文仲系徐丰彦之孙

怀念恩师徐丰彦教授

萧 俊

1955年底，上医生理学教研组迎来一位苏联专家，教研组借机招收五名研究生。机缘巧合，当时我刚从大学本科毕业，遂被选拔成为上医生理学研究生。

当时我们研究生共五人，名义上我们的导师是苏联专家，科研课题由他选定，研究内容与徐教授和生理学教研组的研究领域相差甚远。不久专家又被撤回国，面对这种情况，徐教授毫不犹豫地承担起指导我们的责任。徐教授常来实验室，进屋并不先讲话，而是仔细观察我们的实验操作，发现问题才提出意见，即使偶尔一进屋便发表意见，那也一定是他深思熟虑的结果。在我撰写第一篇科研论文阶段，他真正做到了不厌其烦：从全文的谋篇布局、数据的分析整理、结论的逻辑推导，到文句、字词、标点符号的使用，他都仔细推敲，一一提出修改意见。他先是让我仔细思考后自己修改，待到定稿时他还会逐字逐句修改。那篇论文就这样严格而又全面细致地修改了三遍，最后，他才同意投送杂志编辑部，结果顺利地被杂志刊登。虽然他对论文付出了大量心血，但当论文投送发表时他却拒绝在论文上署名。他自己指导青年教师发表的论文从不署名。徐教授始终以上医严谨求实的科学精神教育学生，将全部心血倾注于培植后辈，淡泊个人名利，是一位情操高尚的人。

徐教授远见卓识，不拘一格，精心培养人才。我在大学时外文学习的是俄语，研究生初期导师又是苏联专家，而徐教授却能及时提示我重视英语，于是我发奋自学英语。我生长在东北，从小没有学过英语，自学感觉困难很多、信心不足。徐教授了解后取来一本英文书，要我朗读并翻译一段，当时我颇感紧张，不料徐教授竟夸奖了我。这极大地增强了我学好英语的信心。20世纪60年代初，国家开始选派赴西方国家留学人员，按常理，这项工作应该挑选英语基础较好的人去承担，而徐教授却向上级推荐了我。后来，我留学挪威的计划因故被搁置。然而始料不及的是，后来卫生部筹组常驻世界卫生组织翻译处的中文组，卫生部向上医要人，学校党委拟推荐我，向徐教授征求意见。徐教授认为我能够胜任，但希望我在世界卫生组织工作一段时间后仍能回上医继续专业工作。两年后我重返上医，又经徐教授联系赴美国宾夕法尼亚大学进修生理学。徐教授培养人才注重全面发展，具有全局观念，因材施教，为校内外培养了大批的人才。

徐教授在对待某外国学者经络实质研究的态度上，更显示其严谨求实的科学精神。20世纪60年代初，某外国学者宣称发现了经络的组织学证据。当时我国各界普遍重视针刺和经络的研究，中央主管部门特派出专家前往考察，徐教授是其中的成员。他在现场考察中发现了该成果的破绽，回国后立即在实验室进行重复实验，结果证明那是一项虚假成果，于是直接向领导层坦诚了自己的意见。在当时的氛围中，徐教授坚持实事求是，不怕孤立，不计个人得失，直抒己见，是极为可贵的。后来，那项成果果然被公认是弄虚作假，徐教授的判断得到证实。但他从未在任何场合炫耀过自己的先见之明，更见其情操之高尚。

恩师徐丰彦教授永远活在我心中！

作者萧俊系原上海医科大学党委书记

求真务实的楷模

姚 泰

我第一次见到徐丰彦先生,是在进入上医那年的新生开学典礼上。那时徐先生是基础医学部主任、生理学教研组主任,他在会上向新生致辞。然而,我第一次与徐先生接触和谈话却是在大学毕业后。毕业分配时,我被指定考基础医学的研究生,招生的专业有生理学、药理学、生物化学、病理学、病理生理学等,我报考了生理学科。就这样,我成了徐丰彦教授的研究生。

现在回想起来,从做研究生开始,在与徐先生相处的30年中,徐先生对我们的言传身教,最突出的一点,就是坚持求真务实的科学精神。徐丰彦先生的这种精神是我们从事科学工作终身的楷模(图31)。

图31 1986年9月,徐丰彦教授(左)和姚泰(右)在生理实验室合影

考取研究生后,我到教研组报到,在与徐先生谈话时,他一开始就问我:"你的英文水平怎么样?"我进入高中时就被分在学校的俄文班,在大学又只学俄文。于是我回答徐先生说,我没学过英文,但俄文还可以,看俄文医学专业书没有问题。徐先生听后说:"好,我让程介士老师考一下你的俄文。"接着,他又说了一句话:"英文很重要,不懂英文等于文盲。"他讲这句话的时候似乎并没有很在意,但是我听了却大吃一惊:我是个文盲!后来,我和许多人谈起学习英文的体会时,每次都说,徐先生的这一句话是激发我认真学习英文的强大动力。从那次谈话以后,我就奋发学习英文。虽然那时我还没有真正体会到英文的重要性,但我相信他的话,把学好英文作为研究生第一阶段的主要任务,踏踏实实地打好这个基础。

其实,徐先生对教研组全体教师都提出了学好英文的要求。为了打好整个教研组的英文基础,他曾经连续几年亲自出英文试题,对教师的英文水平进行测验。测验后,又亲自阅卷,然后将全体教师的测验成绩分为三档,公布在教研组的布告板上,同时召开全体教师会议,分析英文测验的情况。对于在布告板上公布的教师名单,教研组外的人看了并不知道是什么意思,但教研组的教师都清楚地知道自己的名字排在什么位置,因此感到压力很大。在徐先生的指导、督促下,教研组教师的英文水平都提高得很快。

我刚到生理学教研组做研究生时,实验室大多数的装备就是记纹鼓、感应线圈刺激器等几台经典的生理实验仪器。在我前面的一位研究生刘觐龙花了很多心血建立起一个屏蔽室,还买到了一台旧的双线示波器,教研组的技术员颜杰自己动手装了一台放大器和电子刺激器。这样,做电生理实验的基本条件就有了。但是,刘觐龙毕业后分配到外地工作,教研组暂时没有人到屏蔽室做电生理实验。当时,电生理实验被看成生理学实验中的"高精尖",我作为研究生,当然也很想能有机会做电生理实验。一天,徐先生找我谈话,问我是否愿意做电生理工作,我表示很愿意。接着,他又问我电子学基础怎么样,我说我没有好好学过电子学,基础很差。他就对我说,要做电生理必须有电子学的基础,因此你必须先学一些相关知识。后来,徐先生让我参加了中国科学院上海生理研究所举办的电子学讲习班,集中几个月,每天学习电子学基础知识,做电子学实验。讲习班结束后,我回到教研组,开始做记录膈神经和交感神经放电的实验。在这个基础上,我进行了研究生论文的指导工作。

徐丰彦先生长期担任教研组主任和基础医学部主任,对行政管理工作认真负责,尤其重视教学工作的质量,一再强调教师要为人师表,认真做好教学工作。他非常注意对青年教师的培养。他认为,青年教师要过好几个"关":外文(主要是英文)关、教学关、科研关。他还要求教研组每位教师制订自己三年的学习、工作计划,提出努力目标,并逐一和每位教师交谈,对他们的计划提出意见,通常是对教师提出更高一层的要求。

徐先生对我们这些研究生和青年教师在学习和工作上的要求是很严格的。在教研组,他一再强调,每位教师在工作中要重视"三基"(基础理论、基本技术、基本知识),做到"三严"(严格的要求、严肃的态度、严密的方法)。他经常到实验室来看我们做实验,有时还到学生实验室看我们带学生实验的情况。如果发现我们工作中有不正规的地方,他会立即指出,有时还要在教研组的会议上再次强调。有一次,我在看文献、做笔记,徐先生刚好从我后面走过,看到我是用中文做阅读笔记,就对我说:"你应该用英文做笔记。"我立刻懂得他是要求我们从各个方面来提高自己的英文水平。他还多次强调要做好实验室的清洁工作,有时看到我们实验桌下面有污垢和动物的血迹,或者看到实验室的门框上有积灰,他会拿一块抹布亲自来擦。这常常使我们感到非常难为情,但从他的言教身传中,我们受到了教育,大家也就渐渐树立了保持工作场所整洁的观念和习惯。徐先生还要求我们在工作中注意节约。记得我在整理一个阶段的实验结果时,向老技术员林淑辅要了一些高档的铜版纸,把实验原始记录(照片)贴在铜版纸上,然后交给徐先生看。徐先生看到我用铜版纸粘贴实验记录后,很不以为然。因为那时候好的铜版纸不容易买到,教研组库房里已所剩不多,只供做记纹鼓的烟熏纸用。那次徐先生没有直接对我说,但找了林淑辅,叫他不要再给我铜版纸,并让林老师将批评意见转告给我。这件事看起来虽然很小,但给我触动很大,至今没有忘记。

徐先生特别重视教学工作,要求全教研组的教师尽全力做好教学工作。20世纪50—60年代,国家需要大量建设人才,学校招生数大量增加,对教师的需求也迅速增加。徐先生在教研组中明确提出,教学是教研组的首要工作。他还举办了几期生理学高级师资培训班,为全国各地的医学院校培养了一大批优秀的生理学教师。我在做助教的头几年,主要工作就是教学,还担任一个班级的辅导员。而我在做研究生时曾形成一种想法,认为教师做科研更重要,可以不断提高学术水平,而教学则是常规性工作。但徐先生对我说:"作为一名大学教师,你首先要过好教学关。"徐先生这句话可以说是对我的一个忠告。开始时,我主要是带学生实验。徐先生要求教研组的教师在每次实验课前一定要开一次实验备课会,高年资的教师也参加。每次实验备课会上,由一位教师做准备,把这次学生实验课的要求讲解一遍,并且指出实验课的重点和难点、学生在做实验中可能发生的问题和遇到的困难,以及教师对这些问题和困难如何指导。对我们这些新教师来说,更要反复做这些学生要做的实验,必须对这些实验的操作十分熟练后,才可以指导学生做实验。那时,我们带实验都能按照徐先生的要求来要求学生,不仅要认真操作,还要注意实验桌上实验器具、药品等的合理安放,实验完毕后对实验动物的处理要严肃、正规。徐先生还要求我们在每次实验课后对学生的实验报告认真地做批改,不仅要看学生的报告写得是否符合要求,而且还要在每一份报告上写评语;对于一些比较大的实验,还要求学生在写报告时按研究论文的格式写出实验目的、理论依据、实验方法、结果、讨论和结论。每带一次实验后,我们常常要花三四个小时给学生批改实验报告,并且要写评语,有时评语会写上一大段。此外,徐先生还要求我们在批改学生实验报告时应指出学生在报告上写的错别字。有一次,徐先生在教研组会议上特别指出了几个常见的错别字,如"肺"字,常常有人在"月"旁写一个

"市",还有把"间接"写为"简接",把"安排"写为"按排"等。由于带实验的老师认真负责,学生也因此非常重视实验课,不仅重视做实验,而且认真写实验报告。有些学生写的实验报告就像一篇小小的科研论文。

那时助教只能带学生实验,要经过几年培训,基本上达到讲师的水平,才能开始担任部分讲课任务。徐先生在给我安排讲课任务时,先让我跟随年资较高的莫浣英老师给药学专业的学生上解剖生理学大课。我很认真地备课,写出了全部讲稿,还自己动手做教具。在正式给学生上课前,徐先生还安排我在教研组会议上做了两次试讲。因此,我在正式给学生上课时就增强了信心。20世纪60年代初,徐先生接受了主编生理学全国统编教材的任务。他指定我做他的秘书,参加教材编写会议。他对我的这些安排,使我对本门课程的教学工作有了更全面的认识,更使我懂得,作为一名教师,必须树立很强的事业心和责任感。

在科研方面,徐先生对教师也十分严格。他自己在青年时代受过严格的训练。他起初的科研领域主要是颈动脉窦和颈动脉体反射在循环和呼吸功能调节中的作用方面。20世纪30年代,他在协和医学院与林可胜教授共同进行了颈动脉窦压力感受性反射的研究,证实了颈动脉窦压力感受性反射是动脉血压在生理范围内波动时最敏感的一种调节反射,对维持动脉血压的稳定有非常重要的意义。他们画出了窦内压和体循环动脉压之间的关系曲线,指出该曲线的中心点即为正常血压水平。1935年,他在英国获得博士学位后,又到比利时的海门斯教授(诺贝尔生理学或医学奖获得者)处研究颈动脉窦的生理功能,后来他证实了减压反射的感受器不仅存在于主动脉弓和颈动脉窦,还广泛分布于许多小动脉,提出了"弥散性血管张力反射"的概念。

20世纪50年代末,国家提倡西医和中医结合,生理学教研组教师在徐先生带领下对气功的机制进行了研究。我们首先是自己学习练气功,然后在自己身上做实验,观察练气功时人体许多生理指标的变化。我们在人体实验和动物实验的基础上，提出了气功影响人体生理功能机制的生理学设想，这项研究获得了卫生部的嘉奖。20世纪60年代初，国家要求基础学科的研究能联系实际，更好地解决生产和生活中的实际问题，徐先生要求教研组教师都来考虑怎样确定教研组的科研方向。为此，他亲自带领大家到医院、工厂考察，寻找医疗和生产劳动中需要解决的生理学问题。当时，上海第一结核病防治院成功地用针刺麻醉进行了肺叶切除手术，我们对这一成果感到既惊讶又兴奋，认为这是中西医结合的一项重大成就，而我们生理学工作者就应该研究针刺麻醉的机制，推动中西医结合的发展。我当时在教研组中是最年轻的教师之一，也跃跃欲试。有一天晚上，我一口气给徐先生写了封整整三页报告纸的长信，谈了自己对针刺麻醉研究的想法。第二天一早，我把这封信放在徐先生的办公室，就去上课了。下课回来时，看到我的研究生同学刘汉清在布置教研组的会议室，他在一边的墙上拉了两根长绳，绳上用一个小夹子夹着我给徐先生的那封信。我问他这是干什么。他说，徐先生看了我给他的信后很高兴，说要发动全教研组的老师一起来讨论教研组的科研方向。后来，徐先生和大家一起讨论，决定把研究针麻和针刺镇痛的机制作为教研组科研的重点题目。

在开始做针刺镇痛机制的研究时，我们首先用人体实验来确定针刺的镇痛效果；在确证针刺镇痛效果后，再进一步观察和分析针刺引起体表痛阈改变的规律，然后再深入研究针刺镇痛的机制。我们先在自己身上做实验：在一个穴位进行针刺，然后在身体上一些代表性的部位测定痛阈，观察针刺前后各代表点痛阈的变化（图32）。我们做这个实验时，徐先生表示他也要来做被试者。他静静地躺在床上，微微闭上眼睛，由莫浣英老师给他扎针，我给他测痛。一般人，在鼻翼旁边的一个点（相当于迎香穴的部位）测试痛阈时，当测痛器加压到100多克时就感觉疼痛了。我给徐先生测痛时，他鼻翼旁的痛阈也和一般人差不多，但在针刺后，当加压到400克时他还没有说感到痛。我那时真有些担心把他的皮肤损伤了。那次实验后，他说自己亲身体会

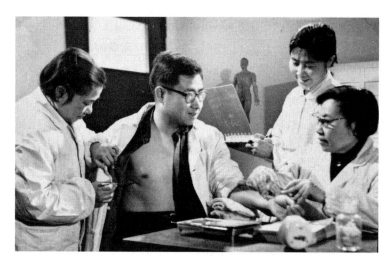

图32　姚泰(左二)在进行针刺测痛实验
左一为莫浣英,右一为金舒白

了针刺提高痛阈的效果,因此对针刺镇痛的机制研究更加有信心和决心了。

　　对于针刺镇痛机制的研究应该怎样进行,一直存在着分歧和争论。徐丰彦先生为人实在,对任何事情都讲求用事实和科学证据说话,而不是揣摩上级的意图,在针刺研究中更是强调这一点。20世纪60年代初,国外有个学者宣称发现了经络的实质,卫生部就派了一个专家组前往他们那里进行考察,徐先生是考察组成员之一。他在考察中以一个科学家的严谨求实的态度,对他们"经络研究"中的一些问题提出了质疑,并且向有关领导做了认真的汇报。为此,他曾被当成"资产阶级学术权威"。然而,后来的事实证明徐先生的看法是完全正确的。徐先生一直明确主张,应该用现代科学的方法和技术去研究传统中医的理论。对于针刺疗法来说,它的效果是肯定的,而对针刺产生镇痛作用的机制解释则应该用现代生物医学研究方法去深入研究,并且用现代科学语言来解释针刺为什么能镇痛和治病。这样才能使中医在理论和实践上得到新的提高。他认为,花大量精力去寻找"经络的实质",以图证明古人在人的身体上画的12条经络确实存在,那是不可取的。他说,这好比古人说月亮里有一个嫦娥,我们就想用天文望远镜来证明月亮里确实有个嫦娥。后来,国家有关发展中医和中西医结合的政策、文件中都明确地指出,应该用现代科学的知识和方法来整理、研究和提高中医。通过这件事,我更深刻地体会到了徐先生"不唯上、只求实"的科学精神。

20世纪70年代末,徐先生又带领我们一起研究针刺对血压的调整作用。徐先生对我们说,他看到中国科学院上海生理研究所胡旭初研究员曾经做过一项研究:当清醒的犬血压高于正常值的时候,针刺能使血压降低,而在血压低于正常值的时候,针刺则使其血压回升。徐先生说,他相信胡旭初先生的工作是可靠的,我们可以先重复他的实验,然后进一步研究针刺调整异常血压的机制。这样,针刺对心血管和机体其他生理功能的调整作用,就成为我们生理学教研组在以后相当一段时间里的主要研究方向之一。20世纪80年代末,我到瑞典哥德堡大学做访问学者期间,用自发性高血压大鼠作为实验模型,也证实模拟针刺的刺激确实能使高血压大鼠的血压降低。这个工作也引起了我的瑞典同事们的浓厚兴趣。在我离开瑞典后,他们还有一位研究生把这作为博士论文研究题目。美国艾奥瓦大学一位教授的实验室也在另一种高血压大鼠模型上证实了模拟针刺的降血压作用。除了对异常血压的调整作用外,我们还研究了针刺对异常心律,防御反应,肾脏排水、排钠等生理活动的调整作用,并深入研究了针刺作用的生理机制。在多次全国性和国际学术会议上,我校生理学教研组的多名教师曾做过针刺作用机制的专题报告,在国内和国际生理学界产生了一定的影响。

徐丰彦先生一生为人正直,辛勤耕耘于生理学园地,孜孜不倦地培养了大批生理学教学、科研人才。他求真务实的科学精神永远是我们必须学习和遵循的。

作者姚泰系原上海医科大学校长

正派做事　清白为人

程介士

今年是敬爱的徐丰彦先生(图33)诞辰120周年,也是恩师去世30周年。上医中西医结合学系的师生们数次来约,希望我能口述他老人家为师为人的事迹,我感到义不容辞。

图33　1943年,徐丰彦(中)手持自制的记纹鼓与郑集(左)、潘铭紫(右)合影
（图片来源：程介士）

一、从北医到上医：初识徐丰彦先生

我第一次见到徐丰彦先生并不在上医,而是在北京医学院(今北京大学医学部,简称北医)。1954年底,我陪同北医的苏联生理专家参

加卫生部召开的全国医学院校会议,负责国内专家与苏联专家之间交流讨论的翻译工作。会议提出要制定全国统一的各类医学课程的教学大纲,其中当然也包括生理学。那时各地医学院校的教材均为自编讲义,而参考书主要有徐丰彦教授编写的《人体生理学》和吴襄教授编写的《生理学大纲》;这一次制定统一的教学大纲时,又参考了苏联医学院校的生理学大纲及教材。就在生理组会议上,我作为翻译第一次见到徐丰彦先生。当时的他50岁开外,担任生理组的组长主持会议讨论。我对徐先生的第一印象是他非常和蔼,各地参会代表对徐先生也非常尊敬。而工作方面,徐先生是认真严格的,特别是对于《生理学》教学大纲内容条目制定,把握得非常细致周到。

这次会议上,年轻的苏联生理专家感受到了我国老一辈生理学家高超的学术水平和丰富的教学经验,觉得自己无法完全胜任工作,在回国之后向苏联官方进行汇报。半年后,苏联即换派了生理学家基比雅柯夫院士(A. V. Kibiakov,从事植物神经生理研究的苏联科学院院士)来到北医,后又转派到上医任顾问,我作为翻译也随同到上医。1955年12月开始,基比雅柯夫院士在上医主持生理学高级师资进修班,开班授课(图34)。那时我与徐丰彦先生还都是工作上的联系,他

图34 1955年,苏联生理学家基比雅柯夫院士在上医授课
右立者为程介士

对我这个20岁刚刚出头的小年轻十分客气,对苏联专家也十分尊重。基比雅柯夫院士是一位老布尔什维克,也是国际著名的生理学专家,他在和徐先生一年多的共事中,对徐先生保持着很大的敬重。他私下对我不止一次地说过,徐教授是稳重的人,是一位真正的科学家。

苏联专家回国以后,经由组织上安排,我被留在上医生理学教研组,自此,我从翻译转成生理学教师。徐丰彦先生和我既成了同事,也成了师生,我开始了长期跟随徐先生学习专业、学习教学的历程。

二、从教学到科研:跟随徐丰彦先生学习

1956年,由于上医承担重庆医学院建院的任务,国家分配给上医一大批大学毕业生,生理学教研组亦不例外。徐教授对于我们教研组每一位青年教师的培养都十分重视。他既按照业务成长的科学规律严格要求我们,也善于因材施教,让我们找出自身不足(包括思想和业务方面),有针对性地提出下一步具体要求,然后师生一起确定培养计划。

我是在抗美援朝开始时从南京大学参加军事干部学校到了哈尔滨。当时国家要求我们突击学习军事方面的俄语,为朝鲜战争可能扩大、苏联出兵做好准备。后来由于我方节节胜利,俄语军事翻译的任务不再作为重点,在这种情况下,哈医大校长、生理学家季钟朴先生让我们留下来转为学医。我的四年本科期间,基础课程安排得较少,后又因为国家急需俄文医学翻译,被提前抽调到北医工作,虽然担任了三年多生理专业翻译,又实际上参加了两届生理进修班的学习,但我的专业知识多限于书面理论,缺乏扎实的基础和实验经验。根据我的情况,徐丰彦教授要求我用一年时间在上医补修医学本科生的主要基础课程。所以我一方面做助教工作,负责本科生的小班生理实验教学;另一方面要去听课,与本科生一起学习医学基础课程,包括医用物理学、化学、解剖学、组织胚胎学、生理学以及生物化学等。而且徐先生建议我学习药学系的化学课程(对化学的要求比医学生更高),这样才能更扎实地打好基础。那时徐丰彦教授还向其他教研组打招呼,要求他们对

我们这些随堂听课青年老师一视同仁，与本科学生一起听课、做实验、接受提问和参加考试。这样严格的要求是我原来未曾想到的，也让我感受到不小的压力，但压力转为动力，对我的学习起了很大作用。

徐丰彦教授还要求带实验课的教师无论资历深浅，在每次实验课之前必须花一天的时间进行实验准备。从器材到动物手术，整个流程都必须确保万无一失，预试实验结束后还召开总结会，做到内容心中有数，技术精益求精。对于青年教师上大课，徐教授要求我们自己先写出授课提纲以及讲稿全文，在教研组内部进行预讲，在听取大家的意见并进行修改之后，再进课堂讲课。教研组还经常组织高年资教师对新承担讲课任务者进行检查性听课。这些做法形成传统并得以传承，教研组也得以长期保持"教学先进单位"的称号。

后来中央有政策，要求为一级教授配备助手，以保证科学研究的顺利开展。我有幸成为徐丰彦教授的助手，在他的直接指导下开展了针刺对排尿反射及膀胱肌肉运动影响的研究。在研究中，我遇到的一个难题就是如何在动物（猫）无麻醉状态下进行针刺。徐教授提出用去大脑动物的方法进行研究，将猫的大脑与脑干之间的联系切断，可使其自主躯体运动消失。并且，从研究计划到具体实验，例如，如何麻醉，如何手术，如何观察记录，再到如何分析结果，徐教授都手把手地指导我，哪怕实验经常持续到深夜，也是如此。

功夫不负有心人，我们的实验也取得了一些有意义的结果。研究显示，当膀胱及其调节中枢处于不同的生理功能状态下，针刺所产生的作用是相反的，提示针刺疗法既能治疗尿潴留又能治疗尿失禁，这是有生理学依据的。在20世纪60年代的一次生理学年会上，我们就此所做的汇报也引起了同行专家们的兴趣。

三、正派做事，清白为人：实事求是的楷模

徐丰彦教授对于一个人的评价，习惯用"正派"这个词。不管是对自己还是对他人，他的要求就是正派做事，清白为人。正派包括很多

方面：实事求是，踏实认真做事，不弄虚作假，不搞歪门邪道。

徐丰彦教授对于新旧社会的对比感受强烈，这促使他发自内心地爱国爱党。他在1956年就加入了中国共产党，是上医较早入党的老教授之一。他是一位又红又专的教授，长期担任教务长、基础医学部主任等职务，在校内外知识分子中间都有较大的影响。

徐先生在教学科研工作中对我们要求严格，但是在平时生活中待人亲切。我到生理学教研组后，每次逢年过节到徐教授家里拜访探望时，他都会邀请我留在他家中吃饭，这使我倍感温暖。十年前，《复旦学报（医学版）》一篇介绍徐丰彦教授的文章中，引用了他在一篇自传中所写的"自幼养成严肃、谨慎、孤僻的性格"这一说法，我和吴根诚老师建议在"孤僻"两字后面加注："这是徐教授的自谦之词。他较沉默寡言，但与同时代学者关系和谐，对后辈和蔼可亲。"编辑部也采纳了这个意见。

徐先生敢于坚持真理，自觉抵制针灸经络研究中伪科学宣传的事迹是我们大家所熟知的。20世纪60年代中期，徐教授参加我国卫生部组织的专家组前去朝鲜考察，他秉着一贯的严谨、求实的做学问态度，从不盲从轻信。徐教授与上医解剖教研组周沛华老师（20世纪50年代时就从事穴位的形态学研究）都认为，科学的新发现应该是可重复的，而朝方的实验方法都是传统方法，所谓的新结构，我们却无法重复检出。因此，徐先生表示不能对该"发现"做出肯定评价。为此，徐先生受到个别部门领导的责难，遭受政治压力，但他依旧泰然处之。历史证明，徐先生才是捍卫科学精神的智慧大家。

无独有偶，20世纪70年代初，江南出了一名所谓"钉螺姑娘"，自称能够看到泥土之下的钉螺，屡试屡中，到处演示，引起了某些领导的注意。上医一直是血吸虫病防治的先进单位，于是也将她请来上医再次表演，成为一时的"新闻"。当我将表演情况告诉徐先生时，他却笑说："人体视觉的'透视'功能是不可能随便通过一两次表演就能确定的，还是让她多找找吧。"果然，后来发现此人找到的都是洗干净的死钉螺壳，且品种亦不同于上海一带的钉螺，一场闹剧就此收场。

在特殊年代，徐丰彦教授面对重重压力，徐先生初心不变，相信组织相信党。他把身边的重要笔记本交给我（当时我是生理学教研组的党支部书记），委托我上交存入学校机要档案室，以防遗失泄密。在遭受审查时，他谈及以往的人或事，实事求是。之后，他对曾经对他做出不当行为的年轻人宽大为怀，反而对他们予以劝慰谅解。

总之，在做事为人方面，徐丰彦教授是实事求是的楷模，是充满正能量的典范，值得我们晚辈终身学习。在徐先生的带领下，生理学教研组从教师到技师都十分团结，一直是校内外的先进模范集体。

四、研究针刺，探索机制：中西医结合的引路人

上医是在全国率先开展针灸经络研究的单位之一。1958年前后，上医解剖教研组周沛华、黄登凯等老师，邀请上海中医学院李鼎老师在新鲜尸体上做了针刺技术的定位，随后沿着针尖所指的方向做解剖，以确定针刺刺激的具体组织结构，并做了显微形态的观察。他们当时得出的初步结论为：针刺刺激部位99%以上都位于神经纤维相对密集的地方。

徐丰彦教授早在20世纪50年代初就重视针刺效应的机制探索，当时这并不是上级下达的任务，而是出于他对祖国传统医学的热爱以及敏锐发现科学问题的素养。1956年，他派遣莫浣英老师到刚成立的卫生部中医研究院学习针灸技术，开展实验研究。莫老师回校后在徐先生指导下从事针刺对消化道运动效应影响的实验研究。当时徐先生就考虑到：针刺既能够促进胃肠蠕动，又能够缓解胃肠痉挛；同样，针刺可以治疗遗尿，又可治疗尿闭。这都说明针刺具有双向的调节作用，能使异常的功能向正常水平回归。这种调节作用既可能源于针刺部位（穴位）的相对特异性，也和相应器官的功能状态及其相关神经中枢功能有关。因此，徐先生是国内外最早提出针刺调整效应神经机制科学假说的专家之一。

1964年，上海第一结核病防治院开展针麻下肺切除手术并取得成

功。曹小定老师首先获此信息,经她联系,徐教授就带领教研组全体教师一同去参观,回校后经大家多次讨论,就把针麻原理和针刺镇痛机制研究定为我们教研组的科研重点。1965年,上海市卫生局成立上海市针刺麻醉机制研究组,徐先生出任组长,中国科学院上海生理研究所张香桐先生为副组长,曹小定老师担任秘书,协助组织全市各单位的协作。在当年的针麻研究工作中,徐先生亲身体验针感,亲手指导实验,在上医校内以及全市大协作中发挥了领头人的作用。

之后,随着学校教学、科研秩序逐步恢复,原针麻研究组的部分老师返回各教研组,但在上医冯光副书记、朱益栋副院长及基础部赵挥书记等支持下,针麻研究组的主体仍得以保留,并正式更名为"针刺原理研究室"。徐先生继续全力支持我们的针刺研究工作,他在担任生理学教研组主任的同时,仍兼任我们研究室的顾问,并对两单位生理学教师的合理配置做了统筹安排,让研究室保留了四名骨干教师和三名技术员,研究室的基本架构得以维持,这使我们一直心存感激。

可以毫不夸张地说,徐丰彦教授是我们上医中西医结合针刺原理研究的引路人!

徐丰彦教授虽已以90高龄离我们而去,但是他的重大功绩早已载入史册。他是上医生理学科的创建者,也是上医中西医结合基础国家重点学科的奠基人。不仅如此,20世纪90年代初我们联合上医各方面力量,申报筹建医学神经生物学国家重点实验室时,也是以徐丰彦等老一辈先贤早年开展神经生理等多学科研究作为重要的工作基础。徐丰彦教授又是创建并践行上医"正谊明道"和"为人群服务"伟大精神的先贤之一,他永远是我们心中的丰碑!

参考文献

[1] 王志均,陈孟勤主编.中国生理学史[M].北京医科大学;中国协和医科大学联合出版社,1993:68.

[2]《上海医科大学纪事》编纂委员会编.上海医科大学纪事1927—

2000[M].上海：复旦大学出版社，2005：126.

[3] 徐丰彦.我的回顾[J].生理科学进展，1992，23（3）：193-195.

[4] 吴根诚，王彦青.中西医结合针刺原理研究的引路人——纪念著名生理学家徐丰彦先生诞辰110周年[J].复旦学报（医学版），2013，40（6）：635-638.

[5] 徐丰彦，胡旭初主编.生理学进展1962[M].上海：上海科学技术出版社，1963：252-253.

[6] 吴根诚，程介士，曹小定.科研任务促进学科建设，学科发展推动基地建设——记上海医科大学医学神经生物学国家重点实验室[J].生命科学，1995，7（3）：44-45.

口述者程介士系复旦大学医学神经生物学国家重点实验室原副主任
整理者系复旦大学基础医学院中西医结合系师生
参编者系张童童、郑嘉元、冯昇、米文丽、吴根诚
定稿者系上海市徐汇区教育学院正高级教师程元

追忆徐丰彦教授二三事

郑履康

1959年,我从上医医疗系毕业后,考取了本校生理学研究生(图35),有幸成为徐教授的学生。徐教授是一个慈祥随和,但又要求严格的人。虽然他离开我们已经30年了,但他的谆谆教导我至今难忘。

图35 郑履康(左)读研期间与姚泰(中)、刘汉清(右)合影
(图片来源:刘汉清)

记得有一次做实验,我正在观察刺激兔坐骨神经对血压的影响。正好徐教授来到实验室,他看到我实验中用的血压计放斜了,就走近把血压计摆正,并对我说,做实验时,测量仪器要摆正,这样测量出来

的结果才正确。这件事对我的影响很大,做实验是不能马虎的,每个步骤都要注意。徐教授就是这样言传身教,严格要求学生的。

徐教授在学术方面要求严格,在生活上却很随和。徐教授的家在枫林桥边的市府大院内,市府大院有几幢小洋楼,徐教授家就住在其中一幢的二楼,他家面积不大,却很整洁。有一次,他邀请几位研究生去他家,给我们看了他20世纪30年代在英国伦敦大学进修时的照片,有他与导师洛瓦特·埃文斯(C. Lovatt Evans)教授的合影,也有一些外出游玩时的照片。徐教授当时就已经加入了英国生理学会,他办公室的书架上,摆放着很多英国生理学会每年寄送的生理学论文汇编,每个年份有四本,每本足有六七公分厚。

徐教授平时对我们很关心。20世纪60年代初国家有困难,我们都有切身体会。学校的伙食变差了,番薯成为主角,除早餐有番薯外,我们吃的饭里有一半都是番薯丝。饭有限量,多数人都不够,不知是谁向徐教授提出让他请大家吃一餐,徐教授欣然同意了。一个周日,我们整个教研组,包括教师、工友、研究生、进修生,约20多人去西郊公园(今上海动物园),那儿有个烧烤处,离烧烤处不远处有家饮食店,我们就在那儿吃饭,大家都吃得很开心。饭后大家拿出粮票,凑齐后又给了徐教授。

1961年暑假,我想回老家看看父母,我知道徐教授的儿子当时在金华农科所工作,很巧我弟弟从金华农校毕业后也被分配在金华农科所。我想在经过金华时下车看看我弟弟,于是问徐教授有没有什么东西让我捎带。他想了想说,有个罐头让我带。到了金华我弟弟处,我把罐头给了徐教授的儿子。罐头虽小,也说明了徐教授对儿子的关怀。

徐教授为人正直、慈祥,对学生要求严格,对教研组的人很关心,我们永远怀念他。

作者郑履康系中山大学公共卫生学院教授

师恩难忘

刘汉清

徐丰彦教授是我国现代生理学奠基人之一，上医16名一级教授中的一位，全国医学院校本科《生理学》教材主编，闻名国内外。一代代立志献身科学，愿为发展我国生理学事业效力的青年，无不祈盼能成为徐丰彦教授的研究生。当年，我作为在生理学科已从教数年的年轻教师，这一期望更加强烈。尽管有此期望，但受某些客观因素影响，之前我未能接受系统、完整的中等和高等教育，学历显然处于劣势，担心此愿难以实现。

谈到学历，得从我在中华人民共和国建立初期的经历说起。1949年末寒假期间，我这个刚上高中的16岁少年从城市回到了农村。建国之初百废待兴，家乡教育师资紧缺，次年春季学期开始，区里动员我去中心小学任教，讲授小学高年级的自然课。一方面是受到革命热情驱使，另一方面可能是所谓"初生牛犊不怕虎"，我竟然大胆接下此任务。到职后，竭尽所能去上好每一节课，一个学期的教学总算顺利完成，得到了校方肯定。通过这次实践，我深感自己知识浅薄，文化水平亟待提高。征得领导同意，于同年秋去县城复读高中。

满以为从此可以安稳读完高中升大学了，没想到美帝国主义悍然发动侵朝战争。国家发出了"抗美援朝，保家卫国"的号召，我和一些同学报名参军，被分配到一所军医学校习医。为了适从前线急需，当时新组建的军校学制多为两年，我所在的军医专业则为三年，算是较长的了。到1953年底毕业时，由于朝鲜在7月间即已停战，我无缘去朝鲜前线服役(此为一大憾事),仅具有大专学历的我,遂被留校担任生理学助教,开始涉足这一专业。

1958年夏秋之交,为了支援国家社会主义建设,因抗美援朝而组建的各类军校全部移交地方,我校在南昌就地与江西医学院(今南昌大学江西医学院,简称江医)合并,我便成了江医的助教。

1960年秋,我刚晋升为讲师不久,学院得悉上海第一医学院的生理学专业要招收副博士研究生。"副博士"这一名称,在国内是20世纪50年代才出现的,它是参照苏联的副博士、博士两级学位制所设,但我国当时只设置其中的副博士一级学位制试行。可能江西医学院的领导认为我尚年轻,专业方面还有深造和提高的潜力,于是推荐我去报考。如前所述,我十分向往能成为徐丰彦教授的门生,但能不能如愿,取决于是否通得过严格的入学考试。

在那个年代,无论求职或入学,政治思想条件都占重要地位。我在军校接受过多年教育,相信政治科目的考试成绩不会太差。从事过数载生理学教学,为专业理论和实验技术打下较坚实基础,外文(英文和俄文)也有一定功底。或许这可弥补我学历上的不足而有幸被录取,但在收到通知书前,这还是个未知数。直到有一天忽然接到录取通知,才确信成为徐教授弟子的夙愿终于实现。

我按通知时间赴上医报到,安顿下来后,去教研室拜见导师。徐教授在办公室接待了我,这是我首次见到这位德高望重的前辈,不免有些紧张。但徐教授面容慈祥,还用话家常的方式与我亲切交谈,我立即放松下来。他只初步询问了我的一般情况,吩咐我到教研室熟悉一下环境,余事另约时间商议。

徐教授治学严谨,关爱学生,注重培养学生的独立思考和创新能力,始终坚持"放手不放眼"的做法。在我们开展工作的初期,他每周要与我们面谈一次。各人的文献阅读、综述撰写、课题构思、方法创建、计划安排、实施情况、存在问题等,他都要一一了解掌握。他总是以平等讨论的方式,认真听取学生们的见解,从不把他的主张强加于人。学生们在研究动物、器材设备、试剂药品方面的需求,他都会立刻

图36　1964年端午，徐丰彦教授（后排左）设家宴款待学生，餐后在其宅前留影
前排左为进修生杨焜，右为进修生沈昌权，后排右为刘汉清

（图片来源：刘汉清）

着人办理解决，以免影响科研进度。徐教授不仅十分注重进修生和研究生的学业，还很关心大家的生活。逢年过节他和夫人常设家宴，盛情款待来自外地的学生（图36）。对他们来沪探亲的家属，也都热心接待。

徐教授对研究生的指导，都只给出大致的方向，让学生充分发挥个人的聪明才智，开展创造性工作，不设框框以免造成束缚。他不墨守研究生培养计划中需安排教学实践的规定，知道我已有一定的教学经验后，破例免除我的教学任务，让我有更多的时间搞科研，体现了他一切从实际出发、实事求是精神。学生们在他的言传身教中，学到了老一辈高尚的道德品质、求实的科学态度、严谨的工作作风。

徐教授对所指导的研究生论文有极高的标准和要求。他总是认真细致地审阅我们的论文初稿，逐一指出内容中存在的问题，连标点符号也不放过。对于学生的论文答辩工作，他也精心安排。答辩前，他会将摘要寄送给市内的第二军医大学、复旦大学、华东师范大学和上海第二医学院的专家评阅，广泛听取意见。按照有关规定，他还聘请高水平的专家组成国家考试委员会，上报卫生部核准备案。

研究生答辩在教研室公开进行，允许旁听和提问。主持我论文答辩的委员会主席，是国内外知名药理学家、上医药理学教研组主任、一级教授张昌绍,委员有中国科学院上海生理研究所沈锷副研究员、上医药理学教研组杨藻宸副教授,秘书是上医生理学教研组张镜如副主任。衷心感谢国家考试委员会的各位专家,他们对我的论文和答辩作出了非常客观、全面的评价,也指出其中的缺点。张镜如老师把评语摘要交给我抄录,所述内容为:"优缺点:作者能从复杂现象中找到一些规律,提出一定的看法,在研究方法上能钻研创造。答辩过程中实事求是,态度良好。但在气功问题的研究方面例子较少,希望今后在这方面进一步收集更多资料。"

论文答辩通过后,学校发放了毕业证书,我获得了研究生学历(图37)。1960年以前毕业的研究生,例如生理专业的萧俊等学长,同时还被授予副博士学位。1961年起中苏关系恶化,因而沿袭苏联的学位、军衔等制度先后被废除,此后毕业的研究生,例如1959年级的姚泰、郑履康学长,还有1960年级的陈子彬同学和我,都只有研究生学历而没有副博士学位。

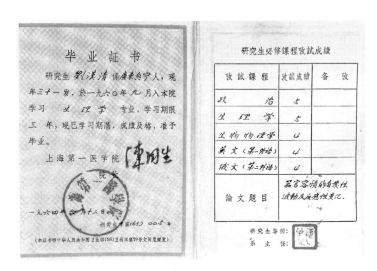

图37 刘汉清的研究生毕业证书
证书上有院长兼党委书记陈同生,以及研究生导师、系主任徐丰彦的印章
(图片来源:刘汉清)

关于我毕业后的分配去向,徐教授早有主意,希望我能留在他身边工作,并已上报学院且得到批准。为此,学院人事部门老师约我面

谈，征求本人意见，同时向我承诺：鉴于我的所有关系均在上医，无需办理调动手续，只需与江西方面协商，同意我留下即可。有关爱人及孩子入户上海的问题，会速即办理。同时依照爱人原从事的儿科护理工作，调入对口附属医院，所需住房也及时落实。可见条件十分优厚，加上与徐教授的深厚情谊，以及教研组同志对我的信赖，我内心实在很愿意留下。但想起江医特别是原军校各级领导的多年培养教育，还有那些情同手足的战友，对他们又有些不舍，我陷入了感情的夹缝之中，只好表了个"中性"的态：个人服从上海和江西双方组织协商后作出的决定。

为了让我安心等待，徐教授让我继续做些研究工作。他得悉中山医院完成的一例再植断臂已成活，便亲自与院方联系，让我用现成的容积描记法，去病房观察此成活手臂的血管活动特性，并打算让我在后续研究中逐步去了解血管运动神经的再生过程（可惜的是，后面随着我的离开，此项研究也中途夭折）。考虑到今后工作需要，他还让我到技术室强化电生理学基础，并交代我将毕业论文中的主要内容撰写成文，单独署上我一个人的名字，投到医学报刊以尽快发表。

在此期间，虽然上医与江医方面反复协商，但最后对方提出了"江西是革命老区，高层次人才奇缺，应予优先照顾"的过硬理由，上医只好让步。徐教授不无遗憾地将结果告诉了我，并谆谆教导，日后尽可能不要脱离专业工作，国家培养一个专门人才很不容易。数十年来，我始终牢记老师的这一嘱托，我在担任江医基础部主任兼教研组主任期间，采取双肩挑的方式，除了负责行政领导工作外，同时还完成教学、科研和研究生带教任务。

离沪返赣之前，徐教授为我安排了一个简朴而隆重的欢送会。会上一些同志作了热情洋溢的发言，并特地制作了一张精美的卡片相赠（图38）。

离开上医后，我还曾多次在上海与徐教授相见，继续得到他的教诲。令我终生感到歉疚的是，1993年徐教授仙逝时，未及时获悉此噩耗，没去上海送恩师最后一程。

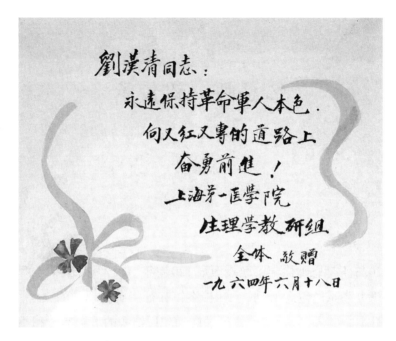

图38　刘汉清离开上医时,生理学教研组全体同志赠送的纪念卡
（图片来源：刘汉清）

　　斯人已乘黄鹤去,桃李芬芳硕果存；
　　教书育人功勋著,鞠躬尽瘁献终生。

作者刘汉清系南昌大学江西医学院教授

忆恩师 铭传承

陈槐卿

  2023年是恩师徐丰彦教授诞辰120周年，母校复旦大学上海医学院将举办隆重的纪念活动，悉知档案馆在征集有关恩师的资料，我义不容辞地响应号召，很快就找出了恩师先后给我的七封信件和几张照片。再次阅读这些珍贵的资料，思绪万千，回首往事，热泪盈眶，感怀师恩，写下此文，以纪念恩师诞辰120周年。

  事情要从20世纪60年代说起，我1957年考入北京大学生物系生理专业（六年制），按计划应该于1963年大学毕业。1962年，国家发布公告，决定第二年在全国范围内公开招收研究生，实行全国统一考试，我当时报考了上海第一医学院生理学专业研究生，但还缺乏足够的备考信息。因此，我冒昧地直接写信给徐丰彦教授，了解考试科目的参考书和研究方向。当信发出去以后，我以为徐教授是全国闻名的一级教授，不会理睬我这个普通的大学生。不料，我很快就收到了他的回信，他认真回答了我的问题，从信上看得出来，信稿是他秘书写的，但徐教授本人签了字，应该是他本人的意思。接到此信时我十分兴奋，说明徐教授是多么乐于助人，对晚辈多么关心（图39）。我全身心投入备考，连除夕、春节都是在北大生物系图书馆里度过的，完全忘记了传统节日。直到1963年6月毕业分配时，我才知道已被录取为上海第一医学院生理专业研究生！

  1963年9月，我来到上海第一医学院报到，知道这次上医在全国范围内只招收了八名研究生(其中基础医学四名,公卫系两名,药学系一名,临床神经内科一名)。生理学教研组在东安路西侧新教学大楼(今7号楼)二楼西半部。楼下是药理学教研组,楼上是生化教研组。生理学教研组主任是徐丰彦教授,林雅谷副教授为副主任,程介士老师是党支部书记、政治副主任。生理学教研组共有教职员工30多人,这样的团队,其学术水平和阵容当属国内顶尖。我初到生理学教研组几天后,恰逢徐教授组织师生合影,留下了一张极其珍贵的照片,我保存至今(图40)。

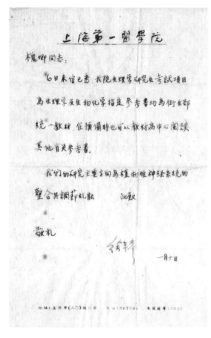

图39　1963年1月,徐丰彦给陈槐卿的回信

(图片来源:陈槐卿)

我第一次与徐丰彦教授见面是在他的办公室。徐教授的办公室并不宽敞,只有一间房,靠墙放着一排书橱,角落里放了一张写字台、一把藤椅。桌子旁边还有一把矮藤椅,是给客人的座位。见到徐教授我肃然起敬,他那慈祥的目光、喜悦的笑容,让我原本紧张的神经一下就放松了。他与我热情地握手,我做了自我介绍,汇报在北大的学习情况,为什么要报考研究生。徐教授给了我一份生理学研究生的培养计划,让我好好看看,做好自己的安排。要求我参加教研组的活动和政治学习,并要求我以后每周向他汇报生活学习情况。我遇到了一位好导师,徐教授是知名的一级教授,又是共产党员,还担任着领导工作,虽然一般比较严肃,但他给我的印象是慈祥可亲的。

进入上医生理学教研组后才发现,那时的研究生课程用的全部是英文原版参考书,第一学期,我在图书馆待的时间很长,吃力地啃着大部头的原版书。按照徐教授要求,我每周向他汇报一次。开始时汇报

图40　1963年9月，上医生理学教研组全体合影

第一排左起：曹小定、杨井田（行政秘书）、张镜如、程介士、杨琨（武汉医学院进修生）、林雅各副教授、徐丰彦教授、李鹏、林淑辅（技师）、颜杰（技师）、沈昌权（延边医学院进修生）、戴光华（工人）

第二排左起：陈明光、郭学勤、马如纯（研究生）、萧俊、孙忠汉、姚泰、刘汉清（研究生）、汤金根（技术员）、老徐（技术员）、陈槐卿（研究生）、陈子彬（研究生）、高维刚（技术员）

第三排左起：蔡秀蓉（技术员）、何菊人（研究生）、苏清芬、林瑞锦、贾瑞菊、屠逸君、徐宁善、章道恺（秘书）、小王（技术员）、顾慧珍（技术员）、何莲芳、莫浣英

（图片来源：陈槐卿）

研究生课程学习情况，后来汇报科研进展情况。徐教授为我制定了严格的研究生培养计划：在精工室，我在林淑辅技师指导下完成钳工训练，制作了一块一定几何尺寸的长方形六面体不锈钢块材质，精确至0.1毫米；在电子室，在颜杰老师指导下，我安装了一部可选择波形、可调控频率和强度的脉冲电刺激器；在化学制剂室，我学会配置各种生理溶液和缓冲液，还把大学三年级的生理实验全部再做一遍，并且写出正式的实验报告请姚泰老师评阅。第一年的学习很辛苦，我体会到老师培养我的苦心，一个科研人员不仅要有丰富的专业知识，也要有

极强的动手能力,有些研究工具可以自己设计加工。这些锻炼对我以后的工作起到很好的支撑作用。

在政治和业务上,徐教授对我们要求非常严格,但在生活上却像慈父一样关怀我们。他经常请我们到家里做客,我记得1963年的国庆节就是在徐教授家里度过的,在他家里我第一次看到了彩色电视机,看到了上海人民在人民广场游行庆祝国庆节的场面。

1964年,临床方面出现了针刺麻醉方面的新生事物,徐教授让我跟曹小定老师到上海第一结核病防治院胸外科考察针刺麻醉工作。我们需要仔细记录针灸医生采用的穴位,要观察躯干各部位痛阈变化、术后的止痛情况等,经过几个月的观察总结,我们认为针麻与中枢神经系统有关。1965年,我决定进入实验室研究针麻机制,在张镜如老师的指导下,运用电生理方法,深入研究延髓网状结构在针麻过程中的作用。在这个选题论证过程中我认识到,徐教授让我到临床一线参与针麻过程,获得第一手资料,找出实践规律,再进一步用现代方法去研究其机制,机制搞清楚后再去实践,这个思路完全符合毛泽东主席提出的"实践论"原则。

我还学会了玻璃微电极制作方法、神经元单位放电的记录方法、电极尖端定位等技术。科研工作原本正在顺利进行,本应进入积累资料阶段,不料,1966年6月实验室被封,科研被迫中断。在那个特殊时期,我与教研组内年轻人对徐教授做出了错误行为,这是我一辈子的遗憾。1968年,我被分配到四川省涪陵县一个偏远贫穷的山区卫生院。工作三年后,我被调到涪陵县人民医院,靠着不断进修和努力自学,在基层医院从事临床医疗工作,与上医的老师和同学慢慢失去了联系。

1978年,中央在北京召开了全国科学大会,开始落实知识分子政策,加强科技队伍建设。1978年9月,我被调至四川医学院(今四川大学华西医学中心)生理学教研组。到了四川医学院后,我痛定思痛,觉得自己应该从那场浩劫的阴影中走出来,于是,我鼓起勇气给徐教授写了一封信,向他老人家诚心道歉、检讨。信发出后,我一直忐忑

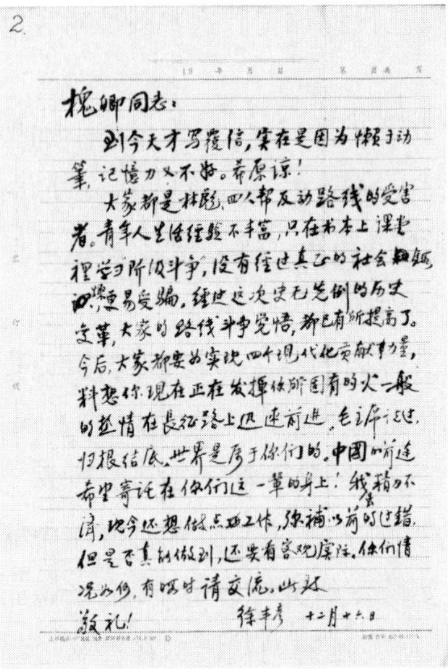
2.

槐卿同志：

到今天才写复信，实在是因为懒于动笔，记忆力又不好。希原谅！

大家都是林彪、四人帮反动路线的受害者。青年人生活经验不丰富，只在书本上课堂里学习阶级斗争，没有经过真正的社会锻炼，更易受骗。经过这次史无前例的历史文革，大家的路线斗争觉悟，都已有所提高了。今后，大家都要为实现四个现代化贡献力量，料想你现在正在发挥你所固有的火一般的热情在长征路上迅速前进。毛主席说过，归根结底，世界是属于你们的。中国的前途希望寄托在你们这一辈的身上！我虽精力不济，现今还想做点工作，弥补以前的过错，但是否真的做到，还要看客观实际。你们情况如何，有暇时请交流。此致

敬礼！

徐丰彦　十二月十六日

图41　1978年12月，徐丰彦给陈槐卿的回信
（图片来源：陈槐卿）

不安，徐教授能否原谅我？我们能否恢复原来的师生情谊？直到1979年元旦前后，我收到了徐教授1978年12月16日的回信，信上说："大家都是林彪、'四人帮'反动路线的受害者，青年人生活经验不丰富，只在书本上课堂里学习'阶级斗争'，没有经过真正的社会锻炼，更易受骗。"徐教授的胸怀是何等宽广，他原谅了我的错误，并进一步鼓励我，"料想你现在正在发挥你所固有的火一般的热情在长征路上迅速前进。毛主席说过，归根结底，世界是属于你们的，中国的前途希望寄托在你们这一辈的身上。"（图41）读着信，我热泪盈眶，多好的老师啊！我多么幸运成为徐教授的弟子，我一定不能辜负他对我的希望，一定要干出一番事业来。

1979年11月，徐教授陪同美国华裔生理学家高逢田教授访问四川医学院，高教授是老校友，受到学校的热情欢迎（图42）。学术报告、宴会安排等不赘述，学院领导热情接待了他们，并带领他们参观了生理学教研室。徐教授对我说："这里校园宽敞、美丽，设备也不错，学生实验动物还能用犬，在上海是做不到的，你不必挤到上海去了，就在这里好好发展。"我心里感到甜滋滋的，我要在这里扎根，生长开花，绝不辜负老师的期望。当时，我在家里简单地设了一次家宴招待徐教授等人，徐教授非常平易近人，给我的家带来了温暖和欢乐，我们永生不忘。

抗日战争期间，徐教授随中央大学医学院到成都，曾在成都市布后街附近居住过。此次来成都，他故地重游，虽然没有找到学校旧址，

图42　1979年11月,徐丰彦教授(右三)陪同华裔美国生理学家高逢田访问四川医学院左四为陈槐卿
（图片来源：陈槐卿）

但欣慰的是我们找到了他原来居住过的小院子,并在小院子里照了几张相。在布后街牌坊前,我们师生二人合照一张相,这是唯一一张我单独和老师的合影,十分珍贵,我一直珍藏着(图43)。后来徐教授和高教授还去游览了峨眉山和乐山,他们在三苏祠合影留念(图44)。

徐教授回到上海后,给我写了一封信,他高兴地说:"此次重游成都,满足了我的夙愿,深以为慰,蒙盛情招待,实不敢当,特此致谢。"还嘱咐我:"川医规模

图43　1979年,陈槐卿和徐丰彦教授(左)在成都布后街合影
（图片来源：陈槐卿）

图44　1979年，徐丰彦教授（左三）、高逢田教授（左一）等游眉山三苏祠
（图片来源：陈槐卿）

宏大，领导能力强，前途无限。科研工作只要坚持下去，留心现代发展，不断改进，终归可以攀登高峰。"（图45）徐教授的教导，深深扎根在我心中。隔了两天，又收到他一封信，因为底片遗失请我寄回两张他在抗战故居前的照片（图46），我立刻将他要的照片寄回。从中可以看出他一丝不苟的态度，真是值得我学习。

1980年1月，我校接到卫生部通知，国家即将选拔第二批公派留学生。经严格的考试、政审，我获得出国留学预备人员资格。学校要求我提供大学和研究生期间的成绩单，但是我在上医的同学们多数都已出国留学去了，找不到合适的人帮我忙，我只得求徐教授帮我查询。3月下旬，我收到徐教授的来信，他老人家多次跑到科研处询问和查找，找到了部分成绩，我感动不已（图47）。这种不辞辛苦，帮助学生解决困难的精神深深地感染了我，我应像徐教授一样一辈子助人为乐。

1984年1月，在美国新泽西理工学院生物流变学实验室进修期满后，我如期回国。此时四川医学院已改名为华西医科大学，为发展

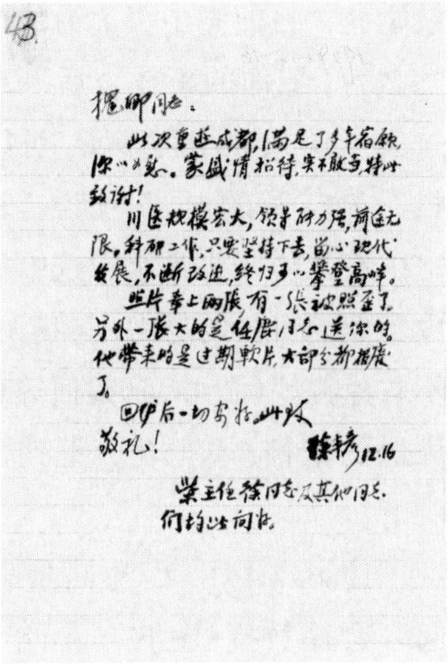

43

槐卿同志：

此次重返成都，满足了多年希获你心愿。蒙盛情招待，实不敢当，特此致谢！

川医规模宏大，领导能力强，前途无限，科研工作，只要坚持下去，留心现代发展，不断改进，终归可以攀登高峰。

照片奉上两张，有一张被照歪了，另外一张大的是任院长送你的，他带来的是过期软片，大部分都报废了。

回沪后一切安好，此致

敬礼！

徐丰彦 12.16

崇主任徐同志及其他同志们均此问候

图45　1979年12月，徐丰彦教授访问四川医学院返回上海后写给陈槐卿的信
（图片来源：陈槐卿）

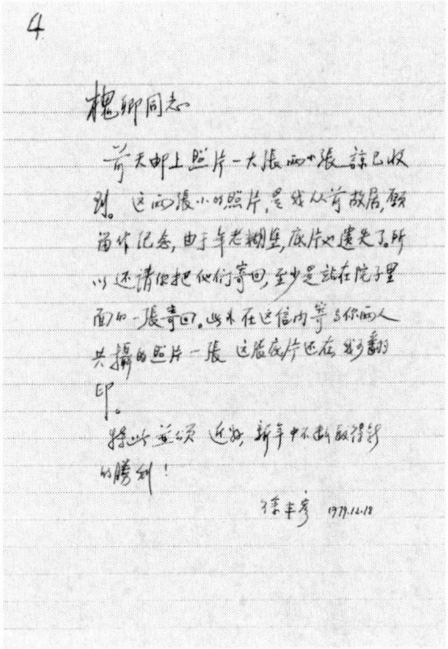

4

槐卿同志

前天邮上照片一大张两小张谅已收到。这两张小的照片，是我从前故居，愿留作纪念，由于年老糊涂，底片已遗失了，所以还请你把他们寄回，至少是站在院子里面的一张寄回，此外在这信内寄上你两人共摄的照片一张，这底片还在，能多翻印。

特此并候 近安，新年中不断取得新的胜利！

徐丰彦 1979.12.18

图46　1979年12月，徐丰彦教授访问四川医学院返回上海后写给陈槐卿的第二封信
（图片来源：陈槐卿）

新学科，建立了生物医学工程研究室。回国以后，我参与了此研究室的建设，并申请到国家自然科学基金资助项目，先后建立了血液流变学实验室和细胞力学实验室，开展新的科学实验研究项目。我托上医生理学教研组林瑞锦老师带一封信和一些中药给徐教授，向他汇报我从美国回来后建设新学科的情况，并祝贺徐教授的学生张镜如担任上医校长，萧俊担任上医党委书记，还有他的不少学生走上了上医的领导岗位，这些都是徐教授培养有方。1984年12月，他很快给了我回信，

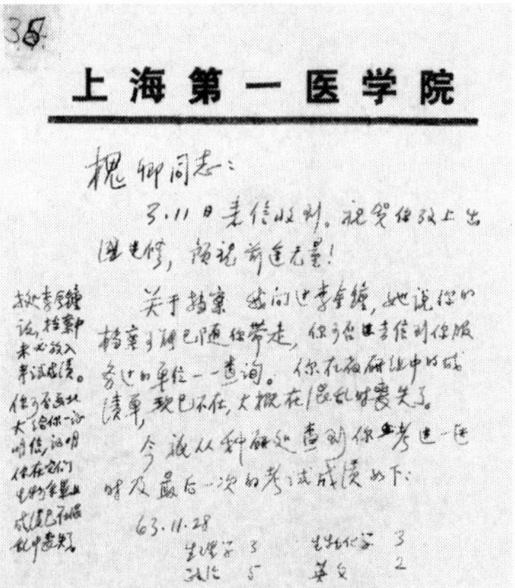

35

上海第一医学院

槐卿同志：

3.11日来信收到。祝贺你又上出国进修，预祝前途无量！

关于档案，我问过李金镜，她说你的档案可能已随你带走，你可否去信到你服务过的单位一查询。你在研究生中的成绩单，现已不在，大概在[illegible]时丢失了。

今夜从科研处查到你考进一医时及最后一次的考试成绩如下：

63.11.28
生理学 3　生物化学 3
政治 5　英文 2

66.3.26
英文 语法 75 / 专业 100
神经解剖 5
神经生理 5

关于这些成绩，[illegible]

丰彦 3.20

据李金镜说，档案中未必放入考试成绩。你可否去信[illegible]

谢谢陈美丽老师寄来的抽印本！

图47　1980年3月，徐丰彦教授给陈槐卿的回信
（图片来源：陈槐卿）

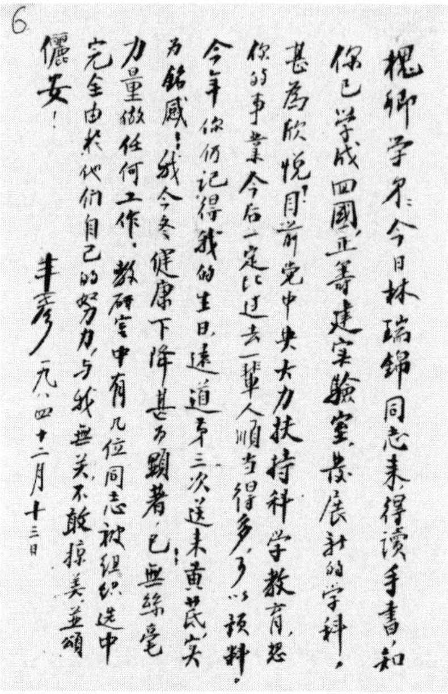

6

槐卿学弟：今日林瑞錦同志来，得讀手書，知
你已学成回國，正籌建實驗室，發展新的学科，
甚為欣悦！目前党中央大力扶持科学教育，想
你的事業今后一定比过去一輩人順当得多了，可以預料。
今年你們記得我的生日，遠道第三次送來黄芪，实
为銘感！我今冬健康下降甚为顯著，已無絲毫
力量做任何工作。教研室中有几位同志被組織選中
完全由於他們自己的努力，与我無关，不敢掠美。並頌
儷安！
丰彦　一九八四　十二月十三日

图48　1984年12月，徐丰彦教授给陈槐卿的回信
（图片来源：陈槐卿）

鼓励我："目前党中央大力扶持科学教育，想你的事业今后一定比过去一辈人顺当得多了，可以预料。"对于我的祝贺，他说："教研室中有几位同志被组织选中完全由于他们自己的努力，与我无关，不敢掠美。"（图48）这是何等高尚谦逊的精神，不把功劳记到自己头上。

1986年4月，我和同事曾一起拜会徐教授（图49）。同年，我订购的瑞士Low Shear 30流变测定仪到达实验室，按照说明书安装和调试该仪器设备，没有请国外专家，苦战了一个暑假后，终于

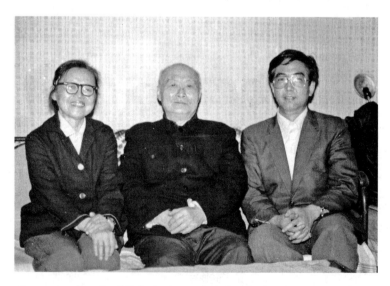

图49　1986年4月，陈槐卿（右）和同事徐美丽（左）一起拜会徐丰彦教授（中）并合影
（图片来源：陈槐卿）

可以测定血液的表观黏度、黏弹性和触变性，可以正式开始研究工作了。1986年底我向徐教授汇报了实验室的工作进展情况，寄了贺年卡。很快收到徐教授的来信，他叮嘱我，“血液流变学是生理学的一枝新枝，也易于结合临床实践，国内现今专门研究这门科学的并不甚多，相信通过你们的努力，必可日益枝繁叶茂。”更重要的是他对我提出了希望，他说：“作为一个科研单位的负责人员，我希望你在培养科学技术人员时，一定也注意到一个人的人生观世界观，在实验室树立一个科学家的好形象，为建设社会主义精神文明尽力。”（图50）这是徐教授对学生的要求，不仅要培养科技人员的研究能力，更要培养如何做人，要把他的优良传统传承下去。我始终按照徐教授的叮嘱培养我的硕士生和博士生，希望他们能成为爱国为民的优秀科学家。

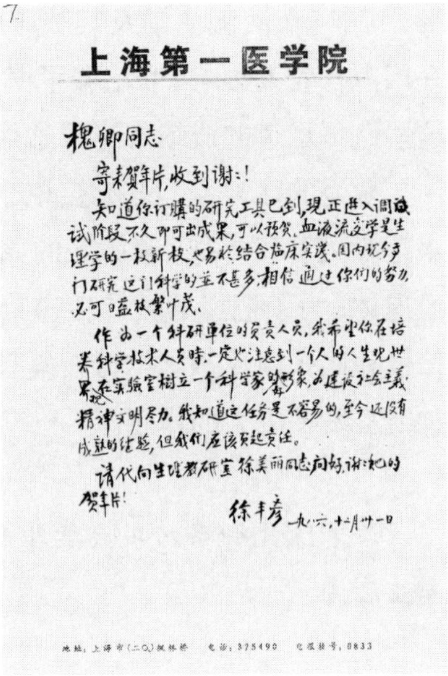
7

上海第一医学院

槐卿同志

寄来贺年片，收到谢谢！

知道你订购的研究工具已到，现正进入调试阶段，不久即可出成果，可以预贺。血液流变学是生理学的一枝新枝，也易於结合临床实践。国内现今专门研究这门科学的并不甚多，相信通过你们的努力，必可日益枝繁叶茂。

作为一个科研单位的负责人员，我希望你在培养科学技术人员时，一定也注意到一个人的人生观世界观，在实验室树立一个科学家的好形象，为建设社会主义精神文明尽力。我知道这任务是不容易的，至今还没有成熟的经验，但我们应该负起责任。

请代向生理教研室徐美丽同志问好，谢谢她的贺年片！

徐丰彦 一九八六，十二月廿一日

地址：上海市（二〇）枫林桥　电话：375490　电报挂号：0833

图50　1986年12月，徐丰彦教授给陈槐卿的回信
（图片来源：陈槐卿）

1993年1月，得知徐教授仙逝的噩耗，我万分痛心。由于当时工作十分繁忙，不能亲自回母校吊唁，只能发了一个唁电悼念，但恩师的光辉形象永远活在学生心中。敬爱的徐教授，学生不才，没有做出什么令人瞩目的贡献，不能给老师增添多少光彩，但学生还是一步一个脚印走过来了。1989年，学校任命我为校科研处长。1994年，学校聘我为校长助理，兼任学校图书馆馆长。1995年，我辞去校长助理职务，专心致力于科研和教学。1996年，经教育部批准，我创建了生物医学工程博士学位授权点和博士后流动站，我曾两次获得四川省科技进步一等奖。2003年，获四川省学科学术带头人称号，2006年，被评为四川大学二级教授。在国内外杂志上发表论文300多篇，出版专著多

部,其中《血液流变学及其临床应用》和《细胞生物力学与临床应用》在国内有较大影响,并培养了博士后12名,博士26名,硕士22名。以这些微不足道的成绩告慰恩师徐丰彦教授的在天之灵!

敬爱的徐教授,虽然您离开我们已近30年了,但是您对我的教诲永远激励着我,学生遵循您的嘱咐,做好我应该做的工作。我现在已经退休,为了把您的教导传递给更多的学子,我已将自己珍藏的七封信件和四张照片捐赠给母校复旦大学图书馆医科馆,让这些宝贵的精神财富发挥更大的作用。

作者陈槐卿系四川大学华西基础医学与法医学院生物医学工程专业教授

实验基本功要心灵又手巧
专业知识要广博而深入
——徐丰彦教授的言传身教

蒋志根

1964年8月,我在苏州第二人民医院临床实习将近结束时,接到了上海第一医学院生理学研究生录取通知书,让我在9月初(毕业分配前)到上医报到。到校几天后,我终于见到了穿着浅蓝色短袖衬衫、风度翩翩、面带微笑的徐丰彦教授。

第一次见面,徐教授便告知我研究生的培养规划。令我印象深刻的有两点:一是我第一学年要通读英文版大部头原版教科书 Physiology,以提高专业英文水平,拓展生理学知识深广度;并且要学好中枢神经系统解剖,学好电子电工,学会组装校验电生理仪器的实际操作。二是要熟练掌握生理学教学实验,以及完成一学期的医学生实验课带教任务,以提高专业交流表达能力。而今回首,深感徐教授规划的这两年基础学习训练,让我在学术生涯里受益终身。

徐教授对学生培养规划的执行,如他为人一般,言必行,行必果。通常他每周会用半天时间检查我英文教科书阅读的进展,抽查我对原文的理解是否正确,并解答我的疑问。他指派我在技师颜杰、顾慧珍老师指导下组装了一台方波电子刺激器及一台高增益交流放大器,由此我掌握了可靠的电路焊接技术,认识了各式各样的电子元件,初步理解了各式电刺激的作用原理及适用范围、直流交流生物微小电信号放大器的工作原理、适用目标、相应的抗干扰原理以及操作技术。这些知识和技能,为后来我在国内外各实验室独立搭建多种电生理实验系统打下了坚实的基础,包括设计制作用于交、直流电电击参数对动物安全性测试的系统,搭建记录大脑皮质、小脑皮质细胞单位放电的系统,记录交感神经节细胞膜电位的系统,脊髓、脑切片中的神经细胞膜电位和全细胞及单通道膜电流的系统,用于内耳微小动脉平滑肌细胞膜电位的实验系统。

平生第一个叫我"老蒋"的是徐教授,那时我才23岁。徐教授是一位话不多、仪表堂堂、威严有余的绅士,我进教研组不久便听说,老技师林淑辅老师在炎热的夏天常穿汗背心干活,但只要听说徐教授马上就要过来了,林老师一定会慌忙穿上长袖衬衫。平时,教研组也从来不见有穿短裤、拖鞋上班的。显然,教研组这种端正的生活作风,源自徐教授的言传身教,但徐教授并不是以一级教授、行政长官高高在上的威严来管理教研组和学生的,相反,在与组内年轻教师和研究生交流时,他总是以平等的语气鼓励年轻人发言,提出自己的见解。就在我入学第一学期报告学习进程时,他居然说:"老蒋,你说说这段原文究竟是什么意思……"当时我才是一个23岁的小青年,人生第一次听到有人叫我"老蒋",还出自我的导师、一位60岁的一级教授之口,这不得不令我终生难忘。

1968年初,在一项国防科委五组及上海市革委会下达的科研任务中,徐教授十分信任地把主要工作交给了我,包括文献检索、实验设计、实验仪器设备收集和自制、实验数据采集和统计分析、研究报告撰写等工作。因为实验必须使用特殊的电器设备,所以实验需要在距离上医几公里的上海交通电器厂进行,并且实验还需要使用大型动物狼狗和猴子,我无法独自完成操作。徐教授便委派孙忠汉老师每天不辞辛苦来厂里协助实验工作,令我十分感动,也使得实验在一个多月内突击提前完成。由此,我真切感受到了徐教授对我们的关怀和重视。

20世纪60年代前期,上医的研究生招生政策是宁缺毋滥,培养目标是又红又专。徐教授正是以言传身教的方式,带动学生向此目标奋进的。当他提到熟识的一位留学美国的同仁学业有成但不愿回国服务时，非常不认同；当他听说留学生的生活待遇比国内学生要优渥时，十分不平。当时留学生可以独住一间宿舍，并且配给档次最佳的成套家具，而国内的研究生则是二至三人一间，只有几张单人双层床及一张简陋的书桌。徐教授说，我们中国出去的留学生哪个不是自己付学费和生活费，自己找房子住宿？

徐教授坚持真理、不向谬误低头的气节令我极为敬仰。1964年春，我在实习医院图书馆看到《人民画报》的一篇图文并茂的长篇报道，称朝鲜金凤汉团队找到了经络的组织解剖形态学的证据，这令我十分震惊。研究生入学后不久我得知，中国高级专家考察团体中，只有徐教授坚持对金凤汉的发现有怀疑，对结论持保留意见，拒绝在肯定、吹捧成果的鉴定书上签字。这在当时是"政治不正确"的，为此徐教授受到了不小的压力。仅仅几年后，金凤汉因为造假败露而自杀的消息就传了过来。由此事件可见，徐教授是坚持科学道德的典范、捍卫中国科学界信誉的勇士！

最后说一件让我脸红的事。1978年夏，全国恢复研究生招生考试。1968年我们这届研究生结业分配工作时均未完成毕业论文和答辩，所以我希望重新入学，完成毕业论文和答辩，取得学位。此时我已在安徽农村做了五年外科医生，在皖南医学院做了五年生理学老师，并由助教升级为讲师。我当然不希望再入学重复三年的硕士培养过程，更顾虑到自己年龄偏大，入学考试虽然有专业优势，但需要记忆的方面很可能无法胜过年轻考生们，另一方面也担心已是讲师的自己如果考试落败会很没有面子，于是便以忐忑的心情给徐教授写了一封信，表达了上述的想法和顾虑。回信很快收到，如我所料，徐教授同意如我能通过统考入学，培养课程、研究课题，甚至三年学制均可能按我已有专业经历作变通，但是入学考试标准不可以因我而变通。最后还加上一句"你若决定要考，一定要考好"。这一句的鞭策，消除了我"弯道超车"的幻想，我立即定下心来，在酷暑中夜以继日地备考了一个多月。重点当然是放在英语语法、时事政治以及政策方针等需要记忆的必考项目上。所幸皇天不负有心人,据说我统考及复试成绩均名列前茅。从中我也更体会到徐先生求真务实、一丝不苟的科学家品格。1986年,华东六省一市庆祝中国生理学会成立60周年大会期间,我再次见到徐教授,留下了一张珍贵合影(图51)。

图51　1986年12月,华东六省一市庆祝中国生理学会成立60周年大会期间,徐丰彦教授(中)与蒋志根(右)、刘汉清(左)合影

(图片来源:蒋志根)

抚今追昔,徐教授的音容笑貌和科学精神历历在目。作为他的学生,感佩之余,也有责任学习他的科学家精神,并将这种精神在年轻一代生理学者中发扬光大,为祖国科技现代化作出力所能及的贡献。

作者蒋志根系美国俄勒冈健康科学大学教授

回忆导师徐丰彦教授

夏 莹

恩师徐丰彦教授已经仙逝30年了,但我还是经常想起他的音容笑貌。

我在医学生时期,就十分喜爱"生理学"这门课程。上海第一医学院生理学教研组徐丰彦教授主编的《人体生理学》是我那时难以释手的参考书,分析生理机制的起承转合和正负反馈常使我入迷。

1980年,我报考了徐丰彦教授的研究生。在当时的历史条件下,报考研究生的竞争十分激烈,我怀着忐忑的心情报入徐教授的门下。也许是老天相助,我在众多的考生中胜出,有缘成为他的硕士关门弟子。

在上医初见导师,我就被他的气度折服。当时他已77岁,但身板挺直、行路稳健、思路清晰。虽年届高龄,但他的着装整洁得体,一眼看去,就是个儒雅的学者。

在硕士生求学的进程中,我对徐教授的敬重日益加深。特别是听到他当年刚正不阿、怒批某国学者假造"凤汉小体"为针灸穴位的往事,对他的钦佩更是无以复加。

我初入学界,导师对我的方方面面都有着巨大的影响。至今我还清晰记得有天我做兔子实验的往事,平时,我会在急性手术做完后的适当时机,先行清理器械和污迹,但那天因为有亟需处理的机器调试,我未能顾及实验台上的零乱。此时,恰好导师推门进来,见此情形,便和颜道:要始终保持实验台清洁有序,这既能避免不当差错,也能保证清晰观察。从此以后,我更为注重实验环境的维护,总是在第一时间清理不必要的散乱,保持操作视野的整洁有序。我不仅自己保持了这个习惯,也把它传递给了我的学生们。

导师对科学研究有着非常严谨的作风。我的第一篇论文初稿交给他以后,他把我召唤到家中,详谈了学术严谨的重要性,给我的印象非常深刻。接过他改过的论文稿后,我震惊地发现,他连标点符号都加以订正(图52)。这篇他修改过的论文稿,至今被我珍藏在家乡。导师的科学态度,从根本上影响了我往后多年的学术生涯。科学严谨,也永远成为我与学生们第一次面谈的重点内容。

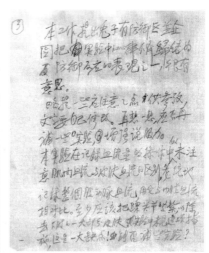

图52　徐丰彦教授对夏萤的论文提出的修改意见
(图片来源:夏萤)

20世纪80年代末,我从上医赴耶鲁大学作博士后研究。自此,再未见过恩师,直到1993年他逝世。每每想起,不禁唏嘘。但我在学术工作中,始终不忘初心,牢记他老人家的教导。

恩师1927年毕业于复旦,长期服务于上医。他始终认为:发扬祖国医学是中国科学家的责任。从20世纪50年代到他晚年,他一以贯之地专注于祖国医学的瑰宝——针灸的机制研究,为此领域培养了大批的人才。他指导我的第一个课题就是针刺影响心血管活动的机制,从此培养了我对针刺研究的兴趣。出国以后,虽然我的主要研究方向是在神经科学领域,但我始终没有忘记当初导师为我培养的研究兴趣,一直关注并从事针刺机制的研究。从21世纪初开始至今,我就与上医和复旦的许多老师合作,开展针刺的现代化研究;在上医和复旦的许多学者们共同参与下,连续主编了5部大型英文学术专著,由国际著名出版社施普林格(Springer)出版,为针灸的现代化和国际化作出了一些贡献,以慰先师之遗愿。

徐丰彦教授的科学风范和学术教诲永存我心……

作者夏莹系复旦大学特聘教授、上海市针灸机制与穴位功能重点实验室执行主任

我的恩师徐丰彦教授

周逸平

1950年,我就读于内迁安徽怀远的上海东南医学院(今安徽医科大学)。1951年,卫生部为了促进全国卫生教育事业的发展,决定在上医举办生理学高级师资班,从全国部分省市医学院校招生。作为解放后的大学生,我在为人民服务思想指导下积极报名参加,经过严格选拔,非常荣幸地被录取了,同学们为我们举行了隆重的欢送仪式。

1952年10月,我怀着非常激动的心情到达上海市,当时上医在枫林桥东安路,中山医院旁边。进入大院后,就见到一座教学大楼,生理学教研组就在一楼。在教研组,我见到了和蔼可亲的徐丰彦教授,徐教授身材高大健壮,身穿中山装,讲话面带微笑,话音清晰沉稳,让人非常尊敬。

在生理学高级师资班,我们主要学习生理学和生化学,这两个学科分别由徐教授和李亮教授主讲。我们所使用的生理学教材是徐教授主编的《人体生理学》,徐教授为我们主讲了全部理论课。在学习理论课时,我收获最多的章节是"绪论""血液""血液循环""神经系统"等。徐教授特别强调,绪论是全书的灵魂,要学好、学深、学透。"血液"这一章节,让我终生难忘的是徐教授提出的"内环境稳定"理念,只有外环境破坏了内环境的稳定性时,机体才会生病。通过对"血液循环"这一章节的系统学习,我懂得了周而复始的血液循环是全身所有系统、器官、组织、细胞得以新陈代谢的源泉,而血液循环主要依赖自主神经系统的调节。我们的实验课由林雅各、颜杰、林淑辅等老师指导。实验课上徐丰彦教授特别重视动物实验,一些重要实验,如条件反射、血液循环、消化和泌尿系统等,他都会亲自参与。

为了学好生理学,打牢实验基础,即使在进修结束后,我每年也都继续到上医进修一段时间,继续接受徐教授的培养,反复认真听徐教授的理论课和动物实验课(图53)。正是这段经历,才让我后来在工作中能够很快地独立承担生理学理论教学和实验指导任务。

图53　徐丰彦教授在为学生讲授生理学课程

从上医的生理学高级师资班毕业后,我先后被分配在本溪医学专科学校、合肥医学专科学校、安徽中医学院担任生理学教师。20世纪50—60年代,国家重视中医药事业的发展,提倡学习中医,徐丰彦教授响应这一号召,带领上医生理学教研组对气功疗法的生理机制效应进行了探索,曾获得卫生部奖励。受徐教授的长期培养,我也在这一领域开展了相关研究。在针刺对心血管系统的研究中,我应用上医生理学教研组的心血管系统功能研究设备进行针刺"内关穴"对犬心血管血流动力学影响的实验,论文发表在《中华心血管病杂志》。

后来我在安徽中医学院附属针灸医院(全国第一家针灸医院)也开设了"气功科"。在后来的全国针麻大会战中,我非常幸运地有机会跟随徐教授和曹小定老师进行针刺麻醉机制的研究。研究主要集中在"穴位针感""经络现象""经穴脏腑相关"三个专题。关于"穴位针感"专题,当时陕西、山东和安徽三省开展了讨论,认为穴位针感与躯体神经、血管壁的交感神经相关;关于"经络现象"专题,当时福建、山东、辽宁和安徽四省进行了经络传感和经络实质的研究;关于"经穴脏腑相关"专题,我们通过研究认为,针刺对心血管系统的调节是通过躯体交感神经反射通路进行的,而针刺对消化系统的调节是通过躯体迷走神经反射通路进行的。

基于现代生理学理论和经络理论知识,我还先后参加了全国"七五""八五""九五"国家经络攀登计划、"973"专项等国家项目。在长期的生理、经络研究中,我提出了"经络是中医理论的核心""经脉脏腑相关是经络理论的核心""经脉脏腑与脑相关是中西医理论的结合点和突破口"的观点。其中"经脉脏腑相关是经络理论的核心"相关研究先后在《针刺研究》《中国中医药报》《健康报》全文发表。

饮水思源,徐教授离开后,我也经常回上医看望曹小定、李鹏等老师,和朱大年、吴根诚、王彦青等老师也时常保持联络。还推荐了本校朱崇斌、单红渠、晏义平等研究生攻读复旦大学上海医学院博士研究生。

徐丰彦教授是我从事生理学教学和经络研究的引路人,是他引导我成为一名全心全意为人民服务的生理学教师,我永远怀念他。

作者周逸平系安徽中医药大学针灸经络研究所名誉所长、中国针灸学会高级顾问

从徐丰彦到曹小定 看上医精神的传承

吴根诚

我是1963年考入上海第一医学院的老学生,至今已经60年了。在当年新生的入学典礼上,我们见到了尊敬的颜福庆、沈克非副院长以及基础医学部徐丰彦主任等上医元老。1964—1965年,我们年级上生理课时,用的就是徐丰彦主编的全国统编教材《生理学》(图54),徐教授还为部分班级上了绪论课。那时,他给我们学生的印象,是一位敦厚的长者,一位又红又专的大学问家!

1979年,改革开放之时,我有幸从贵州考取上医生理学研究生。那时,我们的备考复习用书正是徐丰彦教授新编的《人体生理学》,我考了80分。录取到上医后,师从曹小定老师,成为徐丰彦教授的再传弟子。当时我们针刺原理研究室的曹小定、程介士、何莲芳、莫浣英等老师,都来自生理学教研组,他们讲的最多的就是徐丰彦教授所创建的优良传统。而且,我们研究组与生理学教研组均在西七号楼二楼,所以我也时常有机会目睹徐老的风采。那时他已是耄耋之年,但仍然精神矍铄、笑呵呵地稳步走在二楼走廊上。

图54 《生理学》(1963年版)封面

1982年，我研究生毕业留校工作后，继续从事针刺原理研究。1984年，我还被派到生理学教研组作为助教培训一年，除了听生理学大课，还参加带教实验课。那时，生理学教研组主任是张镜如老师，培训带教则是苏清芬老师。这一年中，我也进一步领略了上医生理学科长期传承"三基三严"学风的点点滴滴。

后来，我回到针刺原理研究室，除了从事科研，也参加神经生物学课程的教学工作。我作为曹老师的助手，还帮助她整理各类文稿材料。从《针麻原理研究之路回顾》(《中西医结合杂志》1988年第7期)，到《寻针刺之功效，究镇痛之玄机》(见2018年上海科技出版社出版的《沪上中西医结合名家访谈录》)这30年中，我多次协助整理曹老师的文稿，印象深刻的是曹老师反复强调她的两位恩师：首先当然是徐丰彦教授，另一位则是中国科学院上海生理研究所的张香桐教授。而张香桐教授也是徐老主动为曹老师推荐的。

曹老师对这两位教授深怀敬重，心存感恩！我记得1997年张教授90寿辰时，中国神经科学学会和《神经解剖学》杂志前来约稿，我就按照要求写了一份草稿给曹老师。那次曹老师不像以往在我的草稿上修改，而是用信笺纸工工整整地另起炉灶，再打印寄出，足见她对张教授的敬重。后来，中央电视台《大家》栏目为张教授做专辑时，曹老师大段讲述了张教授从事针刺研究的精彩故事。

今年在纪念徐丰彦先生诞辰120周年之际，曹小定老师(1931—2022)也已经离我们而去。一种强烈的内心责任感，驱使我再次为曹老师代笔，回忆她当年心目中的第一恩师徐丰彦教授，以向徐丰彦教授表示永久的感激之情！

一、进入上医——徐教授对曹小定的严格要求

1948年，曹小定考入上医本科学医，与上医结缘74年。她多次回忆说："当年上医很难考，2 000人只录取50名，备取20人。上医是中国人自办的医学院，颜福庆老院长很了不起！他创办医学院，我们

就是要进这样的学校。"她还说道："上医以学风严谨,淡泊名利,培养品学兼优,为人民服务的医生而闻名全国。我在上医读书时,多位一级教授都亲自给我们班上课,我们是多么幸运啊。""我们刚进校的时候,上医所有的课都是用英文讲课的。上医严格得很,比如说,一般认为成绩60分算及格,上医有的时候会定65分才算及格。"

曹小定进上医后,参加中共地下党外围组织"枫林社"的活动;中华人民共和国成立后,1950年参加中国共产党。读本科期间,她担任学生干部,筹建共青团组织。1953年本科毕业后留校继续从事共青团工作。当时上医主持工作的副院长黄家驷教授(外科学家、中科院院士、国家一级教授)一再嘱咐她要坚持搞一点业务,要深入到教研组去。于是曹老师就到生理学教研组当助教,师从著名生理学家徐丰彦教授。

曹老师回忆说："徐丰彦教授非常了不起,是国家一级教授。他既是我在上医读书时的老师,又是我参加工作后的导师。徐丰彦教授作为教研组主任,对我们要求非常严格。"

1960年,曹老师从苏联留学回来后,徐教授再次对她说："我们这里是医学院,首要任务是要搞教学。你回来后首先要搞教学。"曹老师说："回来后我先是去听课,并带实验课。当时的实验课,带教者要事先预做几遍实验。作为教师,我们上大课也要事先预讲,那时是对着教研组各位教师试讲,他们会提各种问题。这让我认识到,讲课不仅要准备上课的内容,连同其他相关内容都要准备,不然讲课水平会受影响。"

总之,曹老师深切感到,是徐丰彦教授教会她成为一名合格的教师!

二、科研发展——徐教授为曹小定热情推荐张教授

1955年,上医领导找到曹老师,希望她参加留苏名额考试。曹老师考取后,先经过俄语培训,于1956年到苏联医学科学院实验医学研究所(在列宁格勒)从事癫痫发生的比较生理学研究。当时曹老师之所以选择到列宁格勒,是因为那里是巴甫洛夫工作过的地方,徐丰彦教授也支持她的这一选择。1960年,曹老师获副博士学位(相当于欧

美的PhD），回到上医生理学教研组，成为教研组内唯一的"洋博士"。她向徐丰彦教授详细汇报在苏联的科研工作，徐教授认为这项研究值得继续做下去，但是有关中枢神经系统的研究，中国科学院上海生理研究所张香桐教授才是强项。曹老师说："徐教授鼓励我继续深入研究，也为我免去了一些教学任务，并把我推荐给张香桐教授，邀请张教授来指导我的科研工作。张教授精心指导我开展从个体发生来探索大脑皮质痫样放电的研究，使我在电生理研究方面得到进一步的训练和提高。"

曹老师在上海得到了两位德高望重老专家的亲授指导。曹老师尊重师长，勤奋好学，受到他们的赞许，这也为她今后的神经生物学研究奠定了坚实的基础。

随着国际上神经生物学新学科的兴起，1982年，曹老师与张镜如教授联手，在国内率先主编《神经生物学》讲义，开展本科生、研究生课程教学。1985年，上医建立了与针刺原理研究所两位一体的神经生物学教研室。

20世纪90年代初，曹老师再次组织更大规模的联合，组织上医校本部及附属医院中的神经科学相关学科，经过申报、批准，于1992年在上医建设了医学神经生物学国家重点实验室。那些年，曹老师和同事们志同道合，开辟了"以科研任务（针刺研究）带动学科建设（中西医结合学科），以学科建设促进基地建设（国家重点实验室），以基地建设推动新学科建设（神经生物学学科）"的创新道路，接连建设了中西医结合基础国家重点学科以及医学神经生物学国家重点实验室。这一创举在全国各院校中是罕见的。这也是曹老师对两位恩师创新开拓精神的继承和发展！

三、针刺研究——两位恩师对曹小定的悉心指导

20世纪60年代前期，上海第一结核病防治院开展针麻下肺切除手术的成功引起轰动。经曹老师联系，徐丰彦教授带领教研组全体教

师去参观,回校后经大家多次讨论,上医生理学教研组的科研重点就定为针麻和针刺镇痛的机制研究。

那时,上级领导也组织张香桐等著名专家到现场观摩研讨。张香桐教授指出:"对针刺镇痛做出科学的解释,成为一个迫切需要解决的课题。一些生理学家认为这是对生理学的一个挑战,于是他们主动出来应战。"

后来,在上海市卫生局组织下,徐丰彦教授出任上海市针刺麻醉机制研究组组长,张香桐先生为副组长,曹小定老师为秘书,负责两位德高望重老前辈之间的联络,协助组织全市单位间的协作。从此,曹老师在针刺研究工作中,长期得到这两位恩师的悉心指导。徐丰彦教授在当年的研究工作中,亲身体验针感,亲自指导实验,在全市大协作中起了主心骨的作用。张教授则在针刺及疼痛这两种信息在脑内整合的中枢电生理研究方面作出杰出贡献。

曹小定老师自1964年起,投身中西医结合针刺麻醉及针刺镇痛研究。徐教授让曹老师脱开教学,带着几位青年同志到上海第一结核病防治院,和医生们一起总结临床规律特点。但是1965年4月,一场意外事故夺取了曹老师爱人连志超(也是留苏归国人员)的生命。就在遭受沉重身心打击的关键时刻,曹老师坚强地维护了革命烈属的荣誉,忠诚地践行了自己"为革命而生,我须坚强"的庄严诺言,把中西医结合针刺研究工作当作自己毕生的事业追求而更加努力工作。

1975年,上医针刺原理研究室(由生理学教研组联合了解剖、组胚、药理、生化、物理、化学等教研组教师)建立,开展了针刺镇痛的多学科结合实验研究,还与各临床医院合作,做到基础与临床相结合。20世纪80年代后,曹老师和同事们在全国率先建立中西医结合基础新学科博士点,还建立WHO传统医学合作中心,1987年,曹老师的第一批博士生答辩时,徐教授和张教授都莅临指导(图55)。1989年,我校中西医结合基础学科被批准为国家重点学科。作为国内外知名的针刺研究学术带头人,曹老师一再说:"成绩不是我一个人的,而是大家的。"

图55　1987年，曹小定的第一批博士生答辩时合影，摄影者为程介士
右起：徐丰彦、张香桐、金国章、陈宜张
（图片来源：吴根诚）

四、从徐丰彦到曹小定——上医精神代际传承

众所周知，颜福庆老先生是中国现代医学教育之父。颜老的伟大之处，不仅是为上医盖了雄伟的大楼，更重要的是为上医注入了"魂"，缔造了强大的上医精神。颜福庆的医学教育思想，是正谊明道、为人群服务，是现代医学中国化，实现公医制，做好预防为主。他的目标是打造质量第一的上海医学院，这是上医创业先贤们的伟大理想和卓越实践，是上医人的骄傲。

平心而论，无论在生理学教研组还是在上医，曹老师并非硕果仅存的个例。无论上医毕业即留校任教从医的，还是外校培养后来到上医长期工作的，他们这一代人，专业各不相同，能力或有大小，但都是像曹老师所说"堂堂正正的上医人"。在他们身上，处处彰显上医传统的传承，时时体现上医精神的力量。

还应该指出，曹小定她们这一代老师，都毕业于中华人民共和国成立之初，由于时代变迁的重大原因，他们那时不怎么提及"正谊明道"的古训,也不怎么颂唱"为人群服务"的校歌。但是,上医传统的优质内涵已经深入人心,依然在润物细无声地感染着广大师生,而且一直与时俱进地得到发扬。这就是上医精神的伟大力量!

从徐丰彦到曹小定,他们身上所体现的上医精神代际传承,有一个很重要的特点,那就是又红又专!黄家驷、徐丰彦、钱惪、杨国亮,是1955—1956年期间加入中国共产党的上医一级教授,他们是上医精神的创建者和践行者,也是校内外又红又专的典范。张香桐先生又是一位充满爱国情怀的大科学家,20世纪50年代他放弃在美国的住房和存款,辗转万里回到祖国,并带回六大箱子的先进仪器和资料。在他101岁仙逝时,身上覆盖着鲜红的党旗。曹老师深受上医精神的言传身教,潜移默化地接受科学家精神的熏陶。她以先师们为榜样,从一开始就走全面发展的道路,而且不忘初心、坚定不移,道路越走越宽广。

还有一件事,是曹老师心中的遗憾。在上医,徐丰彦教授也无端受到冲击。曹老师几次对我说过,她感到非常懊悔,其间,生理学教研组的教师们也"批判"徐教授。尽管那是当年上级布置的任务,但曹老师一直表示自责;在拨乱反正阶段曾数次向徐教授致歉。徐教授深明大义,胸襟宽广,再三说道:"我心中有数。"这样,师生之间的情谊更加深厚。

按惯例,每逢新年春节应向老师拜年问候,汇报工作。但曹老师在我做研究生时早就立下规矩,叮嘱我们省略这些。而这些年来,她和程介士老师等,年年去向徐丰彦教授拜年;1993年徐教授仙逝后,她们还继续去探望徐教授的夫人段恕诚教授。同样,曹老师也年年去看望张香桐教授。2006年(张老先生仙逝的前一年),华裔旅美学者李永明在上海访问时,曹老师和我陪同他去拜访了张香桐教授,我有幸为张教授和曹老师留下了合影照片。

现在,上医党委对上医精神的传承发出了规范性的文件。一代又一代的上医后来人,永远感恩颜福庆、徐丰彦等创业先贤的丰功伟绩,深切缅怀曹小定等"老上医人"在传承和弘扬上医精神方面的重大贡献！让我们继续高高举起"正谊明道""为人群服务"的光辉旗帜，在建设世界一流的复旦大学上海医学院的道路上前进！前进！前进进！

作者吴根诚系复旦大学医学神经生物学国家重点实验室原副主任

参考文献

[1] 曹小定.针刺原理研究之路回顾[J].中西医结合杂志,1988,8(7):391-394.

[2] 曹小定手稿.在上医学习和工作的六十年回顾(吴根诚修改),2008.

[3] 宋瑞璇,李信之.国内开展针刺麻醉机理研究第一人——曹小定教授访谈录[N].校史通讯,2011-04-02.

[4] 吴根诚.再现悲壮历史,永葆革命精神——记曹小定老师及其丈夫连志超烈士[N].校史通讯,2017-11-30.

[5] 施建蓉.贯通古今学术　融合中西医理——沪上中西医结合名家访谈录[M].上海:上海科技出版社,2018.

[6] 吴根诚.从曹小定的一生看上医精神的传承和弘扬[N].校史通讯,2022-11-30.

[7] 中共复旦大学上海医学院委员会关于对院训、院风、精神和文化等内涵规范表达的通知.复上医委(2023)6号,2023-03-28.

中西医结合针刺原理研究的引路人

吴根诚　王彦青

徐丰彦先生是我国老一辈著名生理学家,上海第一医学院生理学一级教授,生于1903年12月5日,于1993年1月22日逝世。关于他的生平事迹,他本人曾写过《我的回顾》一文,刊登于《生理科学进展》1992年第3期[①]。张镜如[②]、孔本瞿[③]老师分别于1993、1997年为徐教授写过传略。徐教授出生于浙江省淳安县山区一个知识分子家庭,自幼养成严肃、谨慎、孤僻(注:这是徐教授的自谦之词。他较沉默寡言,但与同时代学者关系和谐,对后辈和蔼可亲)的性格。徐教授于1923年考入复旦大学理科,1927年毕业(图56)。在中国现代生理科学奠基人之一蔡翘先生的带领下,他进入该年刚刚创建的第四中山大学医学院(1932年正式改名为国立上海医学院,简称上医),从此走上生理学教学科研之路。后又到协和医学院,师从另一位中国现代生理科学奠基人林可胜先生。徐教授于1933年到英国,两年中完成博士论文答辩,后又到比利时进修循环生理,1936年回国。抗日战争期间,他继续跟随蔡翘先生在极端困难的条件下努力工作。1945年他受聘到内迁重庆的国立上海医学院,晋升为教授。1946年回上海,他挑起

---

① 徐丰彦.我的回顾[J].生理科学进展,1992,23(3):193-195.
② 张镜如.徐丰彦先生传略.见:王志均,陈孟勤.中国生理学史[M].北京:北京医科大学、中国协和医科大学联合出版社,1993:263-265.
③ 孔本瞿.生理学家徐丰彦.见:姚泰.上海医科大学七十年[M].上海:上海医科大学出版社,1997:213-228.

重建上医生理学科的重担。此后一直在上医从事教学、科研、人才培养等工作。他把自己的毕生精力毫无保留地奉献给中国生理学事业，奉献给毕生服务的上医（1952年改名为上海第一医学院，1985年再改名为上海医科大学）。20世纪50—70年代，他主编的多本教科书和大型参考书成为当时国内医学生从事生物医学事业的入门必读书。他培养了大批本科生、研究生和进修生，很多已成长为全国各地生理学科的栋梁之材。他早年亲自从事的循环生理方面的重要研究工作也已载入中国生理学研究发展的史册。

图56 晚年，徐丰彦和复旦同窗合影
左起：徐丰彦、童第周、沈霁春、朱鹤年、冯德培
（图片来源：钱益民）

在上医生理学教研组中，徐教授于20世纪50年代期间亲自培养的学生张镜如[①]、曹小定[②]、姚泰[③]等老师都曾在自己的回忆文章里深情缅怀徐教授为师、为人的谆谆教诲。我们作为上述各位老师的学生，徐丰彦先生的再传弟子，回顾徐教授长期带领上医师生开展中西

---

① 张镜如.尊师重教的一生[J].生理科学进展，2000，31（2）：99-101.
② 曹小定.针麻原理研究之路回顾[J].中西医结合杂志，1988，8（7）：391-394.
③ 姚泰.回顾在生理学界半个世纪的生涯[J].生理科学进展，2009，40（1）：1-8.

医结合针刺原理研究的史实,并谈谈自己的感悟,以此纪念敬爱的徐丰彦先生诞辰120周年。

一、亲自带头参加中西医结合气功原理研究,受到卫生部的表彰

徐教授早年留学英国,一直是英国生理学会的会员。但出于自幼养成的强烈的爱国心,他认为:"发扬祖国医学是一个爱国科学家的责任。"[①]20世纪50年代末开始,他就带领教研组中青年教师开始研究静息气功对机体功能的影响。从生理学角度看,这是一个很好的选题。众所周知,呼吸功能的特征就在于它既受到躯体运动的控制,又受到自主神经的控制,这种双重控制在机体各内脏器官中是独一无二的。徐教授带领大家通过练气功时的现场观察及教研组的动物实验研究,指出通过意识控制呼吸,可间接地改变交感和副交感神经的紧张性,从而影响全身,达到治病健身的目的[②③]。尽管当时的研究是初步的,但是遵循从现象观察到机制研究的道路,开创了中西医结合的初探,因而是很有意义的。这项成果受到了卫生部的表彰[④⑤],后来仍继续进行,并为20世纪70年代末上医生理学教研组系统开展呼吸生理研究奠定了良好基础。

二、积极开展针刺原理研究,明确提出针刺调整效应的论断

针刺疗法对机体功能具有良性的调整作用,这已经成为国内外针

---

① 徐丰彦.我的回顾[J].生理科学进展,1992,23(3):193-195.
② 张镜如.尊师重教的一生[J].生理科学进展,2000,31(2):99-101.
③ 姚泰.回顾在生理学界半个世纪的生涯[J].生理科学进展,2009,40(1):1-8.
④ 孔本瞿.生理学家徐丰彦.见:姚泰.上海医科大学七十年[M].上海:上海医科大学出版社,1997:213-228.
⑤ 张镜如.尊师重教的一生[J].生理科学进展,2000,31(2):99-101.

灸学、生理学、神经科学等领域有关专家的共识,并已在一些教科书上作为针灸作用的基本特点之一加以阐述[①]。但是,对于这一学术观点究竟是如何提出的,则很少见到介绍。据资料记载,中国科学院上海生理研究所胡旭初老师早在20世纪50年代末就开展了"针刺引起的血压异常状态正常化现象"的研究,在清醒及麻醉动物上建立了动物实验模型,表明无论高血压还是低血压,都可以用完全一样的针刺刺激条件使之回归正常。这是用现代生理学观点和方法研究针灸原理的早期成果之一,于1960年被评为上海市优秀生物学论文[②]。

徐教授对这一成果一直很有兴趣[③]。根据程介士老师回忆,徐教授早在1956—1957年就重视对针刺效应的机制探索。当时他派遣莫浣英老师赴1955年才成立的中国中医研究院学习针灸技术及开展针灸生理效应的实验研究(这在全国医学院校中也非常少见)。后来莫浣英返回上医生理学教研组,在徐教授指导下从事针刺对消化道运动效应(促进或抑制)的实验研究。程介士自己则作为徐教授的助手,跟随他做动物实验,研究针刺对膀胱运动和排尿反射的易化或抑制效应。徐教授当时设想:针刺可以治疗遗尿,又可治疗尿闭;针刺能促进胃肠蠕动,也能缓解胃肠痉挛;这都说明针刺具有双向的调节作用。这种作用既可能源于针刺部位(穴位)的相对特异性,也可能和相应器官及其中枢的功能状态有关。

程介士老师还认为,有关血压的自主神经调节机制研究正是徐教授早年留学欧洲时即开始并取得重要成果的工作,所以他对胡旭初老师有关针刺既能治疗低血压(如休克)又能治疗(降低)高血压的效应理所当然地更为关注。那时,上医生理学教研组多名教师和研究生也先后投入了针刺对血压的调整效应及其机制的实验研究。而胡旭初老师毕业于国立上海医学院,论资历属于徐教授的学生。他常来上医拜访徐教授,请教有关科研及《生理学报》编审等事宜。总之,徐丰彦

---

① 李忠仁.实验针灸学[M].北京:中国中医药出版社,2003:125-126.
② 胡旭初.科研工作44年的回忆[J].生理科学进展,1997,28(1):3-8.
③ 姚泰.回顾在生理学界半个世纪的生涯[J].生理科学进展,2009,40(1):1-8.

先生针对针刺能调整机体多个功能系统（消化，泌尿及循环等）的特征不断进行研究和思考。

在1959年全国中医经络针灸学术座谈会上，由上海第一医学院、上海第二医学院、复旦大学、上海中医学院和中国科学院上海生理研究所5个单位联合署名，发表了题为《从生理学角度对针灸机制和经络本质问题的一些看法》的长篇综述（约6 000字）。而这篇综述的大会发言人则是胡旭初老师。这一综述明确提出了以神经反射作用为基础的神经体液综合调节机制，可能从原理上解释针灸的作用[1]。

1962年6月，中国生理科学会在上海举行了"生理、药理专业学术会议"，会议期间还召开了多次座谈会。会后，由徐丰彦、胡旭初主编的《生理学进展》一书出版。书中记载了徐教授在循环呼吸生理座谈会上的一次发言（800多字）[2]，大致意思分为3层：在循环呼吸等系统中要善于辨别一般性的"影响"和有"调节"意义的反射；这两者之间的区别并非绝对化，在高级神经活动中可将一般性的影响变成有生理意义的特异性反应；对针灸机制的设想也是如此，针刺深部组织时的非特异性刺激，在中枢不同功能状态（包括病理状态）下，有可能产生特异的效应。

此后，徐教授一直用这一思路指导上医师生进行科研实验探索，包括20世纪60年代中开始的针刺镇痛原理研究。20世纪70年代末，他自己亲自指导研究生，开展针刺调整循环功能的研究。他20世纪50年代的学生姚泰、李鹏等老师在针刺改善心功能、高血压、心律失常以及应激诱发防御反应等的中枢调节机制研究中做出了出色成绩，又一次证实徐教授早年提出的"针刺调整效应"论断的正确性。

---

[1] 上海第一医学院等.从生理学角度对针灸机制和经络本质问题的一些看法,全国中医经络针灸座谈会资料选编[G].北京：人民卫生出版社,1959：20-24.
[2] 徐丰彦,胡旭初.生理学进展[M].上海：上海科学技术出版社,1963：252-253.

三、出任上海市针刺麻醉机制研究组组长,在针刺镇痛机制研究中做出重大贡献

我国针刺麻醉(用针刺镇痛代替一部分麻醉药物开展外科手术的简称)起于1958年。20世纪60年代前期上海第一结核病防治院开展针麻下肺切除手术的成功惊动了中央最高层。卫生部和国家科委领导奉命来上海调研,组织一批著名专家到现场观摩研讨。老一辈神经生理学家张香桐教授指出:"对针刺镇痛做出科学的解释成为一个迫切需要解决的课题。一些生理学家认为这是对生理学的一个挑战,于是他们主动出来应战[1]。"徐教授也是这样认为的。事实上,在此之前,经曹小定老师联系,徐教授已带领教研组全体教师去参观,回校后经多次讨论,上医生理学教研组的科研重点就定为研究针麻和针刺镇痛的机制研究[2][3]。后来在上海市卫生局的组织下,徐丰彦先生出任上海市针刺麻醉机制研究组组长,张香桐先生为副组长,曹小定老师为秘书,负责两位德高望重老前辈之间的联络,协助组织全市单位的协作[4]。

徐丰彦先生在当年的研究工作中,亲身体验针感,亲自指导实验,在全市大协作中起了主心骨的作用。随着学校里教学、科研秩序逐步恢复正常,一批师资力量重回生理学教研组,另一批教师则留在新建的针刺原理研究室(后为针刺原理研究所),徐教授在担任生理学教研组主任的同时也担任研究室的顾问,继续支持和指导这方面的工作。20世纪80年代,徐丰彦、张香桐两位先生还参加了上医中西医结合基础学科的第一批博士研究生论文答辩,给予亲切指导。1989年上海市卫生局特颁奖状,对徐丰彦、张香桐先生以及中山医院麻醉科吴珏先

---

[1] 张香桐.神经科学在中国的发展.见:王志均,陈孟勤.中国生理学史[M].北京:北京医科大学、中国协和医科大学联合出版社,1993:79-83.
[2] 曹小定.针麻原理研究之路回顾[J].中西医结合杂志,1988,8(7):391-394.
[3] 姚泰.回顾在生理学界半个世纪的生涯[J].生理科学进展,2009,40(1):1-8.
[4] 曹小定.针麻原理研究之路回顾[J].中西医结合杂志,1988,8(7):391-394.

生等在针麻、针刺镇痛研究工作中的重大贡献,予以表彰嘉奖[①]。

关于上医在针麻、针刺镇痛的研究工作中取得的成绩,我们于2007年写过一篇小结[②]。关于针麻,有两点应该指出:一是在当年科研及科研人员受到严重摧残的大环境下,由于中央领导的关心,神经系统电生理实验室却在针刺镇痛研究的保护伞下幸运地保存下来,甚至还有较好的发展;同时还培养了一大批年轻的神经科学研究人员[③]。总之,作为具有鲜明中国特色的针刺原理研究,一直是我国神经科学领域的重要组成部分。二是针麻随着麻醉学和微创外科学的飞速发展,其临床应用发展空间明显受到压缩。但是针刺既有镇痛效应,又有调整保护机体功能的特征,因此针药复合麻醉仍然有深入研究及逐步推广应用的价值。这项研究工作目前已列入国家重点基础研究(973)计划,这是应该的、必要的。

四、敢于坚持真理,自觉抵制针灸经络研究中伪科学宣传

20世纪60年代初,朝鲜研究组大肆宣传,宣布已发现机体内存在着独立的"经络系统",由"凤汉小体""凤汉管"等(均以研究组负责人金凤汉而命名)组成,并扬言全世界的解剖学、生理学教科书都应该由此而推倒重写。后来我国卫生部组织专家组前去考察,徐教授位列其中。徐教授秉着一贯的严谨、求实的做学问态度,不迷信、不盲从。当时在中国同行中也有人盲目拍手叫好的。但徐教授指出,他们的实验方法是一般的传统方法,所谓的新结构,我们都无法重复检出,因而对他们的结论产生质疑。徐教授一生为人谦和,但在坚持学术见解时却旗帜鲜明,为此遭受各方面压力。

[①] 王翘楚.医林春秋——上海中西医结合发展史[M].上海:文汇出版社,1998:78-79,114-118.

[②] 吴根诚,王彦青,曹小定.针刺镇痛原理研究之路——回顾及再思考[J].复旦学报(医学版),2007,34(Suppl):44-48.

[③] 张香桐.神经科学在中国的发展.见:王志均,陈孟勤.中国生理学史[M].北京:北京医科大学、中国协和医科大学联合出版社,1993:79-83.

徐教授曾对姚泰、李鹏等说:"古人说月亮里有嫦娥。现在有了天文望远镜,有人就想用望远镜找月亮里的嫦娥。"①大家感到这一比喻的深刻,真是入木三分。研究传统中医理论一定要有正确的思路和方法,要有实事求是的科学态度。这桩公案直到若干年后,金凤汉本人内外交困、身败名裂而跳楼自尽,该国的经络研究才彻底收场,从而成为当代医学史中伪科学的典型②。而徐教授才是真正的智者和强者。

五、以宽广的胸怀提携后生,培养大批优秀人才

徐丰彦先生早在20世纪50年代初就举办了三期生理学高级师资班,因而桃李满全国,在各地的生理学界都活跃着上医的校友,其中不乏长期从事针刺原理研究的老同志。安徽的周逸平老师一见到我们,就谈起当年在上医受到徐教授的教诲,他至今一直自称是"上医人"。

徐教授培养人才,从无门户之见。张镜如、曹小定老师都回忆③④,徐教授把他俩派到张香桐教授那里,让他们开拓视野,提高技能。因此张香桐教授成为上医的编外导师,他与徐教授结成深厚的情谊。曹小定也每年都去拜访张香桐教授,直到2007年老人家无疾而终,享年101岁。

在徐教授的关怀、提携和指导下,上医生理学教研组和针刺原理研究所(神经生物教研室)人才辈出。在针刺镇痛原理研究方面,曹小定、程介士、何莲芳、莫浣英等老师都作出了重要的贡献;在针刺调整心血管功能方面,李鹏、姚泰、郭学勤等老师成绩卓著。这两家单位的老师们多次出国讲学,宣传源于中国的针刺疗法的科学基础。李鹏

---

① 姚泰.回顾在生理学界半个世纪的生涯[J].生理科学进展,2009,40(1):1-8.
② 李连达.中医学的性质和特点[EB/OL].(2006-04-04)[2013-10-09]http://info.med.hc360.com/2006/04/04111084221.shtml.
③ 张镜如.尊师重教的一生[J].生理科学进展,2000,31(2):99-101.
④ 曹小定.针麻原理研究之路回顾[J].中西医结合杂志,1988,8(7):391-394.

老师退休后移居美国,合作从事针刺研究,为针刺研究走向世界继续作贡献。

抚今追昔,上医的针刺原理研究工作已经历60多年的历程。忆往昔峥嵘岁月,我国的针刺研究已成为传统医学走向世界的先锋[①]。当今国内的科研条件已大大改善,经费明显增长。让我们牢记徐丰彦教授"发扬祖国医学是一个爱国科学家的责任"的教导,弘扬他的爱国精神,学习他的科学态度,把中西医结合医学领域的教学、科研和人才培养工作做得更好。

注:本文原载于《复旦学报(医学版)》2013年第6期,此次略作修改。

作者吴根诚系复旦大学医学神经生物学国家重点实验室原副主任
作者王彦青系复旦大学中西医结合系原主任

---

① 吴根诚,曹小定.针刺疗法走向世界的历史与影响因素及几点思考[J].中西医结合学报,2003,1(4):247-251.

生理学家徐丰彦教授

陆 明

徐丰彦教授出生于浙江淳安。1923年考入复旦大学理科。大学二年级时,受著名生理学家蔡翘教授影响而转学生理学。

蔡翘(1897—1990),生理学家、医学教育家。蔡翘是个实干家,工作非常努力,教授徐丰彦生理学、神经解剖学等课程。受蔡翘的影响,徐丰彦走上了生理学研究的道路。蔡翘在复旦大学时培养了童第周、冯德培、朱鹤年、沈霁春、吕运明、蒋天鹤等人才,后来又培养了易见龙、周金黄、程治平等,他被誉为"三航之父",为我国航天医学、航空医学和航海医学的创立和发展作出了重大贡献。

徐丰彦1927年毕业于复旦大学生物系,毕业后,与蔡翘教授一同来到国立第四中山大学医学院,任生理学助教。1929年,蔡翘与助教徐丰彦一起进行了甲状旁腺与钙磷代谢研究,阐明了甲状旁腺切除后肌肉抽搐以致死亡的原因。

1930年,徐丰彦到北平协和医学院进修,在林可胜教授指导下进行循环生理学研究。林可胜(1897—1969)是中国近代最杰出的科学家之一,中国生理学的主要奠基人,在消化生理学与痛觉生理学领域成就卓著,为中国生理学研究与人才培养作出了杰出的贡献。徐丰彦在协和医学院进修时与林可胜教授共同完成的"颈动脉窦压力感受性反射的研究",阐述了颈动脉窦压力感受性反射是动脉血压在生理范围内波动时最敏感的一种压力调节反射,对维持动脉血压的稳定有很重要的意义。徐丰彦画出了颈动脉窦内压和体循环动脉血压之间的关系曲线,指出该曲线的中心点即为正常血压水平,他的这项研究对进一步认识人体的血压调节起到了积极作用。

1933年,徐丰彦获得中华教育文化基金会资助,经蔡翘介绍,赴英国伦敦大学洛瓦特·埃文斯(C. Lovatt Evans)实验室学习,获得了哲学博士学位。1935年,又跟随比利时生理学家海门斯(Corneille Jean François Heymans)学习。海门斯是后来的诺贝尔生理学或医学奖获得者,徐丰彦跟随他进修循环生理学,主攻颈动脉窦区的生理功能研究,学习心血管系统的研究方法。

1936年徐丰彦回国后,先在中央研究院心理研究所工作。这一时期,徐丰彦通过研究发现,人体的减压反射不仅存在于主动脉弓和颈动脉窦,也可广泛分布于小动脉区的压力感受器内,这就是徐丰彦1937年发表的"弥散性血管张力反射",颈动脉窦反射在循环和呼吸调节中的作用也就成为后来较长一段时间内徐丰彦的主要研究领域。

1939年下半年,蔡翘邀他去成都中央大学医学院生理科工作,再次合作。当时,他在物资匮乏、空袭骚扰的条件下,坚持进行教学和研究,完成了较多的研究论文。在成都的五年,是他研究工作最活跃的阶段,研究工作进展比较快。1945年,徐丰彦受聘到内迁重庆歌乐山的上医任生理学教授。1946年上医返沪,徐丰彦承担重建生理学科的重担,并继续进行颈动脉窦反射、弥散性血管张力反射等研究。

中华人民共和国成立后,徐丰彦专心从事医学教育工作。除担任上医生理学教研组主任外,还兼任教务长和基础医学部主任。他主持举办了三期生理学高级师资班,培养了大批本科生、研究生以及国家急需的生理学高级师资人才,主编出版了我国第一部医学院校统编教材《生理学》和第一部生理学大型参考书《人体生理学》(图57)。1956年,徐丰彦被评为一级教授,彼时的上医拥有16位一级教授,占全国70名医科院校一级教授的23%(不包括军事医科院校)。

20世纪50—60年代,徐丰彦开始以现代科学方法对气功疗法和针刺疗法作生理机制的研究。1978年以后,他带领青年教师与研究生

图57 《人体生理学》(第二版)封面

取得了有关针刺调整机制的一系列成果,多次获得国家教委、卫生部和上海市科研成果奖。他先后被聘为国家科学技术委员会医学专业组成员、卫生部医学科学委员会针灸针麻专题委员会委员。

20世纪60年代初,朝鲜金凤汉宣称发现了"凤汉小体",那一年,徐丰彦作为考察组成员去朝鲜考察经络研究。回国后,他以负责的态度明确地表示,朝鲜的经络研究不可信。

徐丰彦积极主张用现代科学方法进行针刺生理机制等方面的研究。他曾带领教研组的同志到医院观察"针刺麻醉"手术,并亲自体验针刺感觉,然后组织人员从临床试验到人体和动物实验对针刺镇痛进行研究。通过多年的大量试验研究,初步阐明了针刺和刺激躯体神经对试验性高血压、低血压、心律失常、血容量改变以及防御反应的调整作用的生理机制。

在徐丰彦的影响和指导下,当时的上医有多名专家开展了气功与针刺研究,如曹小定、林雅谷、李鹏、程介士等。20世纪50年代,上医援建重庆医学院,生理学教研组16名骨干教师前往重庆,组建了重庆医学院的生理科,其中,周保和、董泉声、沈稺芳、黄仲荪、金淑然等调任重庆后,继续从事针麻和针刺镇痛研究,取得了丰硕的成果。

一直以来,徐丰彦都与上海生理学会的同道们保持密切的联系与合作。关系较为密切的有冯德培、张香桐、沈霁春、朱鹤年、朱壬葆、张鸿德等。

中华人民共和国成立后,中国科学院在上海设有生理生化研究所,所长为冯德培(1945年前曾任上海医学院生理学教授),冯德培与徐丰彦都是蔡翘的学生,两人都曾担任过蔡翘的助理。神经生理学家张香桐也曾在研究所任研究员。1961年,在徐丰彦的推荐下,张镜如跟随张香桐进修,研究皮质诱发电位的相互作用。1965年,上海市针刺麻醉协作组成立,徐丰彦任机制组组长,张香桐任副组长,二人共同致力于针麻生理机制研究。

沈霁春是徐丰彦在复旦大学求学时的同窗。1929年沈霁春毕业后,曾到徐丰彦任教的上医进修生理学。1953年,沈霁春调任军事医学科学院,1958年军事医学科学院迁至北京后,沈霁春又调至上海的海军医学研究所,领导芥子气中毒和潜水生理学的研究。他领导进行国内第一次氦氧深潜160米人体模拟实验获得成功,1965年,应用这一技术,我国攻克了南京长江大桥80多米水深桥墩的潜水作业问题。

还有上海第二军医大学生理学教研组主任、一级教授朱鹤年。朱鹤年的父亲朱南山是被誉为民国时期"十大近代名医"、海派中医之朱氏妇科的创始人。家庭的教育,环境的熏陶,使他的三个儿子都投身医学事业,长子朱鹤鸣后改名朱小南,1952年参加上海市卫生局中医门诊部工作,主持妇科,并任上海市卫生工作者协会常务委员、上海市中医学会妇科组组长等职(朱小南的女儿朱南孙,是岳阳医院的"国医大师")。次子朱鹤皋继承父业,于内科造诣精深,1949年移居香港,曾任香港新华中医医学会会长、香港中国医学院院长等职。三子就是朱鹤年,中西医汇通,对针刺麻醉原理有研究。朱鹤年1922年考入复旦大学,比徐丰彦高一年级,都师从蔡翘,两人都在针刺疗法领域有所研究。1978年后,他开展了对"怒叫中枢"的研究,并开始了对针麻原理的研究,在他的参与和指导下,针刺镇痛原理的研究取得创新性成果。他所在的学术集体首次证明下丘脑参与针刺镇痛,1979年,他在北京国际针麻会议上宣布了这一成果,受到与会国内外专家的好评。

徐丰彦与朱壬葆、张鸿德是老同事。1946年,朱壬葆任上海医学院生理学教授。朱壬葆擅长内分泌研究,徐丰彦擅长消化生理和神经生理研究,当时,为了提高自己不擅长专业的教学水平,两人曾交换授课内容,徐丰彦讲授内分泌,朱壬葆讲授消化生理和神经生理,以此来改善知识结构。1951年,朱壬葆调至军事医学科学院,参加该院生理系的筹建工作,并担任研究员兼生理系主任。朱壬葆与其培养的学生吴祖泽和贺福初,是罕见的三代师生院士。张鸿德1934—1943年期间曾在上海医学院任生理学教授,后任圣约翰大学医学院生理学教授,1952年起任上海第二医学院生理学教研组主任,是上海第二医学院生理学学科的创建人,主要从事心脏电生理的研究。

1978年12月15日,徐丰彦教授在中华医学会上海分会图书馆办了一张借书证,证号是15-70。通过向该图书馆已退休老同志了解,徐丰彦教授经常到该图书馆查阅资料,其夫人和同事也经常替他借书和复印资料。中华医学会上海分会图书馆,现名上海医学会图书馆,曾经是中华医学会图书馆,当年是中国国内最大的中西医图书馆之一。该图书馆于1925年创办,已有98年馆史,1978年前徐丰彦教授也常到该图书馆学习。

今年12月5日是徐丰彦诞辰120周纪念日。徐丰彦教授执教60多年,桃李满天下。徐丰彦的一生,是无私忘我、全心奉献给中国医学教育事业的一生。

作者陆明系上海市医学会医史专科分会顾问、上海市第四人民医院原图书馆与档案室工作人员

燕歌行

季为群

癸卯年(2023年),为纪念老上医一级教授、生理学家徐丰彦120周年诞辰,作此《燕歌行》,缅怀斯人。

复旦自由学术风,博学切问[①]笃志行。
倡导独立之精神,砥砺德行校欣荣。
上医求实为人群,正谊明道[②]校训呈。
上下求索师生志,莘莘学子多精英。
百年树人名校律,医学教育负盛名。
丰彦自小家贫寒,跟随祖父避乱世。
颠沛流离仍坚持,孤灯纤影十年功。
弱冠大考进圣堂,步入复旦心理系。
师从蔡翘郭任远[③],专心求学取高第。
心理转科生物系[④],业精于勤善承继。

---

① "博学而笃志,切问而近思" 为复旦大学校训。出自《论语·子张》,子夏曰:"博学而笃志,切问而近思,仁在其中也。"
② "正谊明道" 为上医校训。取自《汉书·董仲舒传》,"正其谊而不谋其利,明其道而不计其功"。
③ 蔡翘,复旦心理系教授,民国时期任中央研究院院士。中华人民共和国成立后,出任军事医学科学院副院长,中国科学院院士。郭任远,复旦心理系教授,早年留学美国,为中国心理学启蒙开创者之一。
④ 1926年,复旦心理学科扩展为生物学科。

品学兼优占魁首,生理研究终生砺。
四年学成跃龙门,成功应聘医学院①。
初始开设生理课,条件艰苦莫畏难。
创建生理实验室,传授理论重实践。
学术研究文刊发②,真知灼见君追求。
进修协和医学院,再度深造作研究。
动脉窦压反射线③,血压调节知识剖。
争赴英伦图拓展,"乳酸代谢"④课题攻。
抱有宗旨定目标,学海无涯勤作舟。
诺奖得主海门斯⑤,丰彦百度拜师门。
名师高徒共研讨,"血管张力反射"⑥论。
阐明医学新观念,沿用至今学理存。
绝顶一览众山小,眼光更穷生理源。
数年留学思祖国,炎黄子孙华夏魂。
一唱雄鸡天下白,上医别开新生面。
首任学院教务长,教学科研在一线。
国内首部《生理学》⑦,医学院校教学研。
培育学生促师资,春晖四方桃李园。

---

① 1927年,第四中山大学医学院成立,今复旦大学上海医学院。
② 徐丰彦与蔡翘教授,几年中联合在《中国生理学杂志》发表"甲状旁腺与钙、磷代谢研究"的相关论文数篇。
③ 进修期间,徐丰彦师从中国现代生理学奠基人林可胜教授,他们共同完成了"颈动脉窦压力感受性反射的研究"。徐丰彦画出了动脉压之间的关系曲线图,为国内首创。
④ 跟随伦敦大学埃文斯教授,从事"心肌乳酸代谢"研究,完成相关学术论文,获哲学博士学位。
⑤ 比利时著名生理学家海门斯教授,因发现"颈动脉窦和主动脉弓调节呼吸的作用",获1938年诺贝尔生理学或医学奖。
⑥ 徐丰彦对于"颈动脉窦反射及其生理"研究,当时处于国际前沿地位。在此基础上,提出了"弥散性血管张力反射"的概念。此后,海门斯教授也发表了相同的观点。该学术观念至今未被取代。
⑦ 1958年,主编全国高校统编教材《生理学》。

君语谨慎讷于言，肯干实事敏于行。
平生磊落君子范，淡泊名利亦身轻。
为人师表育英才，弟子传承留清名①。
国之瑰宝中医学，千古传承疗效奇。
生理学中觅原理，经络学说尚探知。
闻讯国外新发现②，"经络小体"提质疑③。
反复试验有结论，"小体"实为自言欺。
坚持真理何所惧，实事求是志不移。
君不唯上只求实，发表观点终不辞④。
遭遇谬批被误解，熟为自身得失累。
时光荏苒事实明，科学结论君守持⑤。
圩载精研生理学⑥，奠定基础亦宗师。
现代科技释中医，针刺麻醉显神通。
运动呼吸曲线图⑦，巧论气功妙明中。
风云突变寒流急，"学术权威"被批蒙。
斗争为纲天下事，生理研究亦虚空。
学工学农搞运动，十年光阴水向东。
浩劫过后复归来，科学春天迎东风。

---

① 徐丰彦的学生张镜如教授，1984年出任上海第一医学院院长。次年任上海医科大学校长。另一位学生姚泰教授，1994年出任上海医科大学校长。
② 1963年，朝鲜称：从生理学的角度发现了"经络小体"。《人民日报》转载了此消息。
③ 徐丰彦访朝回国后，反复做试验，结果表明，从生理学的角度看不到朝方发现的所谓"经络小体"。
④ 为了不将中医事业引向歧途，徐丰彦将自己的研究结论作了汇报（未公开发表）。却遭受了全市大会批评。
⑤ 此后的事实证明，徐丰彦的研究结论是正确的，朝方的所谓"发现"，只是一场科技骗局。
⑥ 徐丰彦潜心研究生理学，在国内外学术期刊发表学术论文40余篇，出版多部专著和译著，主编《生理学》等教材。
⑦ 发表《气功疗法机制的研究》论文，阐述了气功治疗的原理。

教育之本传学道,言传身教念尽忠。
终身学问让名利,儒雅风度君谦恭[①]。
品如梅骨幽香远,几度峥嵘花更红。

　　作者季为群系复旦大学档案馆校史研究室编辑

---

① 徐丰彦谢绝上级让其出任校领导的建议,推荐年轻学者走上校级领导岗位。

论文代表作

A Note on the Calcium Content of the Skeletal Muscles After Thyroparathyroidectomy and Parathormone Injection

FONG-YEN HSU, CHIAO TSAI

(From the Department of Physiology, College of Medicine,
National Central University, Woosung, Shanghai)
Received for publication August 4, 1930

In a previous communication (5) we have reached the conclusion that the parathyroid hormone mobilizes the calcium phosphate of the bone. However, our experiment did not entirely exclude the possibility that the mobilized calcium may be partly derived from that in soft tissues. In other words, while bone is the main source of calcium, skeletal muscle and other soft tissues may participate in the reaction. It is, therefore, highly desirable to investigate this problem further. If the muscle serves as the immediate source of the mobilized calcium, as suggested by Stewart and Percival (4), we should expect to find a depression of calcium in it during the rise of blood calcium following parathormone administration. On the other hand, if the muscle calcium is not liberated by parathyroid action, then any elevation or depression of the calcium concentration of the blood through the action or deficiency of parathyroid hormone must alter the muscle calcium content in the same direction.

The calcium content of muscles following parathormone injection has not yet been determined, while the effect of parathyroidectomy, on muscle calcium is not agreed upon. Thus Loughridge (3) reported a diminished calcium content in muscle during tetany and an improvement after. On the contrary, Behrendt (1) claimed that he was unable to detect any change in the calcium content of muscle during tetany. Likewise, Dixon, Davenport and Ranson (2) found no appreciable difference between the muscle calcium of normal and that of thyroparathyroidectomized dogs.

PROCEDURE

Three groups of dogs were used. Group I consisted of 11 normal healthy dogs whose muscles were removed immediately after death induced by bleeding under ether anaesthesia. Group II composed of 12 thyroparathyroidectomized animals which were sacrificed at intervals varying from 1-7 days after operation, in the same manner as Group I. Group III consisted of 8 normal dogs, which were given subcutaneous or intravenous injection of Eli Lilly's parathormone* preparation in dosages from 0.2-0.4 cc per kg body weight; the muscles were removed under the conditions already described. Three of these animals (D1, D2 and D8) were injected subcutaneously once and then killed 5-8 hours after the administration. Two of them (D6 and D7) received one subcutaneous and one intravenous injection at an interval of $2\frac{1}{2}$ hours and were sacrificed 6 hours after the last injection. The remaining three dogs (D2, D3 and D5) were treated with this preparation daily for 7-17 days. Their muscles were removed for calcium analysis $2\frac{1}{2}-7$ hours after the last administration.

---

* We are indebted to Eli Lilly and Co. for the parathormone used in the present investigation.

In most cases three muscles, the temporal, the diaphragm and the gastrocnemius, were used for calcium determination.

For the determination of the calcium content of muscle, we have adopted the extraction method of Dixon, Davenport and Ranson (2) with modifications. Following their technic as closely as possible, our preliminary determinations showed that 48 hours extraction was not long enough to establish an equilibrium in calcium between the tissue and the extraction fluid, because a second extraction of the residual muscle invariably yielded some more calcium. We, therefore, placed 20 gm of the minced muscle in 100 cc of 5 per cent trichloracetic acid for 3 days. At the end of that period the extraction fluid was removed by filtering, and the residual muscle placed in a fresh portion of the extraction fluid for another 3 days. Both the first and second extraction fluids were evaporated, neutralized and analysed for calcium in essentially the same way as employed by Dixon et al. In our preliminary experimentation, it was shown that at the end of second extraction, the residual muscle contained only a very small quantity of calcium which corresponded closely to that contained in the same volume of the filtrate of the second extraction. Thus the total calcium of the muscle was calculated according to the following formula:

The total calcium of the muscle $= Ca_1 + Ca_2 \dfrac{M+F}{F}$ in which Ca_1 represents the calcium from the first extraction, Ca_2 that from the second extraction; M the volume of the muscle and F the volume of the extraction medium at the end of second extraction. With these modifications, our figures turned out to be, on the average, higher than those presented by Dixon et al.

RESULTS

The results are presented in tables 1 and 3. It is to be noted that in the normal dogs the muscle calcium varies from 6.4 to 12.2 mg per 100 gm of fresh tissue. The average figures for temporal muscle, diaphragm and gastrocnemius are 9.5, 9.4 and 8.5 mg respectively.

TABLE 1. Calcium in mg per 100 gm of muscle in normal and thyroparathyroideclomized dogs

\multicolumn{4}{c	}{Normal}	\multicolumn{4}{c	}{Thyroparathyroidectomized}	Survival period *days*
No.	T	D	G	No.	T	D	G	
B6	9.2	12.3	9.6	A11	8.4	8.1	6.2	1
C11	11.3	10.7	8.4	A29	11.6	7.4	8.7	2
C12	9.0	7.7	8.1	A30	10.7		8.5	3
B8	12.2	11.0	10.8	A1	7.8	7.2	6.7	3
C13	8.2	7.7	7.6	A2	8.0		6.4	3
B9	9.0	7.3	6.4	A15	8.2	8.6	7.6	3
B10			8.4	A24			5.3	3
C15	8.5	6.9	7.5	A18	8.4		6.1	5
C16	9.1	11.5	9.9	A19	5.9	6.1	5.7	5
C18	9.3	9.6	7.9	A23			5.4	5
C19			9.3	A26			5.9	7
				A25	5.3	6.2	6.1	7
Average	9.5±0.3	9.4±0.4	8.5±0.4		8.3±0.6	7.3±0.08	6.6±0.03	

T, temporal muscle; D, diaphragm; G, gastrocnemius.

The effect of thyroparathyroidectomy. As shown in table 1 the muscle calcium in nearly all cases diminished after the removal of the parathyroids. The average figure for all the operated animals is 19 per cent lower than the average for the normals. It is also significant that the fall of muscle calcium follows quite closely that of the serum calcium (fig.1). In table 2 the figures for serum calcium before and at different days after parathyroidectomy are calculated from our previous data (5), while those for muscle calcium are obtained by averaging the calcium value of all the muscles of different animals killed at the same length of time after parathyroid extirpation. From the percentage ratios between the normal and operated series we have plotted the curves represented in fig. 1. In this graph it will be seen that the rate of fall of muscle calcium is practically linear, while that of serum calcium is negatively accelerated. In other words, the initial abrupt decrease of calcium content in the blood following parathyroidectomy is absent in the case of muscle calcium. In the second place, the fall in muscle calcium is not so extensive as that of the blood. From these facts one might conclude that the decrease of muscle calcium is due to the fall in blood calcium.

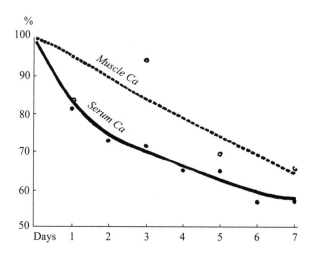

Fig. 1. Graph showing the rate of fall of calcium in blood and muscle after thyroparathyroidectomy. The ordinate represents percentages of calcium and the abscissa, days after removal of parathyroids.

The effect of parathormone administration. As shown in table 3, the results from this series were not constant with one or two doses of parathormone the calcium content of the muscle increased with that of the blood, but after prolonged administration the relation between blood and muscle calcium was less concordant. Although our data regarding the last point do not warrant any definite conclusion, they seem to show that when the concentration of serum calcium was normal or slightly increased,

TABLE 2. Comparison between the serum and muscle calcium after thyroparathyroidectomy

	Normal	Days after thyroparathyroidectomy						
		1	2	3	4	5	6	7
Average serum Ca mg per 100 cc	11.0	9.0	8.0	7.9	7.2	7.2	6.2	6.3
Percentage ratio of average serum Ca	100.0	81.8	72.7	71.8	65.5	65.5	56.4	57.3
Average muscle Ca mg per 100 gm	9.1	7.6	9.2	8.6		6.3		5.9
Percentage ratio of average muscle Ca	100.0	83.5	101.8	94.5		69.2		64.8

TABLE 3. Effect of parathormone administration on the calcium content of muscle

Dog No.	Parathormone cc per kg	No. of injections	Time between, last injection and killing *hours*	Serum Ca mg per cent immediately before first injection	Serum Ca mg per cent at the time of killing	Muscle Ca mg per 100 gm		
						T	D	G
D1	0.22	1	5	10.8	10.0	11.6	12.0	10.8
D2	0.25	1	8	10.3	12.4	12.2	11.2	13.3
D3	0.20	17	$7\frac{1}{2}$		12.0	8.2	9.5	9.3
D4*	0.20	8	$2\frac{1}{2}$		15.5	12.2		14.8
D5	0.20	7	7		13.5	9.5	10.1	9.9
D6	0.30	2	6	10.5	13.0	13.4	13.0	11.7
D7	0.30	2	6	10.4	14.2	13.2	12.5	11.7
D8	0.40	1	5		11.0	10.8	9.2	11.1

*In this animal the last injection was administered intravenously.

the muscle calcium content remained normal or nearly so; but when it was increased greatly, the amount of muscle calcium was also increased. In general it is justified to state that there is no depression of muscle calcium following parathormone administration, and that the change of muscle calcium tends to vary in the same direction as that of the serum calcium.

SUMMARY

1. The calcium content of the muscles of thyroparathyroidectomized animals was lower than that of the normal.

2. The decrease of muscle calcium following the removal of the parathyroids was less abrupt and less extensive than the fall in blood calcium.

It is concluded that the diminution of muscle calcium in the parathyroidectomized animals is due to the fall of calcium concentration the blood.

3. The effect of parathormone administration was not constant, but in no case was there any depression of muscle calcium following the injection. In general the muscle calcium appeared to follow the changes of serum calcium.

Our results do not support the view that muscle serves as the immediate source of calcium mobilized by the action of parathyroid hormone.

LITERATURE

1. BEHRENDT, H.	Klin. Wchnschr., 1925, **4**, 1600–1601.
2. DIXON, H. H., DAVENPORT, H. A. AND RANSON, S. W.	J. Biol. Chem., 1929, **83**, 737–739.
3. LOUGHRIDGE, J. S.	Brit. J. Exper. Path., 1926, **7**, 302–309.

4. STEWART, C. P. AND PERCIVAL, G. H.　　Biochem. J., 1927, **21**, 301–313.

5. TSAI, C. AND HSU, F. Y.　　Chinese J. Physiol., 1929, **3**, 185–196.

摘去甲状旁腺及注射甲状旁腺抽精后肌钙之分量

徐丰彦　蔡　翘

国立中央大学医学院生理学系,吴淞,上海.

骨中之磷化钙受甲状旁腺之作用,一部分溶解入血,保持血钙之平衡,既已为人所公认。然除骨骼以外,身体中之柔软组织如肌肉等,其中之钙化物,是否亦受甲状旁腺之调动？斯则本篇所欲研究者也。

本实验用犬三组,第一组为健康犬,共十一只;第二组为摘去甲状旁腺之犬,共十二只,在行手术后一日至七日杀死;第三组为健康犬,共八只,以甲状旁腺抽精行皮下或静脉注射,于注射后数小时或继续每日注射一日至十七日后再行牺牲。从此三组犬之肌肉,分析其钙质。所得之结果如下。

一、甲状旁腺被摘去之犬,其肌钙分量较健康犬减低约百分之十九。减低之过程较血钙为缓。

二、行甲状旁腺抽精注射后,肌钙既无减少之倾向,而于血钙加增时,且随之而增。然则肌钙之增减,完全以血钙为转移,盖纯受渗透作用之支配者。换言之即甲状旁腺不能调动肌钙也。

Chinese J Physiol, 1930, 5(4), 423–430

The Depressor or Vasotatic Reflexes

R. K. S. LIM, FONG-YEN HSU[①]

(From the Department of Physiology, Peiping Union
Medical College, Peiping)
Received for publication December 15, 1930

The observations here reported deal with the carotid sinus and aortic depressor reflexes. They are the outcome of class demonstrations instituted in 1929 which led us to enquire into certain points in the mechanism of the vascular reflexes which had not been fully dealt with by the researches of Hering (2) and Heymans (3) up to that time. It had been established by Hering that: The carotid sinus region reacts to changes in arterial pressure, giving rise to a reflex pressor response when the pressure is reduced below normal, and to a reflex depression when the pressure is raised above normal.

That the sinus nerves themselves are depressor and act tonically, since section of each nerve results in a permanent increase of blood pressure.

That the depressor effect is brought about partly through vagal inhibition of the heart and partly through vaso-dilatation. That closure

---

① Rockefeller Foundation Fellow.

of the vertebral arteries does not produce any significant effect, while double vagotomy markedly exaggerates the sinus reflex.

In addition the cross circulation experiments of Heymans have shown that the pressor response resulting from release of sinus action involves the secretion of adrenaline and the contraction of the spleen. *Per contra* the sinus nerves inhibit adrenaline secretion and splenic motility.

A paper by Koch (6), quoted by Heymans and Bouckaert (4) in a recent note, deals with some of the questions we have been interested in and answers them in accord with Hering's conception, viz. that the sinus nerve action is purely depressor. Heymans, however, finds that when *both sinuses are weakly excited by being subjected to an increase of pressure from 0 to 50 mm Hg, a pressor response is invariably obtained.* Still more recent experiments by Tournade and Malméjac (9) indicate that pressor responses may be obtained by direct (electrical) stimulation of the sinus nerves, in double vagotomised dogs which had been so long under chloralose anaesthesia, that the narcosis was wearing off; these authors explain the pressor responses as "une simple réaction douloureuse". Our own findings and views are described below. The history of the subject will be found in the monographs of Hering and Heymans (2, 3).

METHODS

The observations were made on dogs (40) and rabbits (6). All experiments recorded were carried out under ether given through the trachea. Records of arterial pressure were taken from two or three vessels, viz.

(1) From the *central end* of either common carotid or femoral artery—to record general blood pressure.

(2) From the *central end* of the external carotid or lingual artery—to

record the pressure in the carotid sinus.

(3) From the *peripheral end* of the common carotid artery to record the pressure in the "excluded sinus" and the cerebral collateral circulation.

Several methods were employed to invoke the carotid sinus reflex.

(a) Alteration of the pressure in the sinus by applying a vessel clamp or burette clip on the common carotid stem on the same side—thus reducing or "excluding" the normal pressure.

(b) Alteration of the pressure in the sinus by connecting the "isolated" sinus to a pressure bottle and manometer. The isolation consisted in tying off the common carotid and all its branches (viz. lingual, external carotid, in which a cannula was usually inserted, occipital, internal carotid, pharyngeal and muscular) within 5 mm of the sinus region. In many experiments one sinus was "isolated", and the other "excluded" by cannulation as in (3), or clamping, or ligaturing. In a number of observations, both sinuses were isolated and connected with either a common or with separate pressure bottles and manometers.

(c) By applying traction to the peripheral cut end of the common carotid close to the sinus by means of *weights* or by *screw action*. The external carotid and lingual arteries were divided between ligatures; the occipital and internal carotid were tied without division, the ligatures, which were left long, being employed to affix these two branches to the end of a metal rod.

(d) By electrical stimulation of the sinus nerves.

No clear cut physiological method is available for testing out the aortic depressor reflex. Electrical stimulation of the central cut end of the depressor nerve was resorted to in the rabbit. In the dog, the effect of haemorrhage and of compression of the aorta just below the diaphragm was compared under several conditions, viz.

(i) Before and after exclusion of the sinus region.

(ii) Before and after vagotomy.

(iii) Before and after the injection of enough atropine (1–2 mg intravenously) to paralyze the cardiac vagus to electrical stimuli.

Other procedures such as section of the cardiac sympathetic nerves, the splanchnic nerves, the upper thoracic cord were undertaken to ascertain how far the depressor response is dependent upon the vasoconstrictor system.

OBSERVATIONS

The normal stimulus for the sinus reflex.

The sinus reflex of Hering is similar in nature to the depressor reflex of Cyon and Ludwig in that it brings about a reflex fall of blood pressure. The afferent nerves, as Hering showed, run from the bulbous origin of the internal carotid artery to join the glossopharyngeal nerve. Stimulation of the sinus afferents, whether mechanically or electrically, invariably results in vasodepression (fig. 1). Since clamping of the common carotid produces a reflex rise in general blood pressure, although the pressure within the sinus actually falls, it is clear that relaxation of the sinus wall resulting in a *diminished stretching* of the sinus nerve endings constitutes the normal stimulus for the sinus reflex. So soon as the clamp on the carotid is removed and the sinus is once more stretched by the blood pressure, the general pressure falls to the normal level (fig. 2). From this it may be deduced that the sinus exerts a "tonic" reflex vasodepression: it is evident that the blood pressure must act continuously on the sinus.

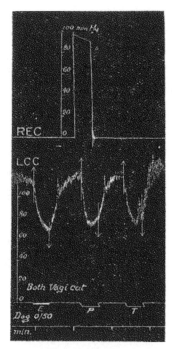

Fig. 1. The effect of stimulating the carotid sinus nerves (E) electrically, and mechanically; (P) by distension and (T) by traction, REC pressure in isolated right sinus; RF femoral blood pressure. Dog 0/50.

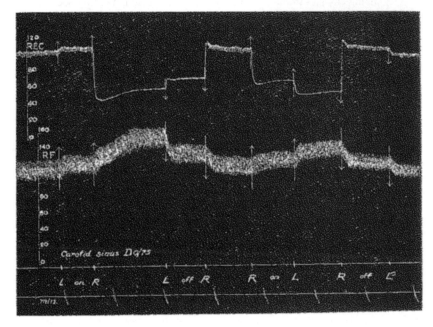

Fig. 2. The effect of reducing the sinus pressure by clamping the carotid arteries on the general blood pressure (RF). REC, pressure in right sinus(not isolated); L, left; R, right; on, clamp applied; off clamp released. Dog 0/73.

That the effect of clamping and releasing the carotid is not due to sudden changes in the cerebral circulation, is demonstrated by the fact that the internal carotid, and indeed all branches of the common carotid, may be tied off without inducing any change in the general blood pressure. Even when the vertebrals are also clamped, there is no significant alteration of the general pressure. Besides, after section of the sinus nerves, clamping of the common carotid is without effect, whether the internal carotids are tied or not (figs. 3 and 4).

In two instances, clamping of the carotid between the origins of the internal carotid and the lingual gave rise to a small pressor effect, indicating that "sinus" end-organs are sometimes present at the final branching of the carotid(dog). In no case, however, were sinus receptors found caudal to the origin of the internal carotid, i. e. no further reflex effect could be obtained by clamping any part of the common carotid after a clamp had first been placed on the artery just below the sinus region.

Proof that it is the mechanical change (i. e. stretching) of the sinus wall that gives rise to the reflex, may be readily obtained by connecting one or both "isolated" sinus regions (figs.1, 5, 6) with a pressure bottle filled with saline. When the sinus is distended, the general blood pressure falls, and when the sinus is allowed to collapse, the blood pressure rises.

The more rapid the stretch the quicker and sometimes, the greater is the response. The latter, however, is only a temporary feature, for the blood pressure recovers and if sufficient time is permitted, the final depression is usually of the same magnitude as with a gradually applied stretch.

A transverse stretch (distension) is by far the more efficient and natural mode of stimulation. Thus when the sinus pressure is varied from 0 to 200 mm Hg, the diameter (transverse stretch) of the carotid at the sinus region does not increase beyond 1.5 mm, while an extension

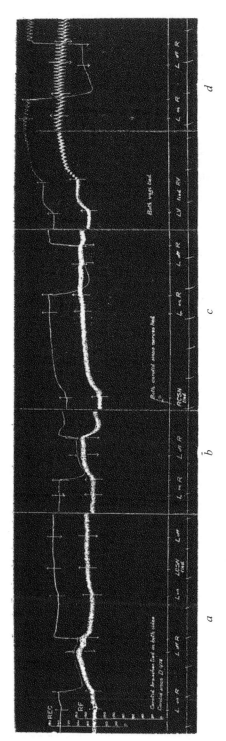
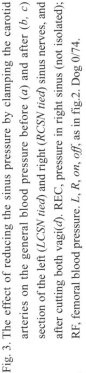
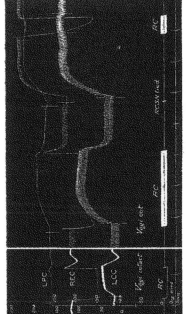

Fig. 3. The effect of reducing the sinus pressure by clamping the carotid arteries on the general blood pressure before (*a*) and after (*b, c*) section of the left (*LCSN tied*) and right (*RCSN tied*) sinus nerves, and after cutting both vagi(*d*). REC, pressure in right sinus (not isolated); RF, femoral blood pressure. *L, R, on, off*, as in fig.2. Dog 0/74.

Fig. 4. The effect of reducing the right sinus pressure (REC) by clamping (*RC*) the carotid artery on the general blood pressure (LCC), before and after vagotomy and section of the right sinus nerve (*RCSN tied*). Left sinus permanently "excluded"; central(LCC) and peripheral (LPC) ends of left common carotid cannulated. Note elimination of sinus reflex follows vagotomy: cf. fig.3. Dog 0/146.

of the same region of about 3 mm represents the minimal longitudinal stretch necessary to bring about an initial excitation(fig. 10). The minimal transverse stretch which will excite the intact sinus is induced by a pressure of about 50 mm Hg, while the maximal is attained in the neighbourhood of 200 mm Hg.

In view of the fact that both the sinus and the aortic reflexes are excited by stretching, it would seem appropriate to designate them as *vasolatic* reflexes.

The influence of each sinus region and of both together.

Each sinus region appears to exert the same degree of influence as the other, irrespective as to whether the untested sinus is subjected to much or little excitation (e. g. distension with 0 or 120 mm Hg), or as to the integrity of the vagi (see table 1).

TABLE 1. The influence of each sinus on the general blood pressure as tested by the method of successive clamping or "exclusion" of the two sinuses

	\multicolumn{4}{c}{General blood pressure response to}			
	\multicolumn{2}{c}{One sinus}		\multicolumn{2}{c}{Both sinuses}	
		mm Hg			*mm Hg*	
I	Left	10		Right	35	
	Right	10		Left	52	
	Right	12		Left	30	
	Left	14		Right	38	
II	Right	10		Left	40	
	Left	23		Right	48	
	Right	12		Left	32	
	Left	18		Right	38	
Mean	*Left*	16.3		*Left*	38.5	
	Right	11.0		*Right*	39.8	
	Both	13.6		*Both*	39.1	
	Dog 0/75					

When both sinus regions are excited, the response depends upon the method and condition of testing. If the response to clamping and releasing the *intact* carotids are compared, it is found according to Hering that the response to double sinus excitation is greater than that to a single sinus (see fig. 2). This is readily explainable by summation, but an additional reason is that the reflex rise resulting from one-sided exclusion increases the pressure in the "open" or unexcluded sinus and thus introduces a compensatory factor. Further, the excellent collateral circulation associated with the intact sinus region prevents the sinus pressure from falling much more than fifty per cent after clamping of the common carotid. When the second sinus is excluded, inter-sinus compensation is removed so that the full effect of the exclusion of both sinuses is able to emerge. But besides this, the cephalic collateral circulation undergoes an additional reduction, resulting in a diminution in the collateral circulation reaching the excluded sinuses and in the pressure in both attaining a lower level than was present in the first excluded sinus. The example given in table 2 will make this clear.

TABLE 2. The effect of "exclusion" of the carotid sinuses on the sinus pressure and general blood pressure

Obs.	Procedure	Sinus pressure in *mm Hg*		General blood pressure
		Left	Right	
I	Before exclusion	105	105	*mm Hg* 118
	Exclusion of left	75 (−30)	110 (+5)	120 (+2)
	" of right	60 (−15)	60 (−50)	150 (+30)
	Release of left	110 (+50)	75 (+15)	130 (−20)
	" of right	105 (−5)	108 (+33)	118 (−12)
II	Before exclusion	108	108	118
	Exclusion of right	118 (+10)	70 (−38)	125 (+7)
	" of left	55 (−63)	55 (−15)	138 (+13)

(continued)

Obs.	Procedure	Sinus pressure in *mm Hg*		General blood pressure
		Left	Right	
II	Release of right ″ of left	70 (+15) 98 (+28)	110 (+55) 98 (−12)	120 (−18) 110 (−10)
	Dog 0/73			

In order to eliminate the influence of inter-sinus compensation and the collateral circulation, the sinus region may be completely "isolated" by ligature of all the carotid branches. When both sides are thus prepared and connected with pressure bottles, it is possible to test one sinus while the other is maintained at zero or constant pressure. The drawback of this method of testing lies in the fact that in the process of isolating each vessel, particularly the internal carotid and occipital arteries, some of the sinus nerve fibres are liable to be injured and this may occur unequally on the two sides. In spite of this disadvantage, it can be shown that each sinus exerts approximately the same degree of influence. When both sinuses are excited together (i. e. simultaneously) the reflex response is not always greater (tables 3 and 4, fig. 5), but it is probable that the magnitude of the response to double sinus excitation depends in these experiments upon the degree of injury sustained by the sinus nerves and upon the condition of the vasomotor centre.

In table 4, it will be noted that dog 0/430 exhibited about the same response to double sinus excitation as to either one sinus alone. On the other hand dogs 0/440 and 0/446 showed a response to double sinus excitation, which equalled or even exceeded the sum of the responses to the individual sinuses (fig. 6). The response to single sinus excitation was, however, distinctly small or submaximal—and suggests, if not proves, that in these two animals the sinus nerves were damaged.

TABLE 3. The influence of excluding one sinus and varying the pressure in the other between 0 and 200 mm Hg on the general blood pressure (left sinus "excluded"; right sinus "isolated")

Sinus pressure mm Hg	General blood pressure in *mm Hg*								
	i	*i*	*d*	*i*	*i*	*d*	*i*	*d*	*i*
0	163	163	162	176	152	150	150	156	178
40	163	163	162	176	152	148	145	156	178
80	163	163	162	176	145	124	138	108	174
120	158	158	140	144	116	76	100	90	172
160	130	134	116	124	62	62	62	68	148
200	104	105	100	105	60	60	60	62	128
Difference 0–160									
in *mm Hg*	−23	−29	−46	−52	−90	−88	−88	−38	−30
in *per cent*	−20	−18	−28	−30	−59	−59	−59	−56	−17
Dog	0/378			0/395	0/396				

The pressure in the excluded sinus probably varied between 50–70 mm Hg.
i, test made with increasing sinus pressure; *d*, decreasing sinus pressure.

A single sinus presumably exerts its influence on the vasomotor system as a whole. There is no unilateral effect so far as can be ascertained by closing off the circulation in either leg, and there can be none in the splanchnic region. Under natural conditions when both sinuses are stimulated simultaneously and *submaximally*, the response is possibly summated (fig. 6). When both sinuses are maximally excited experimentally, the response is not summated for the reason that the maximal influence of one sinus appears to be able to counteract completely the maximal tonus of the vasomotor system.

That one sinus is capable of causing maximal or nearly maximal depression of blood pressure is evident from the records of dog 0/396 (table 3,

TABLE 4. The influence of varying the pressure in one or in both sinuses between 0 and 200 mm Hg on the general blood pressure (When one sinus alone is tested, the other is maintained at zero pressure. Both sinuses "isolated")

Sinus pressure mm Hg	General blood pressure in mm Hg								
	L	R	RL	L	R	RL	L	R	RL
0	126	130	130	124	132	130	126	122	124
40	126	130	139	124	132	128	126	120	130
80	124	128	128	124	132	126	126	122	122
120	104	108	110	122	130	116	118	114	108
160	90	90	90	116	126	102	106	108	76
200	88	86	88	112	118	96	94	98	76
Difference 0–160									
n mm Hg	−36	−34	−40	−8	−6	−32	−20	−14	−48
n per cent	−29	−26	−31	−6	−5	−25	−16	−11	−39
							−18	−12	−24
							−13	−9	−18
							−32		
							−24		
After double vagotomy									
0	154	170	170			130			125
160	114	120	96			82			90
Difference									
in mm Hg	−40	−50	−74			−48			−35
in per cent	−26	−29	−44			−37			−28
Dog	0/430			0/440			0/446		

All tests were made with increasing sinus pressure.
L, left sinus; R, right sinus; RL, both sinuses tested simultaneously.
* Pressure raised immediately from 0 to 160 mm Hg.

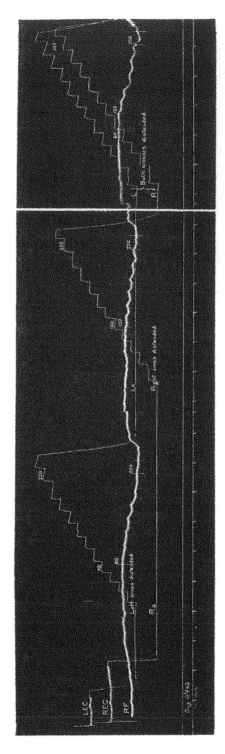

Fig. 5. The effect of varying the pressure in one or both isolated sinuses between 0 and 240 mm Hg on the general blood pressure. LEC, pressure in left sinus; REC, pressure in right sinus; RF, femoral blood pressure.

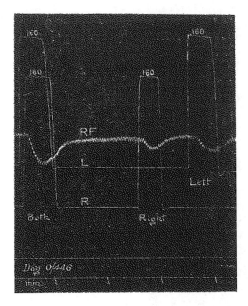

Fig. 6. The effect of increasing the pressure from 0 to 160 mm Hg in one or both isolated sinuses. L, R, zero level of left and right sinus records respectively. RF, femoral blood pressure. Dog 0/446.

fig.10).With maximal distension of the right sinus the general blood pressure was reduced about 60 per cent below the level obtaining when the sinus pressure was zero (viz. from 150 to 60 mm Hg). The left sinus in this dog was "excluded" and was subject to slight distension through collateral channels; the pressures, however, probably did not exceed 70 mm Hg and would exert only a small influence.

Obviously if maximal depression from one sinus reduces the blood pressure 60 per cent, the summated effect of two sinuses would cause a fall to zero, It is noteworthy, therefore, that in no other experiment except one was a similar degree of depression obtained with maximal stimulation, whether of one or both sinuses.

The influence of other vascular reflexes on the sinus reflex.

Under natural conditions the sinus and other vascular reflexes must automatically prevent a rise of blood pressure to maximal stimulating value (for the sinus). Even under experimental conditions with isolated sinuses, interference by other reflexes probably explains the occasional tendency of the blood pressure to partially recover or escape from depression during sinus stimulation.

Double vagotomy generally enhances the sinus reflex response (fig. 4), particularly in the case of double sinus excitation, e. g.

Dog 0/147	*Before vagotomy*	*After vagotomy*
Response to diminishing the pressure in both sinuses by 50–70 mm Hg (by "exclusion").	130 to 135 (+5) mm Hg 100 " 105 (+ 5) " " 138 " 150 (+12) " "	150 to 210 (+60) mm Hg 150 " 185 (+35) " " 150 " 200 (+50) " "

Hering showed that the cardiac vagus takes part in the sinus response, but it would appear from the example which follows that the vasomotor effectors of the reflex are alone able to bring about the full response.

Dog 0/430	*Before vagotomy*	*After vagotomy*
Response to increasing the pressure in both sinuses from 0 to 160 mm Hg.	126 to 98 (−28) mm Hg	170 to 96 (−84) mm Hg

Double vagotomy, however, also destroys the afferent paths of the veno-atrial (Bainbridge) and the aortic (Cyon and Ludwig) reflexes. Because of the great independence of venous pressure from the arterial, it is questionable whether the Bainbridge reflex operates in conjunction with the sinus reflex, but in view of the lack of any data on venous pressures in our observations, the matter cannot be discussed.

The *aortic depressor reflex* obviously must normally function together, perhaps synergistically, with the sinus reflex. In the intact animal, whatever pressure acts on the one will equally influence the other. Under experimental conditions, where the sinus is subjected to independent pressure changes, the aortic reflex cannot but act antagonistically since a rise or fall of pressure in the sinus reflexly produces the opposite state of pressure in the aorta. The results of two experiments given in table 5 will show how variable this

TABLE 5. The effect of "removal" of the aortic depressor reflex (by vagotomy after atropinization) on the sinus reflex
(Right sinus isolated; left sinus excluded)

Procedure	Right sinus pressure mm Hg	General blood pressure mm Hg	Procedure	Right sinus pressure mm Hg	General blood pressure mm Hg
Control (Chest open; artificial respiration)	92–36 (−56) 86–32 (−54)	92–96 (+4) 86–96 (+10)	Control	114–68 (−46) 114–68 (−46)	114–146 (+32) 114–146 (+32)
Cardiac accelerators cut	88–32 (−56)	88–100 (+12)		116–68 (−48)	116–144 (+28)
Right vagus cut; 1 mg atropine	114–41 (−73) 110–42 (−68)	114–136 (+22) 110–136 (+26)	Right vagus cut; 2 mg atropine	114–64 (−50) 116–74 (−42) 110–76 (−34)	114–154 (+40) 116–148 (+32) 110–140 (+30)
Left vagus cut	122–50 (−72) 114–50 (−64) 120–49 (−71)	122–168 (+46) 114–156 (+42) 120–160 (+40)	Left vagus cut	110–70 (−40) 110–64 (−46) 116–70 (−46)	110–156 (+46) 110–148 (+38) 116–150 (+34)
Dog	0/200			0/202	

antagonism may be in the dog. According to Hering the aortic reflex may act vicariously for the sinus reflex.

It will be noted that after removal of tonic cardiac inhibition by atropine, there was an augmentation of the sinus reflex more marked in dog 0/200 than in dog 0/202; the results are somewhat exaggerated in the former because of the greater difference in the pressure applied to the right sinus. Following section of the aortic depressor afferents, the sinus reflex was still further enhanced; again the effect was much greater in dog 0/200 than in dog 0/202.

A more direct method of testing the aortic depressor reflex is to raise the pressure in the aorta suddenly by compressing it just below the diaphragm. When this is done with both sinus and aortic receptors open to activation, the blood pressure rises abruptly to a high point, than rapidly subsides almost to the normal level and again rises but more slowly to a steady level which is not so high as before (fig. 7). The oscillation of the pressure is sometimes more and sometimes less marked, and is

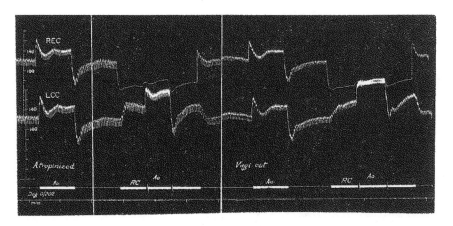

Fig. 7. The vasomotor response to a sudden rise of blood pressure induced by compressing the aorta (*Ao*) after atropinization, and before and after eliminating the sinus and aortic (vagal) depressor reflexes. REC, right sinus pressure, LCC, left carotid blood pressure; left sinus permanently excluded. *RC*, right carotid clamped resulting in substantial reduction or elimination of sinus action. See table 6. Dog 0/202.

due almost entirely to the intervention of the sinus and aortic depressor reflexes. If these reflexes are rendered inactive, no oscillations occur (see table 6). This also applies to the oscillations which follow the sudden withdrawal or re-injection of (100 cc) blood.

TABLE 6. A comparison of the influence of the sinus and aortic depressor reflexes on the vasomotor response to a sudden rise of blood pressure (produced by compression of the aorta for 60–70 seconds)

Procedure	General blood pressure in *mm Hg*			Reflexes in action
	Before	After compression of aorta		
		First rise	Final level	
Both sinuses open	116	160 (+44)	132 (+16)	Cardiac inhibitor
	116	172 (+56)	134 (+18)	Sinus depressor / Aortic "
Both sinuses excluded	116/114	196 (+52)	194 (+50)	Cardiac inhibitor / Aortic depressor
One sinus open; atropine injected	116	162 (+46)	138 (+22)	Sinus " / Aortic "
Both sinuses excluded; atropinized	116/138	178 (+40)	172 (+34)	Aortic "
One sinus open; atropinized; vagi cut	118	160 (+42)	140 (+22)	Sinus "
Both sinuses excluded; atropinized; vagi cut	116/150	190 (+40)	194 (+44)	None

Dog 0/202

In rabbits we have failed to find any certain evidence of an aortic depressor "tone" as reported by Kisch and Sakai (5) and by Hering, but as Bayliss (1) points out the great instability of the vasomotor system in the rabbit makes it difficult to be certain. The instability is probably referable to the vasomotor centres, for after section of both depressors and vagi, exclusion of the sinuses bring about marked vasomotor variations. In one dog (vagi intact) which happened to exhibit instability of the vasomotor centres (i. e. Traube-Hering phenomenon) exclusion of both sinuses exaggerated the Traube-Hering oscillations (fig. 8).

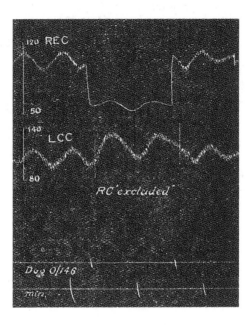

Fig. 8. The influence of the carotid sinus on the Traube-Hering phenomenon. Lettering as in previous figures; left sinus permanently excluded. Dog 0/146.

In the two examples given in table 7, there is no sign of aortic depressor tonus in one (rabbit 0/120), and a very slight increase in the other (rabbit 0/148) which might be taken to indicate the presence of such tonus. The effect of artificial stimulation of the sinus and aortic depressors is compared in fig. 9. It is clear, however, that reflex cardiac changes play a much more important rôle in the rabbit than in the dog. From our own observations, it would appear that the sinus reflex exerts a greater or more constant influence than the aortic, but it may be that the latter is more readily affected by anaesthesia and experimental interference (atropine?) than the former.

TABLE 7. The effect of removal of the aortic depressor reflex in the rabbit (One sinus permanently excluded)

Procedure	General blood pressure		Procedure	General blood pressure	
	Before	After sinus exclusion		Before	After sinus exclusion
	110 100	*mm Hg* 150 (+40) 144 (+44)		120	*mm Hg* 172 (+52)
Right depressor cut Left ″ ″	100 105 100	120 (+20) 140 (+35) 138 (+38)	Both depressors cut	120 124	180 (+60) 198 (+74)
Both vagi cut	120 114 105	160 (+40) 164 (+50) 160 (+55)	Both vagi cut	105 105 110	210 (+105) 198 (+93) 220 (+110)
Rabbit 0/120			Rabbit 0/148		

Each depressor nerve was tested by stimulation before section.

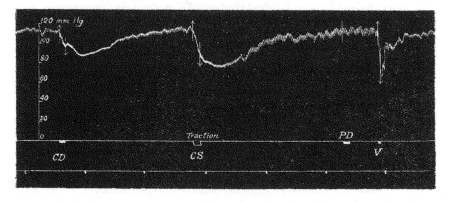

Fig. 9. The effect of stimulating the sinus and aortic depressor and the vagus nerves in the rabbit, the former mechanically, the latter electrically. *PD*, stimulation of peripheral cut end of aortic depressor. Rabbit 0/124. *CD*, central end of aortic depressor; *CS*, central end of sinus depressor; *V*, peripheral vagus.

The function of the sinus nerves and reflex.

In view of Heymans and Bouckaert's (4) and Tournade and Malméjac's (9) observation of pressor responses to sinus stimulation under certain conditions, it is necessary to reconsider the function of the sinus nerves as purely depressor afferents. Heymans claims that when both sinuses are *isolated* and simultaneously excited by pressures increasing from 0 to 50 mm Hg, a pressor response (amounting to 50 per cent of the level at zero sinus pressure) is obtained. When the sinus pressure is increased beyond 50 mm Hg, the response is depressor. (Heymans employed vagotomised dogs under chloralose anaesthesia.) This claim we have not been able to fully substantiate, but we have found occasionally a slight increase of general blood pressure on bringing both sinus pressures from 0 to 40 mm Hg, e. g.

Sinus pressure			General blood pressure	
0	126	124	134	⎡125 after vagotomy⎤
40	128	130	136	⎨124⎬
60	128	128	136	⎣124⎦
	(Dog 0/440)		(Dog 0/446)	See table 4.

The increase obtained by us (less than 5 per cent) is so slight, that it might well be due to independent changes in the vasomotor centre.

We are inclined to agree with the interpretation placed by Tournade and Malméjac on their own observations (see page 1), for we have only once observed a very small increase of pressure on electrical stimulation of the sinus nerves after vagotomy, at the end of a long experiment, in which the blood pressure was low and the dog not deeply under ether.

Our results taken as a whole afford evidence against rather than for the existence of pressor fibres among the sinus nerves. Nevertheless, the very marked pressor response found by Heymans is difficult to explain without the assumption of pressor fibres, unless it is possible that weak depressor impulses evoke at the vasomotor centre, overaction of the centre itself, or of constrictor elements playing on the centre. One may be permitted to question the biological significance of pressor fibres which only come into play when the general blood pressure is reduced below 50 mm Hg. The conception of the sinus nerves as depressors not only accords with our experimental data but provides a satisfactory basis for explaining the normal level of the blood pressure. Disregarding the relative importance of the sinus and aortic depressors, and grouping them together as one component, it is possible to show that the normal blood pressure is determined chiefly by the resultant of two forces, viz. $\frac{\text{Vasomotor tonus}}{\text{Sino-aortic inhibition}}$. The reasons are as follows:

When sino-aortic depression or inhibition is eliminated, maximal vasomotor tonus emerges resulting in a rise of blood pressure to 180–200 mm Hg or higher.

Since 180–200 mm Hg pressure is approximately the maximum stimulus for the sinus*, and since the response to maximal stimulation of one sinus is capable of reducing the blood pressure to a level which is at or near the threshold sinus stimulus (e. g. 60 mm Hg**), it is evident that the full effect of either one component is to permit maximum action of the other.

In short, the two antagonistic forces are about equally matched and when acting simultaneously, must reach an equilibrium at a pressure half way between 60 and 200 mm Hg, viz. in the neighbourhood of 120–130 mm Hg, in the vagotomised dog. When the vagi are functioning, maximal

---

* The maximum pressure for the aorta is unknown.

** When vasomotor tonus is abolished by high transection of the cord, the blood pressure falls to 40–60 mm Hg. It is thus clear that maximum sino-aortic inhibition completely abolishes vasomotor tonus.

vasomotor tonus is somewhat lower, viz. of 150-160 mm Hg, so that in the normal intact dog equilibrium will be established midway between 60 and 160 mm Hg, viz. 105-110 mm Hg(see table 8).

TABLE 8. Comparison of calculated (equilibrium point) and observed "normal pressures" (with vagi intact and at least one sinus open to the circulation)

	"Normal"pressures in *mm Hg*						
Calculated	134	140	106	153	107	118	110
	134		105		108	125	110
	131		105		109	113	100
			109		108	111	117
Mean	(133)		(106)		(108)	(117)	(109)
Observed*	142	132	104	153	113	114	114
Dog	0/378	0/395	0/396	0/399	0/430	0/440	0/446

Also see tables 3 and 4.
* Pressure observed at commencement of experiment.

From fig. 10 it will be observed that the graph of the relation between the sinus and the vasomotor centre is a sigmoid curve, the middle portion of which is almost linear. The difference in the two curves shown is due to some injury of the sinus nerves in dog 0/378. The more perfect the condition of the experiment (as in dog 0/368), the nearer the equilibrium point reaches the mid-point between maximum vasomotor tonus level and maximum sinus depression, while the more the sinus(and aortic) nerves are damaged, the higher does the equilibrium point rise.

By plotting the difference in the general blood pressure for every 20 mm Hg interval of sinus pressure, the zone of greatest difference will be found to included the equilibrium point. This zone corresponds to "le maximum de la sensibilité réflexogène" of Koch (120 mm Hg) and of Heymans and Bouckaert (85-110 mm Hg); the figures are the means for a series of animals.

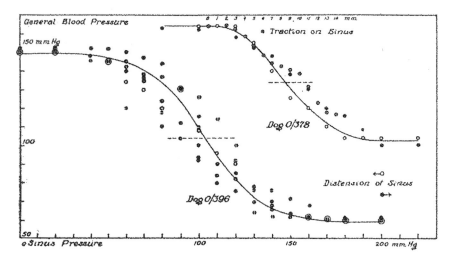

Fig. 10. The relation between sinus pressure and the general blood pressure (vasomotor tonus) in two dogs. Data obtained in tests with increasing sinus pressure recorded as solid dots, those obtained with decreasing sinus pressure as circles. The effect of traction of the sinus region on the blood pressure is shown by the circles with a central spot (Dog 0/378).

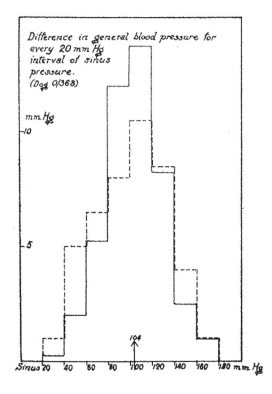

Fig. 11. The amount of depression of the blood pressure with unit increase in sinus pressure. (See text page 49.)

The two graphs shown in fig. 11 are from dog 0/368. The continuous line graph is taken from the mean values of all the tests carried out on this animal, while the broken line graph is derived from the smoothed curve shown in fig. 10. When the differences corresponding to equal intervals on either side of the equilibrium point on this curve are considered as increments and decrements of pressure, and are plotted with the equilibrium point as zero, a curve of the $y=e^{-x^2}$ type is obtained. In fact it was from the distribution curve of the pressure differences about the equilibrium point that the smoothed curve for dog 0/368 was drawn.

The efferent path of the sinus reflex.

So far, it has been assumed that the sinus reflex is essentially an inhibition of the vasoconstrictor centre. In view of the report of Kure and his co-workers (7) on a spinal parasympathetic system, the possibility that the sinus nerves excite a vasodilator centre, e. g. that described by Ranson and Billingsley (8), and cause vaso-depression through this centre, arises. The inhibition of adrenal secretion and of the spleen during sinus stimulation observed by Heymans may be taken either as withdrawal of sympathetic or as an increase of "parasympathetic" action. We have found that the sinus reflex, as tested by the method of exclusion, is not affected by section of both cardiac accelerators, but is much diminished by section of the splanchnic nerves, and is virtually abolished by transection of the upper thoracic cord (T_1–T_5). In the latter cases, however, the reflex may be augmented or even re-instated by raising the blood pressure through compression of the aorta just above the coeliac axis. While this result indicates that the loss of the reflex is due more to the fall of pressure below sinus threshold value, than to loss of vascular area, and that the response to the sinus reflex involves the whole vascular bed, it also does not rule out spinal parasympathetic action.

A few observations, on parts in which the sympathetic and supposed parasympathetic may be separately divided, appear to show that the sinus inhibits the vasoconstrictor centre.

In any event, whether the sino-aortic fibres inhibit the vasoconstrictor centre, or stimulate a vasodilator centre, the practical result is an antagonism between constrictor tonus and direct or indirect sino-aortic inhibition.

SUMMARY

Employing somewhat different and perhaps simpler methods, a number of the observations of Hering and Heymans have been repeated and confirmed. The following summarizes the most interesting feature of our observations.

If a single sinus is excited with a series of stimuli, increasing in intensity from zero to maximum, the response is always depression, and under the best conditions, a maximal depression of blood pressure may be produced. (No certain evidence of pressor fibres in the sinus nerves could be obtained.) What applies to one sinus, applies with greater force to both sinuses and the aortic (depressor) region together.

With maximum depression, the blood pressure falls to about 60 mm Hg, which is approximately the sinus threshold (40–60 mm Hg). In effect, maximum sinus stimulation brings down the blood pressure to a level which will not excite the sinus.

When all the depressor fibres (sinus and aortic) are severed, the blood pressure rises permanently to between 180–200 mm Hg; this pressure is also the maximum for sinus stimulation.

If we regard this pressure as the full expression of the tonus of the vasomotor centre, it is evident that in the normal intact animal, vasomotor tonus is antagonised chiefly by the sino-aortic reflexes, and since the antagonists are about equally matched, equilibrium will be established approximately midway between maximal tonus level and maximum sino-aortic depression. At the equilibrium point, there will be the least tendency on the part of each antagonist to bring about conditions favourable for the other. This equilibrium will tend to be constant in the resting animal and probably determines the "normal" blood pressure level.

LITERATURE

1. BAYLISS, W. M. The vasomotor system, London, 1923.
2. HERING, H. E. Die Karotissinusreflexe auf Herz und Gefässe, Dresden, 1927.
3. HEYMANS, C. Le sinus carotidien, Louvain, 1929.
4. HEYMANS, C, AND BOUCKAERT, J. J. Compt, r. soc. biol., 1930, **193**, 31–33.
5. KISCH, B. AND SAKAI, S. (Pflüger's) Arch. f. d. ges. Physiol., 1923, **198**, 65–86; 86–104.
6. KOCH, E. Ztschr. f. Kreislaufforsch., 1929, **2**, 586–594 (quoted by Heymans and Bouckaert).
7. KURE, K. ET AL. Quart. J. Exper. Physiol., 1927–28, **18**, 333–344; 1930, **20**, 51–66.
8. RANSON, S. W. AND BILLINGSLEY, P. R. Am. J. Physiol., 1916, **41**, 85–90.
9. TOURNADE, A. ET MALMÉJAC, J. Compt. r. soc. biol., 1930, **103**, 672–674.

血管制压或血管张力反射

林可胜　徐丰彦

私立北平协和医学院生理学系，北平

关于颈动脉窦之机能，贺氏(Hering)及黑氏(Heymans)等已多有贡献。本篇所述除证实诸家之发现外，倘有未经前人道及者。

实验所用之动物，为犬与兔二种。

如将颈动脉窦中压力逐渐加大，使血管壁受张力而刺激其神经，则全身血管受反射之作用而弛缓，血压因之而下降。反是，如窦中压力减少，则血压因反射之作用而上升，是名血管张力反射（vasotatic reflexes）。

颈动脉窦之有效刺激，在水银柱40—60至180—200公厘之间。刺激力过小，则血压不起反应；过大则全身血压降至无可再低之程度（约在水银柱60公厘）。所可注意者，此最低之血压，即颈动脉窦最低之有效刺激。

大动脉及颈动脉窦神经(制压神经)全被割断后，血压升至水银柱150至160公厘；如再将迷走神经(心制阻神经)亦割断，则血压升至水银柱180至200公厘。此最高之血压，又适为颈动脉窦最高之有效刺激。

设以此最高血压为血管收缩中枢之最高能力，则大动脉及颈动脉窦之制压神经，实为抵抗此能力之枢纽。在健康体内，此两种能力势必互相抵牾而成立一平衡，此平衡之所在，当为此高低二压之中点(迷走神经未被割断之动物在水银柱105—110公厘之间，被割断以后则在水银柱120—130公厘之间)此推论与实验之记录，适相符合。

血管舒缩反应之程度，常随颈动脉窦中之压力而有不同，反应最敏锐之地点，则在中点之左右，亦即健康生活血压之所在也。

Chinese J Physiol, 1931, 5(1), 29-52

The Effect of Adrenaline and Acetylcholine on the Heart Rate of the Chick Embryo

FONG-YEN HSU

(From the School of Science, National Central University, Nanking)
Received for publication August 26, 1933

It is well known that when the nerves of the amphibian heart are stimulated, their endings or the tissues innervated by them are able to liberate certain chemical substances which when properly transferred to circulate through another heart are capable of producing the same effect as that on the first heart. Although attempts by several investigators to determine the nature of these substances have not been completely successful, the majority agree that the substance set free by vagus stimulation is similar to acetyicholine, and that by sympathetic stimulation to adrenaline. Granting that these two substances are the respective "chemical mediators of autonomic impulses" [Cannon 1931], it was of interest to determine whether they act directly upon the cardiac muscle or indirectly through the nerve endings. As the embryonic heart beats long before ganglionic cells and nerve fibers appear within it, the chick embryo would appear to be favorable material for such an investigation.

Several workers have already studied this problem by using chick embryos, but their results are conflicting. Thus Fujii [1927, quoted by Plattner and Hou, 1931] found that up to the fourth day of incubation the isolated embryonic heart of the chick had no appreciable response to adrenaline and acetylcholine, but thereafter the heart was definitely accelerated by the former and inhibited by the latter. He was of the opinion that the point of attack by these drugs was on the nerve endings. Plattner and Hou [1931] demonstrated that acety choline was effective in inhibiting the intact embryonic heart of the chick at the age of between 72 to 94 hours. They believed, on the contrary, that the drugs act on the muscle cells directly. Markowitz [1931] has shown that epinephrine and acetylcholine exert their typical effect on the excised or explanted heart only when the embryos from which the hearts were taken were six or more days old; in younger embryos the response was weaker or uncertain, while in the two-day embryo the hearts did not respond. The author thought that there must be present in the younger embryonic heart some intermediary substance which enable them to react to these drugs without the presence of nerve elements.

METHOD

Eggs from white Leghorn hens were used exclusively. The incubator was provided with glass windows for the purpose of observation. When the embryos had developed to the desired age they were subjected to experimental procedures.

In the first series of experiments the intact heart was used. Half a day before experimentation the egg was set on its small end so as to allow the embryo to float to the large end just under the air cell. It was then removed from the incubator to a warm place and the shell on the large end broken and the outer and inner shell membranes under it removed quickly. When this was done the embryo with its beating heart floating on the top of the yolk could be seen clearly. After the egg was returned to the incubator the frequency of heart beat was counted with a stop watch from time to time until a fairly constant rate was attained for a few minutes. Then a freshly prepared warm solution of acetylcholine bromide or commercial synthetic adrenaline in Tyrode or Ringer-Locke solution, with a concentration of between 1/10,000 to 1/200,000, was introduced on the surface of the heart and the rate observed again. Plain warm Tyrode or Ringer-Locke solution was used as control.

This series of experiments were limited to embryos incubated for two to five days. With older embryos which exhibited vigorous and rapid movement of the body, direct inspection of the heart rate was technically impossible.

In another series of experiments the whole or a piece of the isolated heart has been taken for observation. In warm Ringer-Locke solution, the heart was cut from its surrounding tissues under a binocular dissecting microscope, an electric lamp being placed in front of the stage for illumination as well as for heating. Hearts from 2–4 day embryos removed in this way usually beat well. However, in embryos older than 4 or 5 days of incubation, the ventricular portion was so thick that rapid diffusion of nutritive as well as test material became questionable. It was not advisable in these cases to use the whole heart for experimentation and, therefore, only the auricles or fragments of the auricle of a size comparable to the whole heart of 48-hour embryos were employed.

The newly isolated heart or piece of the heart was kept in a Petri dish containing 10 cc of warm Ringer-Locke solution. Another Petri dish containing the same fluid was placed nearby. The beating heart was transferred with a large medicine dropper back and forth between these two dishes several times and the rate observed each time. In our experience this mode of transfer did not produce any apparent effect on the heart rate. After the control tests, a desired amount of drug was added to the second dish to make up a certain concentration (from 10^{-7} to 10^{-8} in case of adrenaline and from 10^{-6} to 2×10^{-8} in case of acetylcholine) and the heart rate observed. After a brief period when the action of the drug was passing off the heart was brought back to the first dish and the beat again counted. These procedures were repeated several times in each experiment.

No aseptic precaution was necessary, for the heart isolated in this way could beat normally for at least 24 hours in the incubator.

RESULTS

The results from the first series of experiment are summarized in table 1 and those from the second series in tables 2 and 3. Fig. 1 represents a curve obtained from a single experiment with a 67 hour old embryo which responded to the drugs in a more or less striking manner. In fig. 2 is shown a typical curve obtained from an experiment with a heart isolated from a 126 hour embryo.

It is seen from these tables and graphs that adrenaline and acetylcholine appear to exert characteristic effects upon practically all embryos regardless of age and the difference in the amount or concentration of the drugs applied, although there is great variation in the response among different individuals. Since the variation is not correlated with age, concentration of the drugs, initial rate of heart beat and other known environmental factors, it must be ascribed to the difference in the inherent properties of reactivity among the different individuals.

TABLE 1. The effect of adrenaline and acetylcholine on the heart rate of chick embryos in vivo

Exp. No.	Hours of incubation	Normal rate per min	Adrenaline			Acetylcholine		
			Dosage mg	Rate per min	Percentage increase	Dosage mg	Rate per min	Percentage decrease
16	53	115	0.00005	131	14	0.001	95	17
35	54	125	—	—	—	0.01	96	23
50	56	158	0.001	194	23	0.002	142	10
2	66	139	0.0005	183	32	0.01	130	7
8	67	113	0.0005	130	15	0.01	104	8
17	69	162	0.0001	167	3	0.002	154	5
29	78	133	0.001	153	15	0.001	133	0
30	78	150	0.001	176	17	0.01	142	5
31	80	170	0.002	179	5	0.001	161	5
18	93	155	0.00005	169	9	0.001	150	3
18	93	155	—	—	—	0.01	133	14
23	97	193	—	—	—	0.01	170	12
24	97	171	0.001	181	6	—	—	—
37	102	193	0.002	205	6	0.02	181	6
33	103	176	0.0001	192	9	0.01	165	6

TABLE 2. The effect of adrenaline on the heart rate of chick embryo in vitro

Exp. No.	Hours of incubation	Normal rate *per min*	Concentration	Rate after the drug *per min*	Percentage increase
140	39	120	10^{-7}	192	60
50	56	82	"	89	9
49	60	136	"	172	26
108	64	137	"	159	16
67	88	74	"	136	84
122	123	86	"	101	18
77	126	115	"	247	115
123	127	46	"	96	110
70	135	80	"	110	38
125	146	54	"	81	49
126	170	33	"	57	73
130	214	47	"	70	49
94a	338	139	"	166	19
94b	338	136	"	199	46
107	64	146	4×10^{-8}	181	24
67	88	139	"	161	24
56	191	63	"	93	47
100	257	100	"	110	10
119	37	107	2×10^{-8}	155	45
118	38	60	"	109	81
137	39	92	"	103	12
83	54	128	"	137	7
132	55	125	"	176	41
133	72	109	"	120	10
125	146	55	"	62	12
130	214	83	"	102	23
98a	295	120	"	156	31
98b	295	115	"	137	15
94a	338	88	"	106	20
94b	338	133	"	157	18
94c	338	93	"	117	26
89	480	130	"	200	54
81	58	150	10^{-8}	158	5
71	189	187	"	226	21

TABLE 3. The effect of acetylcholine on the heart rate of chick embryo in vitro

Exp. No.	Hours of incubation	Normal rate *per min*	Concentration	Rate after the drug *per min*	Percentage decrease
132	55	142	10^{-6}	0	100
60	92	77	"	0	100
122	123	100	"	0	100
125	146	70	"	0	100
56	191	120	"	0	100
130	214	72	"	0	100
116	247	79	"	0	100
100	257	100	"	0	100
98	295	120	"	0	100
94	338	146	"	0	100
77	126	120	5×10^{-6}	72	40
61	134	230	"	193	16
70	135	212	"	180	15
76	164	94	"	0	100
83	54	130	10^{-7}	90	33
95	103	120	"	0	100
68	237	120	"	90	25
86	310	100	"	65	35
84	367	166	"	138	17
137	39	86	2×10^{-8}	0	100
132	55	125	"	48	64
81	58	146	"	136	7
115	71	181	"	161	11
133	72	154	"	102	34
127	102	118	"	109	8
123	127	250	"	215	14
125	146	61	"	57	7
93	151	81	"	50	23
105	194	100	"	84	16
130	214	72	"	58	19
128a	215	38	"	0	100

(continued)

Exp. No.	Hours of incubation	Normal rate *per min*	Concentration	Rate after the drug *per min*	Percentage decrease
128b	215	68	"	41	39
91	262	87	"	70	20
98a	295	115	"	99	14
98b	295	252	"	199	21
94a	338	73	"	12	83
94b	338	158	"	131	17
94c	338	200	"	68	66
90	344	60	"	48	20
110	400	48	"	43	10
89	480	40	"	32	20

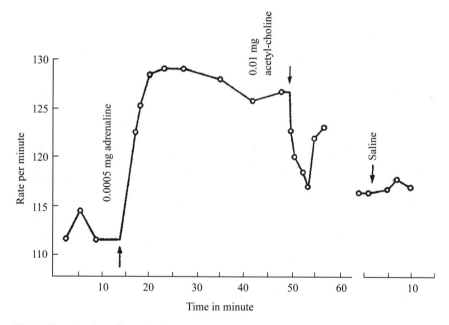

Fig. 1. Showing the effect of adrenaline and acetylcholine on the heart rate of a 67 hours old chick embryo.

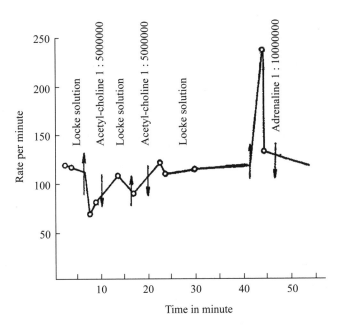

Fig. 2. Showing the effect of acetylcholine and adrenaline on a 126 hours old embryonic heart in vitro. Note that the effect produced by the second application of acetylcholine is much smaller than the first.

It is worth recording that while the action of adrenaline usually passed off slowly, the effect produced by acetylcholine was very transient, the heart recovering from inhibition almost spontaneously. The effect produced by the first application of acetylcholine was much more pronounced than that by a second application; furthermore by gradually increasing the concentration of the drug, the heart soon became irresponsive, although the final concentration would cause complete arrest at the first application to a new fragment of the same heart. In other words, the embryonic heart seems to possess a droperty of adaptability to acetylcholine.

Our results confirming those of Plattner and Hou [1931], show that the action of these drugs are independent of the presence of nerve elements, since the differentiation of mesoderm into a pulsating tube occurs long before it is innervated by the vagus and the sympathetic or before the appearance of the intrinsic cardiac ganglia. According to W. His, Jr. [1897] the chick heart begins to be innervated after the 6th day, while the cardiac ganglia according to Szantroch [1930], appear between the 80th–140th hour of incubation. This conclusion does not in any way vitiate the conception of humoral mediation of autonomic nerve action, for it is not necessary for the theory to assume that the substance or substances liberated by stimulation of autonomic nerves act on the nerve endings: or does it imply that these drugs do not act upon the ganglion cells and nerve endings when they are already present. Should it be possible, however, to detect the presence of acetylcholine and adrenaline in the embryo of the age we have worked with, our result would indicate a possible humoral control of heart rate before the inception of nervous control.

The failure of other workers to obtain a positive response from very young embryonic hearts to adrenaline and acetylcholine may be in part due to the use of too highly concentrated solutions, the acidity of which may alter the sensitivity of the younger tissues. The reactivity of embryonic hearts of different ages to these drugs at different pH would form an interesting problem for future inquiry.

SUMMARY AND CONCLUSIONS

The response of chick embryonic hearts in vivo and vitro to adrenaline and acetylcholine was studied. The results may be summarized as follows:

1. Embryonic hearts in vivo, of 53 to 103 hours incubation, were accelerated by adrenaline and inhibited by acetylcholine. Similar behavior in response to these drugs were found in hearts or fragments of the hearts

isolated from embryos of 37 to 480 hours incubation.

2. There is great variation in the sensitivity of different individual hearts or fragments of hearts, but this variation is not correlated with the difference in age, concentration of drugs or other known environmental factors.

It is therefore concluded that adrenaline and acetylcholine can act in embryonic hearts independently of the nerve elements.

LITERATURE

CANNON, W. B.	(1931)	Endocrinology, **15**, 473.
LILLIE, F. R.	(1919)	The development of the chick, New York, 259.
MARKOWITZ, C.	(1931)	Amer. J. Physiol., **97**, 271.
PLATTNER, F. AND HOU, C. L.	(1931)	Pflüger's Arch., **228**, 281.

肾上腺素及醋酸胆毒(醋酸可林)对于鸡胎心脏之影响

徐丰彦

南京国立中央大学理学院

当刺激自主神经时,此神经所分布之区域即产生一种化学物质;如将此化学物质灌输其他器官,亦可发生与刺激其自主神经所得之同样结果。此为已知之事实,据一般人意见:交感神经末梢所产生之化学物质与肾上腺素相似,旁交感神经末梢所产生者则与醋酸胆毒相似。至于此等化学物质之作用,系刺激神经抑直接及于肌肉,则研究者尚无定论。富氏(Fujii)及马氏(Markowitz)用鸡胎心脏为实验物,发见幼小之鸡胎心脏对于此等化学物质不起反应,因谓此等物质之作用,不能直接及于肌肉。而浦氏及侯氏(Plattner and Hou)之实验及主张则适得其反。

著者用完整的鸡胎之心脏及割出之鸡胎心脏为实验对象,证明自心脏形成且能有节律的跳动以后,对于肾上腺素及醋酸胆毒即有感应性:前者使心跳加速;后者则抑制心跳,此感应性并不因鸡胎渐渐变大且成熟而加增。反之,同样年龄之心脏对于此等化学物质之感应性大小各有不同。

在极幼之鸡胎心脏(受孵化中第二日至第五日),神经组织尚未发生,但已能对于肾上腺素及醋酸胆毒发生反应,则此反应之不专恃神经可知矣。

前人所得之结果,以为极幼小之鸡胎心脏对于此二种化学物质不能起反应者,殆因其所用药物浓度太过,酸性太重,因而改变幼小心脏之反应能力也。

Chinese J Physiol, 1933, 7(3), 243-252

Two Simple Heart-Oxygenator Circuits for Bloodfed Hearts

C. LOVATT EVANS, F. GRANDE, FONG-YEN HSU[①]

(From the Department of Physiology and Biochemistry,
University College, London)
Received for publication 20th June, 1934

Although the heart-lung preparation is invaluable for a variety of purposes, need is sometimes felt for an isolated heart preparation supplied with blood and capable of performing normal amounts of mechanical work. Such a preparation is especially needed for the investigation of the chemical changes suffered by the blood supplying the heart, and it was for this purpose that the preparation now to be described was made. The preparation is capable of doing its mechanical work under conditions no more abnormal than those of the heart-lung preparation, though it could equally well be employed for the study of abnormal mechanical conditions such as those which would obtain when the separately supplied ventricles had widely different outputs or generated pressures having abnormal relationships.

Three difficulties are usually met in any attempt to make a preparation

---

① China Foundation Fellow.

of this type: (*a*) oxygenation of the blood; (*b*) the "vasotonic" effect of defibrinated blood; (*c*) the equalization of the output of the mechanical pump, should one be needed, to that of the output of the right ventricle. We have used two types of circuit, both of which have features in common with the one described by Daly and Thorpe [1933], and both were used for dogs' hearts. Although the first and better circuit requires a pump, this needs no attention for control.

1. *Constant-level Pump Circuit.*— The apparatus used for this circuit is shown in fig. l, and its principle will be obvious. Cannulæ being placed (in the following order as to be presently described) in the superior vena cava, brachiocephalic artery, left auricular appendix, and pulmonary artery, and the lungs being removed, blood from the venous reservoir V. R. enters the two auricles respectively by the two tubes L and R, each controlled by a screw clip. The reservoir V. R. is 30 cm long (it could be shorter) and $3\frac{1}{4}$ cm wide, and of not more than about 200 cc capacity. The outlet is either at or preferably about 12 cm below the level of the heart. This reservoir is kept filled to a constant level from a graduated stock reservoir S. R. (the bottom of which is placed about 90 cm below the level of the heart) by a pump P, with leaden warming tube S, the excess being returned to the stock reservoir by an overflow tube O and wide-bore return tube W. *Provided the output of the pump always exceeds the output of the right ventricle, it needs no adjustment.* A plentiful overflow is secured by using two Dale-Schuster pumps in parallel, though one will suffice for a small heart. The warming bath for V. R. is not shown.

The output of the left ventricle *via* the brachiocephalic artery passes into the venous reservoir as in an ordinary heart-lung circuit; the output of the right ventricle passes by the tube P, with variable resistance, to the Drinker pattern oxygenator D, the point of blood entry into which is not more than 10 cm above the heart level, and the mean lateral pulmonary

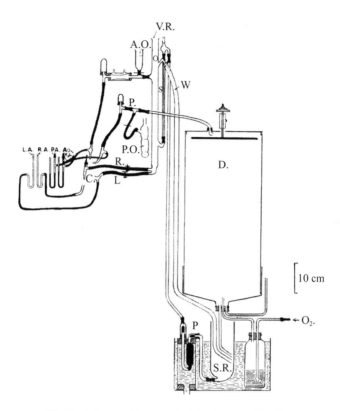

Fig. 1. Scheme of the constant-level pump circuit.

artery pressure is then, with open resistance, 10−20 mm Hg, when the right ventricle output is about 300−500 cc/min. From the oxygenator the blood returns for circulation to the stock reservoir. A fine linen filter may be interposed on the oxygenator return or a glass-wool filter on the course of the pump output, if desired, but we have not found either necessary. It is convenient at the start to have available about 1 · 5 l. of blood in all, of which about 1 l. is finally left in circuit; the capacity of pump, venous reservoir, tubes, and oxygenator when running is about 650 cc, which thus gives about 350 cc as a balance in the stock reservoir.

The stages by which the preparation is set up are as follows:

(1) Cleaning, sterilization, drying, and assembly of the apparatus.

(2) A dog is bled out and the blood defibrinated or treated with

anti-coagulant. We prefer defibrination, because with both chlorazol fast pink and heparin there is a tendency, unless enormous amounts are used, for fibrin to be slowly formed at surfaces, especially if any frothing occurs. In all cases, and whichever is chosen, it is most important to filter the blood before use (at least 4 or 5 times) through the finest lawn or linen until it filters freely, as advised by Anrep and Häusler [1928] for coronary perfusion, and by Daly and Thorpe [1933] for their heart-oxygenator circuit. Still better we find it to filter through a 5 cm layer of tightly packed glass wool, followed by twice through fine linen.

(3) The blood is placed in the stock reservoir and the pump filled and started, so that the reservoir V. R. is filled to overflow; all air is removed from the blood tubes.

(4) The left pulmonary artery of a second dog is isolated and ligatured, and the left lung exsected.

(5) A heart-lung preparation is then made in the usual way from this second dog, the overflow being put in operation before the preparation is connected, and thereafter left running throughout the experiment. All the blood to be employed in the subsequent experiment, if defibrinated, must now be allowed to circulate well through the heart-lung preparation before proceeding further. "Vasotonic" effects are thus obviated if the blood has also been previously filtered as described above. Meanwhile the thorax is widely opened by cutting through the ribs.

(6) A cannula of appropriate shape, C, is introduced into the left auricular appendix; the inflow into the right side through R is cut off, and an inflow started into the left auricle from the reservoir, *via* tube L, and its rate shown to be adequate by measurement of left side output at the calibrated tube A. O.

(7) The widest possible cannula is inserted into the left pulmonary artery, and the right lung tied off and, if desired, removed. The inflow

into the right side through R is recommenced and the spinning of the oxygenator plate begun. The preparation is now complete. It is often convenient, and a precaution against secondary hæmorrhages, to excise the preparation completely and place it in a basin. The chief danger of failure lies in the use of improperly filtrated defibrinated blood, insufficient pre-circulation of all the blood through the heartlung preparation at the first stage, or occlusion of the inflow into the left auricle. The output of the right ventricle can be measured at P. O. and any alterations of output on either side made by suitable adjustment of the inflow clamps on L and R. Measurement of the coronary flow is made by clamping off R and measuring the right ventricle output at P. O. a minute or two later. Measurement of the inflow into one or both auricles can be made by a simple modification of the reservoir V. R. It is a convenience to have a manometer, L. A. and R. A., connected with each auricle, and by observing the auricular pressures at regular intervals to infer the condition of the heart.

The oxygenator we have employed is one of the Drinker pattern, nearly closed, the cylinder and cover of celluloid, 25 cm × 50 cm in size, and constructed by C. F. Palmer, Ltd. Its only drawback seems to us to be danger from fire. After use it is readily cleaned with water, followed by spraying with dilute formalin. Oxygenation of the venous reservoir blood is usually from 96−99 per cent. saturation when oxygen with 5 per cent. CO_2 is used; drying of the blood does not exceed 1 per cent. per hour if the gas current is well moistened. Preparations have run for 7 hours, and usually have functioned nearly as well mechanically after 5 hours as at the commencement, in spite of such considerable amounts of work as a joint output of about 200 litres of blood at normal pressures in that time (350 cc/min. each side). After about three hours, however, hæmolysis sometimes rapidly increases if the blood be not almost sterile at the start. Fig. 2 shows the course of the pressures in both auricles, and both arteries; output of both ventricles and coronary flow during a six hours' run. At the arrow 1.2 grm of lactic acid in the form of sodium lactate, together with 250 mg of glucose, was added (the volume of the blood in circulation at that time was about 1 litre). It is seen that this results in some lowering of the pressures in both auricles. This effect we frequently found to follow the addition of sodium lactate.

2. *The Partially Deoxygenated Circuit, without Pump.* — This circuit, which we used first, is less satisfactory, inasmuch as the oxygen saturation of the blood supplied to the left side is below normal, but since under favourable conditions this is compensated by an increased coronary flow, the circuit might be useful for some purposes, such as the study of the effects of progressive oxygen lack. It works well mechanically, and is simpler in requiring no mechanical pump and also in using somewhat less blood. The principle is that the oxygenator is placed-directly over the

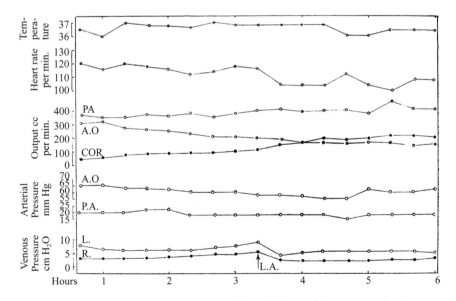

Fig. 2 (Exp.436). Graph showing pressures in left and right auricles, aorta, and pulmonary artery, output by aorta, pulmonary artery, coronary flow, heart rate and temperature. Volume of blood 1170−970 cc At the arrow marked L.A. added 1200 mg lactic acid as sodium lactate, and 250 mg glucose.

venous reservoir, which is an ordinary heart-lung reservoir, as in Daly's arrangement; but only the left ventricle, being the more able, is required to pump blood to that considerable height. The output of the right ventricle has to be raised merely to the height of the reservoir, which is of the usual short wide type. The preparation is set up by the same stages as in the pump circuit, and the arterial pressures on both sides are within normal limits (10-20 mm and 80 mm or more respectively). The oxygenator we used, to avoid undue height, was a Bayliss, Fee, and Ogden [1928] 5-plate instrument, which, however, gave trouble with frothing.

The oxygen saturation in the reservoir fell in some experiments to 30 per cent, but usually was about 60 per cent.

SUMMARY

An apparatus is described which enables the isolated dog's heart to pump blood under normal mechanical conditions for several hours.

We wish to thank the Government Grant Committee of the Royal Society for a grant to one of us (C. L. E.), out of which the cost of animals was met; also Mr V. C. Tindley for technical help in the construction and maintenance of the apparatus.

REFERENCES

ANREP, G. V., and HÄUSLER, H.(1928). *J. Physiol.* **65**, 357.

BAYLISS, L. E., FEE, A. R., and OGDEN, E. (1928). *Ibid.* **66**, 443.

DALY, I DE B., and THORPE, W. V. (1933). *Ibid.***79**, 199. VOL. XXIV., NO.3-1934.

The Diffuse Vasotatic Reflex

FONG-YEN HSU, LIANG-WEI CHU

(From the National Research Institute of Psychology,
Academi a Sinica, Nanking)
Received for publication February 2, 1937

In a previous paper by Lim and Hsu [1930] the vascular reflexes resulting from endovascular pressure changes in the carotid sinus has been analysed. In view of the similarity in its mode of activation to the "myotatic" reflex in skeletal muscle, the name "vasotatic" has been suggested. The characteristic of the vasotatic reflexes released from the aortic arch and carotid sinuses lies in the readiness with which any abrupt change in blood pressure, whether a rise or a fall, is minimized. It is because of this ability to damp down pressure changes that the afferent nerves in question have also been called "buffer nerves" . Through the exhaustive investigations carried out by Heymans and his co-workers [Heymans, Bouckaert and Regniers 1933], it has been abundantly shown that no other region in the vascular bed is endowed with equal sensitivity as the "pressure sensitive vascular zones" in the aortic arch and carotid sinuses.

However, vascular reactions activated by sudden changes in general blood pressure are not totally lacking in the absence of these "buffer nerves". Thus Heymans, Bouckaert, Farber and Hsu [1936] have demonstrated that after denervation of the aortic arch and carotid sinuses, the perfused spleen and leg of the dog still dilated on artificially raising the general blood pressure by saline infusion or adrenaline injection. This reaction was elicitable with the cord transected in the cervical region and was attributed to afferent pressure impulses coming from the visceral region acting on spinal centres. As evidence of the presence of pressure sensibility in the mesentery the experiments of Gammon and Bronk [1935], who recorded afferent impulses from this region when its vessels were distended, may be quoted. The receptors were found to be located in the Pacinian corpuscles. Heymans, Bouckaert and Wierzuchowski [1936] have further demonstrated in perfusion experiments that if the perfusion pressure to the intestinal vessels was increased there was a dilatation of the intact spleen.

The present series of experiments is an extension of the work described above. It will be shown that crude sensibility towards distension is a general property of the vascular bed, which is not limited to the visceral region alone. Such pressure sensations are able to activate depressor reflexes with or without the presence of the medullary centres. We propose the description "diffuse vasotatic" for the reflexes concerned, implying that they are more elementary and therefore less efficient for the maintenance of a constant blood pressure as compared with those activated from the sensitive zones in the aortic atch and carotid sinuses.

EXPERIMENTAL

Method.

Dogs weighing from about 6-19 kg were used in the experiments. Veronal sodium (0.25 g/kg) or chloralose (0.1 g/kg) injected intravenously was employed as anaesthetic. After tracheotomy, the vagi and carotid sinus nerves on both sides were prepared under loose ligatures and were cut afterwards. The vasomotor changes in the perfused spleen, intestine, kidney or the hind leg, which were connected to the body only by nerves, were studied. Perfusion was effected either by using another dog, also under anaesthesia, through vessel anastomosis according to the method described by Heymans et al. [1936], or by a Dale-Schuster pump, using Ringer solution or fresh defibrinated dog's blood, with a Hooker oxygenator (Palmer) in series. Oncometers of appropriate size were used and volume changes were recorded by a tambour. In the pump-perfused organs, vasomotor changes could be read from the perfusion pressure, a rise denoting constriction while a fall denoting dilatation, as was pointed out by McDowall [1933]. Arterial blood pressure was registered with a mercury manometer.

Results.

Vasotatic reflexes with and without the presence of the aortic and carotid sinus nerves.

With the "buffer nerves" intact an elevation of arterial blood pressure artificially brought about by saline infusion or intravenous injection of adrenaline or pituitrin all resulted in either a dilatation of the perfused, innervated organs, or a fall in their perfusion pressure, while on the other hand a depression in blood pressure brought about by acetylcholine led to reversed reactions (see figs. 1, 2 and 3). These responses were to be expected, in view of the role played by the pressure sensitive vascular zones in the aortic arch and carotid sinuses.

After cutting the "buffer nerves", vasodilatation of a smaller magnitude could still be obtained from the perfused spleen, kidney, intestine and leg, on raising the general blood pressure by saline, adrenaline, pituitrin and ephedrine, as are shown in figs. 1, 2, 3, 4, 5,

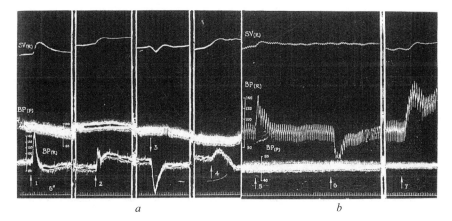

Fig. 1. Dog P, perfuser, 17.5 kg, M. Dog R recipient, 12 kg, M. Veronal anaesthesia. Spleen of R perfused by P, with nerves intact.

S.V., spleen volume. $BP_{(p)}$ and $_{(R)}$ arterial blood pressures of dog P and R respectively, in mm Hg. Intravenous injection into dog R indicated by arrows. (1 and 5), adrenaline 0.05 mg; (2), saline 100 cc; (3 and 6), acetylcholine 0.01 mg; (4 and 7), pituitrin 0.5 cc.

Buffer nerves of dog R cut between (4) and (5).

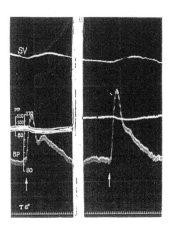

Fig. 2. Dog. 9.5 kg, M. Veronal anaesthesia. Spleen perfused with Ringer solution by a Dale-Schuster pump. S. V., spleen volume. P. P., perfusion pressure of the spleen; B. P., arterial blood pressure. (1 and 2), adrenaline, 0.05 mg intravenously.

Buffer nerves were cut between (1) and (2).

and 6. It is notable that dilatation was more marked in those cases in which hypertension was brought about more suddenly, as for instance by adrenaline injection, than the hypertension brought about less suddenly by saline infusion (fig. 4). A slowly rising blood pressure was sometimes not accompanied by dilatation of the organ at all. It was afterwards made a routine practice to effect saline infusion through the jugular vein, in

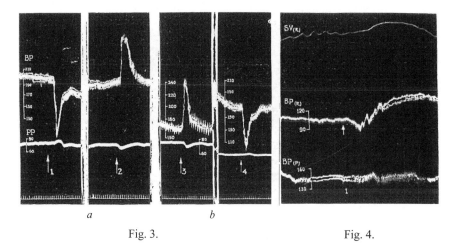

Fig. 3.   Fig. 4.

Fig. 3. Dog, 17 kg, M. Veronal anaesthesia. Left hind leg perfused with defibrinated dog's blood by a Dale-Schuster pump. B. P., blood pressure; P. P., perfusion pressure of the leg: (1 and 4), acetylcholine 0.02 mg; (2 and 3), adrenaline 0.04 mg; all intravenously. Buffer nerves cut between (2) and (3).

Fig. 4. Dog P, 12 kg, perfuser. Dog R 14.5 kg, recipient. Veronal and urethane anaesthesia. Buffer nerves of R cut. Spleen of R perfused by P with nerves intact. S. V., spleen volume, arterial blood pressure of dog R and P.(1), 100 cc of saline injected into the saphenous vein of R.

which case arterial blood pressure could be made to rise more suddenly in the absence of "buffer nerves". In spite of this, however, it was not infrequently observed that dilatation of the perfused organ was more marked after adrenaline (fig. 7). This aspect of the problem will be brought forward again in a later section. On the other hand, a sudden fall of blood pressure caused only very small reflex constriction in animals under chloralose anaesthesia and sometimes no reaction at all in animals under veronal anaesthesia (see fig. 1 and also fig. 7).

Reflexes after the exclusion of the visceral area.

To ascertain whether or not these vascular reflexes, obtainable in the absence of the known sensitive vascular zones, originated exclusively from the mesenteric region, the coeliac and superior mesenteric arteries

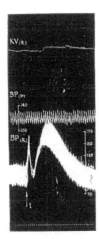 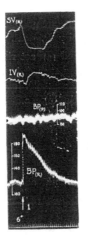 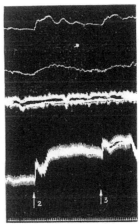

Fig. 5.   Fig. 6.

Fig. 5. Dog P, perfuser, 18 kg, M. Dog R recipient, 6 kg, F. Veronal anaesthesia. Buffer nerves of R cut. Right kidney of R perfused by P, with nerves intact. K. V., kidney volume. (1), adrenaline 0.04 mg injected intravenously into R.

Fig. 6. Dog R, 16.5 kg, F. Veronal anaesthesia, Buffer nerves cut, segment of jejunum of R perfused by dog P, also under veronal anaesthesia, with nerves intact. S. V., spleen volume; I. V., intestinal volume (1), adrenaline 0.05 mg; (2 and 3), saline 50 cc injected into R intravenously.

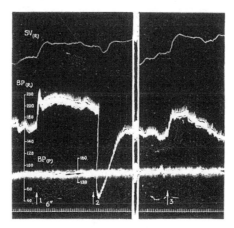

Fig. 7. Dog P, perfuser, 15 kg, F., veronal anaesthesia. Dog. R, recipient, 12 kg, F., chloralose anaesthesia, with buffer nerves cut. Spleen of R perfused by P. S. V., spleen volume. (1), 50 cc saline; (2), 0.02 mg acetylcholine; (3), 0.04 mg adrenaline injected intravenously into R. Note that the spleen dilated more after adrenaline than after saline, though the slope and magnitude of hypertension was about the same. The constriction after acetylcholine was smaller in magnitude as compared with the dilatation.

were tied, or sometimes the coeliac artery was tied and the small intestine removed, or still in other instances the abdominal aorta above the origin of the coeliac artery was clamped, in order to exclude all the structures below. Under such circumstances, however, a dilatation of the perfused organ could still be elicited on artificially elevating the blood pressure (fig. 8). Such experiments therefore showed clearly that the sensible elements situated in the mesenteric region were not the only factors responsible for the reflex observed.

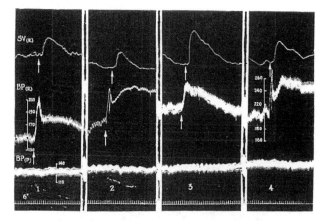

Fig. 8. Dog P, perfuser, 15 kg, F., veronal. Dog R recipient, 12 kg, F., chloralose. Buffer nerves of R cut. Spleen of R perfused by P. S. V., spleen volume. (1 and 3), adrenaline 0.02 mg; (2 and 4), Ringer solution 100 cc, all injected intravenously into R. Between (2) and (3), the coeliac and superior mesenteric arteries of R were tied.

Experiments on spinal animals.

At the end of some experiments the spinal cord was cut at the first cervical segment. After a transient rise, the blood pressure fell to about 50 mm Hg, which however, could be raised to about 70 mm or more by saline infusion. Adrenaline hypertension under such conditions was also accompanied by dilatation of the perfused spleen. The magnitude of such dilatation was, however, usually smaller than before cord transection (fig. 9). It was also evident that this reaction was most brisk just after the

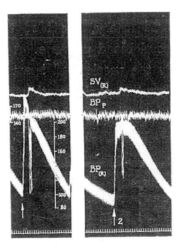

Fig. 9. Dog R, 12 kg, F., veronal; small intestine removed and buffer nerves cut. Spleen perfused by dog P, 11.5 kg, F., also under veronal anaesthesia. Spinal cord of R cut at the first cervical segment through the foremen magunm. S. V., spleen volume. (1 and 2) adrenaline 0.05 mg injected intravenously into R. Between (1) and (2) the coeliac artery was also tied.

transection, but gradually disappeared in an hour or so. A few experiments on chronic spinal dogs have demonstrated that three days after the transection no vasomotor reactions could yet be elicited on the perfused spleen on adrenaline injection. No attempt has been made to prolong the post-operative survival period, so it cannot be said at present that this disappearance of reaction was due to shock which developed *gradually* after the transection. However in so far as the reaction was elicitable right after the trausection such experiments were in line with those of Heymans, Boukaert, Farber and Hsu [1936]. Moreover, this reaction was also independant of the visceral area (fig. 9).

The adrenaline effect.

It has been mentioned above that the dilator reflex was somewhat more marked in the hypertension called forth by adrenaline injection than by saline infusion, even when the slope and magnitude of the blood pressure rise was made equal. Moreover, the perfused spleen dilated just as much after adrenaline when the rise of blood pressure was prevented by simultaneous bleeding (fig. 10). The possibility of central action of this drug could be eliminated by the observation that dilatation of the perfused spleen was not elicitable on injecting this drug into the vertebral or internal carotid artery, provided that the dose was not big enough to raise the general blood pressure. That this might be due to reflex action initiated by the accelerated heart seemed also improbable in view of the observation that such reaction persisted after the extirpation of the stellate ganglia including the first four thoracic sympathetic segments, the vagi having been cut previously (fig. 11).

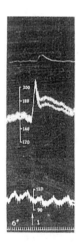

Fig. 10.   Fig. 11.

Fig. 10. Dog P, perfuser, 10 kg, M., veronal. Dog R, recipient, 15 kg, M., morphine and veronal, with buffer nerves cut and small intestine removed. Spleen of R perfused by P with nerves intact. S. V., spleen volume. (1), 0.05 mg adrenaline injected intervanously into R; (2), same dose of adrenaline with simultaneous bleeding from the carotid artery.

Fig. 11. Dog P, perfuser, 16 kg, F., veronal. Dog R, recipient, 14 kg, F., veronal, with buffer nerves cut and small intestine removed, and the stellate ganglia and upper part of the thoracic sympathetic chain on both sides extirpated. S. V., spleen volume. (1), adrenaline 0.03 mg injected intravenously into R: (2), same dose of adrenaline with simultaneous bleeding.

Experiments on the pump-perfused intestine and leg.

Consideration of the results presented above led to the supposition that not only the vessels in the mesenteric region, but also those in somatic tissues in general are able to activate a compensatory vascular reaction toward an increased internal pressure. Attempts were therefore made to study the afferent mechanism on the pump-perfused intestine and hind leg. Such parts as have been stated above, were only connected to the body by their nerves. It was found that an increase in the intravascular tension in the perfused parts, either by increasing the output of the pump or by occluding the venous return activated a depressor response in the trunk, as indicated by the fall of blood pressure (figs. 12 and 13). Only very rarely, a pressor response was observed on increasing the perfusion

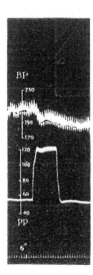 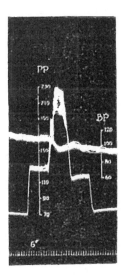

Fig. 12.   Fig. 13.

Fig. 12. Dog, 17 kg, M., veronal. Left hind leg perfused with defibrinated dog's blood by a Dale-Schuster pump with nerves intact. P. P. and B. P., perfusion pressure and arterial blood pressure respectively.

Fig. 13. Dog, 15.5 kg, M., veronal, with buffer nerves cut and coeliac artery tied. Small intestine perfused with defibrinated dog's blood by a Dale-Schuster pump. Cannulae connected to the superior mesenteric artery and portal vein. P. P., perfusion pressure, B. P., blood pressure.

pressure. Hypertension in the perfused organs brought about by intra-arterial injection of adrenaline (0.01–0.04 mg) caused very little vascular changes in the trunk, probably for the reason that the hypertension was smaller in magnitude than that produced from output changes. From the vascular response one might easily be led to the opinion that the hypothetic pressure-sensitive apparatus in the organs concerned behaved just as those in the carotid sinus. Nevertheless, the former differed from the latter in the following respects: (1) the intensity of the depressor response was small and its threshold high; thus in the experiment on the perfused intestine, a rise of perfusion pressure from 70 to 130 mm Hg was without obvious effect while a further rise from 130 to 190 mm Hg was followed by a definite fall of general blood pressure, (2) the response did not outlast the stimulus and (3) a fall of perfusion pressure was not always followed by a pressor response, as can be seen from fig. 12.

Discussion.

The present series of experiments was done mainly on animals with the central nervous system intact, for the reason that after cutting the cord it is difficult to keep the blood pressure at a reasonably high level. But the few satisfactory experiments on animals with the cord cut in the first cervical segment have demonstrated that dilatation of the perfused organ can still occur on raising the general blood pressure. It seems therefore that the medullary centres are not essential for the phenomenon recorded, as has been pointed out by Heymans et al. [1936]. No attempt was made to localize the vasomotor "centre" concerned in this reaction. Most probably the diffused column of cells in the intermedio-lateral horn of the whole cord are concerned, as the reaction could be elicited from organs in different segments of the body.

The experiments on the afferent side of the reaction, i. e., on the perfused leg and intestine have definitely established its reflex nature. It is conceivable that under normal conditions undisturbed by dissection and trauma, these organs might be more sensitive to the increase of internal pressure, and hence able to activate a greater depressor response. On the other hand, it has been shown that in the absence of these particular structures, that is the visceral region and the hind part of the body, the organism is not deprived of its property of compensatory relaxation towards an artificially produced hypertension. From all these facts the inference must necessarily be that the vascular bed as a whole possesses some sensibility toward its own internal pressure, an increase of which can reflexly call forth a relaxation of its tone. Such reflexes are therefore vasotatic in nature, analogous to those originating from the aortic arch and carotid sinus. That they are probably more primitive and non-specific, is indicated by the observations that a fall in blood pressure either in the trunk or in the perfused leg or intestines rarely activates a pressor reflex of a magnitude comparable to the reflex depression activated by a rise of blood pressure, and that the depressor reflexes are not so brisk and persistent as those activated by the well-known pressure-sensitive vascular zones. The fact that these reflexes persist in spinal animals also suggests that they are not highly co-ordinated. It is clear therefore that they cannot take any significant part in the maintenance of the normal blood pressure. On the other hand they are probably more concerned with regional blood distribution, as has been previously alluded to [Heymans et al. 1936].

The question as to the action of adrenaline needs further consideration, for experiments have established that its injection is more effective in bringing about reflex dilatation, than saline infusion and moreover, the perfused spleen still dilates even when the arterial blood pressure is prevented from rising by simultaneous bleeding. The question as to whether or not adrenaline acts directly on the vasomotor centres is indeed an old one. The literature has been reviewed by Nowak and Samaan [1935]. Although their own experiments did not demonstrate any specific action on the medullary centre, they emphasized the possibility of a release of vasomotor tone when under the influence of this adrenaline, there was a sudden shunting of blood from the periphery to the centre, which was normally perfused under very low pressure and therefore subject to partial asphyxiation. Thus when the initial blood pressure was high, a further increase of perfusion pressure to the brain was found by them not to be able to cause any peripheral dilatation. In the present experiments, the direct action of adrenaline on the vasomotor centre also seems improbable. However, the importance of the factor of central asphyxiation and its subsequent release during hypertension cannot be overlooked, especially in those cases in which the initial blood pressure was low. But as has been pointed out by Heymans et al. [1936] and as indicated by the experiments recorded here, vasodilatation of the perfused organ following adrenaline injection may occur even at very high blood pressures. It is clear therefore that other factors must have come into play, especially when the arterial blood pressure was prevented from rising, for under such conditions both the vasotatic and the shunting factors are at minimum.

SUMMARY

In anaesthetized dogs, with their aortic arch and carotid sinuses denervated, an artificially produced arterial hypertension was accompanied by a reflex dilatation of the perfused innervated spleen, kidney, intestine and leg. This reflex was also obtainable just after the transection of the spinal cord at the upper cervical level. The pressure receptors concerned in the reflex seem to be scattered over the whole vascular bed for on the one hand an increase of perfusion pressure to the hind leg and intestines could bring about a depressor reflex in the trunk, while on the other hand an increase in arterial pressure in the trunk could also bring about a depressor response on the perfused hind leg and intestines. These vascular reflexes differed from those elicitable by pressure changes in the carotid sinus in that the former are less sensitive and persistent.

The dilatory reflex obtainable after adrenaline injection cannot be entirely accounted for either by the pressure effect or by direct action on the central nervous system indicating that some other factors must have come into play.

LITERATURE

GAMMON, G. D. AND BRONK, D.W. (1935) Amer. J. Physiol., **114**, 77.

HEYMANS, C., BOUCKAERT, J. J., FARBER, S., AND HSU, F. Y. (1936) Ibid, **117**, 619.

HEYMANS, C., BOUCKAERT, J. J., ET REGNIERS, P. (1933) Le sinus carotidien et la zone homologue cardio-aortique, Paris.

HEYMANS, C., BOUCKAERT, J. J., ET WIERZUCHOWSKI, M. (1936) C. R. See. Biol., Paris, **123**, 286.

LIM, R. K. S. AND HSU, F. Y. (1931) Chinese J. Physiol., **5**, 29.

MCDOWALL, R. J. S. (1933) J. Physiol., **77**, 21*P*.

NOWAK, S. J. G. AND SAMAAN, A. (1935) Arch. int. Pharmacodyn., **51**, 463.

ADDENDUM

While this paper was in press, Heymans, Bouckaert and Wierzuchowski published another paper [Arch. int. Pharmacodyn, **55**, 233] in which they agreed with us in that the visceral region is not the only receptive area responsible for the phenomenon previously reported. However, in the perfused leg they did not find any evidence of pressure sensibility. The cause for the discrepancy can probably be accounted for by the difference in technique. In their experiments dogs were used as perfusers, in which the range of variation in perfusion pressures was smaller than in our experiment with the pump. As has been mentioned in this paper, small changes in perfusion pressure did not call forth any noticeable vasomotor responses. The insensitivity of the leg vessels to pressure changes is in our opinion relative but not absolute.

弥漫性血管张力反射

徐丰彦　朱亮威

国立中央研究院心理研究所，南京

血管内敏锐压力感受性之部位，前人已证明在主动脉弓及颈动脉窦两处。本文叙述：如将此两处之神经割断后，血管内部压力之升降，仍能引起血管张力反射，本杂志第五卷第一期。

实验方法：狗之脾脏，肾脏，小肠，或后腿，用血管接通法以另一狗之血液灌注之，或用Dale-Schuster灌注器以已去纤维蛋白之狗血灌注之，此等受灌注之器官，其血液循环与其本体已无联络，惟其神经则仍与体连。

如用注射肾上腺髓素等法使体内血压升高，受灌注之器官即时扩大。割断减压神经及颈动脉窦神经后，仍有此种反射。虽将脊髓在颈之上部切断，此种反射仍可引起。

此等压力感受体，大抵散处全体血管各部，因不特体内血压升高，能引起受灌注之器官扩大，反之，如将灌注压力提高，体内血压亦因此而下降，职是之故，遂以弥漫性名之。如以此种反射与由主动脉弓及颈动脉窦两处所引起之反射相较，则前者无后者之敏锐且乏持久性。

本文并指出射肾上腺素髓后所引起之受灌注器官扩大反射，非压力感受性一端所能完全解释，除此之外，大概还有他种原因。

Chinese J Physiol, 1937, 12(1), 37−50

Observations on the Inhibitory Action of the Vagus Nerve on Intestinal Motility

FONG-YEN HSU

(From the Department of Pharmacology, College of Medicine,
National Central University)

In acute experiments it can often be observed that the electrical stimulation of the vagus nerve may result in the inhibition of intestinal motility. This phenomenon was probably first reported by Bayliss and Starling (1913, quoted by Kuntz, 1934), but its mechanism has apparently not been fully worked out. The present communication deals with some experiments intending to study the anatomical and pharmacological features of the inhibitory fibers in question.

Methods. Adult dogs were used. They were anaesthetized by morphine (3 to 5 mg. per kg subcutaneously) and chloralose (50 to 70 mg. per kg intravenously). Arterial blood pressure was recorded from the carotid artery and intestinal motility by the balloon method, Either the right or the left vagus nerve was divided in the neck and its peripheral stump prepared for stimulation with induction shocks derived from the secondary coil of a Dubois inductorium, with a frequency of 50 per second. The left splanchnic nerve was sometimes also prepared for stimulation.

Results. The response of the small intestine to vagus stimulation varied under various conditions. When motility was poor no response could be obtained except in rare instances a few feeble contractions; in some other cases vagus stimulation was able to activate a quiescent intestine to rhythmic activity. With a more active intestine bigger contractions could be obtained, but more frequently the response consisted of a few augmented contractions followed promptly by an inhibition of different degree, depending on the strength and duration of the stimulation, Still in others pure inhibition might be the only response.

After the admininstration of a rather heavy dose of atropine (0.5 to 1 mg of atropine sulphate per kg) the excitatory response was abolished, but the inhibitory response persisted, even after massive doses (up to 4 mg per kg). Eserine somewhat potentiated the inhibition of atropinized intestine. (fig. 1)

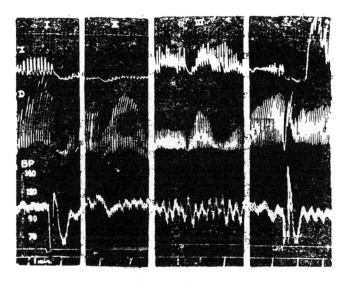

Fig. 1. Dog female, 9 kg Morphine and chloralose. From above downwards: iloum, duodenum, arterial pressure,signal for the stimulation of vagus, time in minutes. Between I and II, atropine sulphato, 2 mg intramuscularly. Between II and III, another 2 mg. Between III and IV, three injections of eserine salicylate intramuscularly, 4 mg, each.

As the inhibitory response is not antagonized by atropine, it might have been due to recurrent sympathetic fibers which sometimes exist in the cervical vagus trunk. In order to exclude this possibility, the occipital bone was opened and the intracranial vagus roots were stimulated with a unipolar electrode. Inhibition of the intestine was again observed. Similar result could also be obtained by stimulating the surface of the medulla over the vagus nucleus. These experiments indicate, therefore, that the inhibitory fibers are of medullary origin.

To localize the peripheral ganglion station of the inhibitory fiber a 1% solution of nicotine was painted over different regions along the pathway of the vagus. Nicotinization of the inferior cervical ganglion was without effect. Nicotinization of the coeliac and mesenteric plexuses paralysed the splanchnic, but not the vagus inhibitory fibers. In another experiment the motility of duodenum and ileum was separately registered by two balloons. Stimulation of the vagus inhibited both. The duodenum segment was then painted with nicotine, vagus stimulation now inhibited only the ileum. On the other hand, splanchnic stimulation was effective on both segments (fig. 2). The peripheral ganglion in question is thus situated in the intestinal wall, presumably also in the enteric plexus.

Discussion. The above experiments demonstrated that although the vagus inhibitory fibers are not antagonized by atropine they are nevertheless indistinguishable anatomically from the excitatory fibers in so far as they arise from the vagus nucleus in the medulla and make synaptic junctions with peripheral ganglia situated in the intestinal wall. The problem at issue is whether the excitatory and inhibitory actions of vagus stimulation are mediated by two separate kinds of fibers or by the same kind of fiber which is able to bring about two opposite responses in the end organ.

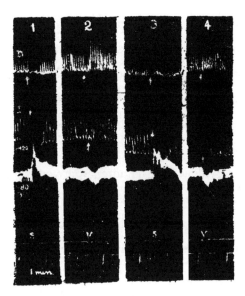

Fig. 2. Dog, male, 6.5 kg Morphine and chloralose. Irevions injection of atropine 1.5 mg. From above downwards: duodennm, ileum, arterial pressure S, stimulation of left spla chnic nervo; V, stimulation of left vagus nerve. Between 2 and 3, nicotine painted over duodenum.

It is known that the motor response of the stomach to extrinsie nerve stimulation varies under various conditions notable the muscular tone at the moment of stimulation (McCrea McSwiney and Stopford, 1925; Brown and McSwiney, 1932). The dual response of the stomach to splanchnic nerve stimulation has been by explained the assumption that the postganglionic spianchnic fibers contain both adrenergic and cholinergie components (Harrison and McSwiney, 1936). No such postulation has been made in the case of the vague. Would it be possible that the vagus nerve also contain two pharmacologically different kinds of fibers?

In this connection it is interesting to recall the observation made by previous workers that the stimulation of the cervical vagus calls forth acceleration of the heart after atropine. Jourdan and Nowak (1934, and 1936, qouted by Brouha and Nowak, 1939) reported the presence of cardiac acceleratory fibers in the vagus. The marked cardiac acceleration of sympathectomized dogs after atropine and during emotion and muscular exercise was ascribed to such fibers (Brouha and Nowak, 1939. Brouha, Nowak and Dill, 1939). It is, therefore, possible that the vagus innervation of the heart composes of two kinds of fibers, one excitatory and the other inhibitory.

However, the evidence for an adrenergic vagus liber would not be complete before it can be dempnstrated positively in a pharmacological sense. On the other hand, the possibility that the same chemical mediator, and hence the same nerve fiber, may bring about both contraction and relaxation of the smooth muscle in the intestine cannot be overlooked. Dual effect has been observed in the action of adrenaline on the stomach of the rabbit (McSwiney and Brown, 1926) and on the ileocecal sphincter of the dog (Hsu, Hsin and Cheng, 1942) and in the action of acetylcholine on the stomach of the dog and cat (McCrea and Macdonald, 1928; Harrison and McSwiney, 1936).

Our preliminary experiments on the dog's small intestine also showed such a dual action with acetylcholine. Its injection into the mesenteric artery was observed to cause contraction followed by relaxation of the intestine (fig. 3). The former response could be abolished by atropine while the latter could not. Its resemblance to the effect of vagus stimulation is indeed striking. It remains to be determined whether the inhibition was due to stimulation of some postganglionic *inhibitory* neurone in the intestinal wall by the "nicotinic action" of this drug or to its direct action on the smooth muscle itself. It the latter alternative turns out to be true, it would be no more necessary to postulate an "inhibitory" vagus fiber to the small intestine. Further experiments regarding this point are in progress and will be communicated later.

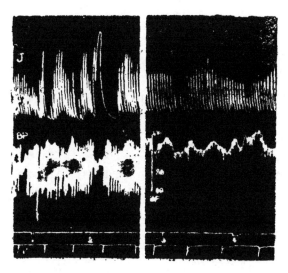

Fig. 3. Dog, male, 6 kg Morphine and chloralose. Jejunum and arterial pressure 1 and 4, stimulation of left vagus: 2 and 3, injection of acetylcholine bromide, 30 micrograms each into the small branch of mesenteric artery leading to the jejunum segment. Between 2 and 3, 2 mg atropine injected intramuseularly.

Summary. Electrical stimulation of the vagus nerve in annethetized dogs often results in the inhibition of intestinal motility. The inhibition is not antagonized by atropine and is somewhat potentiated by eserine. The inhibitory fibers arise from the medulla and make synaptic junctions with neurones situated in the intestinal wall, They are therefore not distinguishable from the excitatory fibers anatomically. Injection of acetyicholine into the mesenteric artery produces similar effects as vagus stimulation.

References

Brouha, L. and Nowak, S. J. G. (1939) J. Physiol., **95**, 439.
Brouha, L., Nowak, S. J. G. and Dill, D. B. (1939) Ibid., **95**, 454.
Brown, G. L. and McSwiney, B. A. (1932) Ibid., **74**, 179.

Brown, G. L, McSwiney B. A. and Wadge, W. J.	(1930)	Idid., **70**, 253.
Harrison, J. S., and McSwiney, B. A.	(1936)	J. Physiol., **87**, 79.
Hsu, F. Y., Hsin, H. Y. and Cheng, C. P.	(1942)	Proc. Chinese Physiol. Soc. Chengtu Branch, **1**, 31.
Kuntz, A.	(1934)	Autonomic Nervous System, 2nd Edition P.247, Lea and Febiger.
McCrea, E. D. and Macdonald, A. D.	(1928)	Quart. J.Rxp. Physiol., **19**, 161.
McCrea, E. D., McSwiney, B. A. and Stopford, J. S. B.	(1925)	Ibid., **15**, 201.
McSwiney B. A. and Brown, G. L.	(1926)	J. Physiol., **62**. 52.

Proc Chinese Physiol Soc Chengtu Branch, 1944, 2: 84-89

肠—肠抑制反射及其条件反射的建立

陈明光　徐丰彦

上海第一医学院生理学教研组,上海

在急性或慢性实验中可观察到当扩张小肠任何一局部时能引起全部肠道运动的抑制,称为肠—肠抑制反射。急性实验结果指出该反射的传入与传出道都在内脏神经中,切断迷走神经时对之无影响,切断两侧内脏神经则反射消失[1-4]。反射中枢在脊髓胸腰段,看来这种反射主要是同侧同脊节的极其简单的反射[5]。

Выков及其共同工作者曾提出许多事实材料说明大脑皮层对内脏机能的调节作用。我们所感兴趣的问题是这种极其简单的内脏活动对大脑皮层的依存性如何。为此目的我们在狗的慢性实验中对这反射作了一些观察,并以此反射为基础建立了条件反射。

实验方法

共用了五只狗,每只狗都在事先进行消毒手术,在距幽门约20厘米以下部位取长20—30厘米空肠一段,于其中间切断,分成两小段,每小段各制成一个Thiry氏瘘管[6],头侧端通过腹壁开口于外,将尾侧端闭锁留在腹腔中。上段瘘管作为反射的效应器官,以供记录肠的收缩;下段瘘管则作为接受扩张刺激的感受野。一般在手术完成后

本文1957年8月1日收到。

十天即进行实验。除特别指出的少数例子外,实验前均禁食16—20小时。在上段肠瘘中置入长约3厘米,直径约2.5厘米的薄橡皮气球,以水充满,并通过橡皮管与水银检压计相连,记录这段肠的运动。气球内压力调整在5—10毫米水银柱之间。在下段肠瘘中置入一长4—5厘米,直径约2.5厘米的气球,以橡皮管与另一水银检压计或水检压计相连,在橡皮管的侧枝上装一50毫升的注射器,以便打气使气球扩张,在检压计上读出压力,同时也用一玛琍氏气鼓将扩张刺激记录在烟鼓上。扩张刺激时间一般为20—30秒。

条件反射实验均在普通实验室中进行,用电铃声和节拍器声作为条件刺激。

实验结果

(一) 非条件反射

在5只狗进行了25次的观察,看到当以5—10毫米水银柱的压力作用于上段肠瘘时,肠肌表现整齐的节律性收缩活动。肠的紧张性及节律性收缩幅度很少变化。在更高的内压刺激下(约为25毫米水银柱左右)方始发生蠕动式活动,肠肌的紧张性收缩与节律性收缩发生周期性改变。紧张度趋向于升高时,节律收缩幅度也往往增大,紧张度降低时,节律收缩幅度也往往变小。我们的这种观察与Дзидзигури及Георто-биани[7]所报告的一致。

为了使肠肌紧张度和节律性收缩比较恒定,我们在进行下述实验时经常采用5—10毫米水银柱的气球内压。在上段肠瘘进行节律性活动的基础上,如打气入下段肠瘘的气球中,增高其内压力达到一定程度时,出现抑制反射。表现为:上段肠瘘的节律性收缩幅度及紧张度的降低,下段肠瘘内的扩张刺激记录曲线在打气时初期升高之后也稍为下降。发生抑制反射的刺激阈值随动物个体而有差异,同一动物,在每日的实验中也有较大的变动范围。在一新犬当实验刚开始时,用较低压力刺激常引起上段肠瘘的兴奋效应,节律性收缩幅度稍为增加。在个别例子中,用120毫米水银柱的压力刺激也获得兴奋效应(图1:1),只有用更高的压力时方出现抑制(图1:2)。但在多数动物,这种刺激强度总是引起肠抑制反射。

肠抑制反射的大小与刺激的强弱成正比关系,较弱的刺激仅引起1—2个节律收缩波的幅度减小,最强的刺激引起节律收缩的完全抑制及紧张度的下降,并且还有后效应。在清醒安静状态下,肠抑制反射的敏感度还可由于重复刺激而提高。开始时刺激阈值相当高,一般在80—100毫米水银柱之间,但重复刺激以后,阈值明显降低,只要20—30毫米水银柱的压力即可看到抑制效果,并且如再重复刺激下去,抑制反射愈来愈强烈,同时抑制持续期也随之延长。这一事实与Peterson[8]等的观察相符。他们认为这是肠壁压力感受器由于重复刺激而增强其敏感性所致。在Дзидзигури等的报告中提到,产生抑制的刺激强度为20—30毫米水银柱,可能也是在实验后期,由于重复刺激造成敏感性增高以后的阈值。应该指出,我们所用的刺激强度是比较大的,可能超过生理范围。但在Peterson等实验中已证明,引起抑制反射的阈值与感受野的大小有关,刺激气球愈长,引起抑制反应所需的压力愈低,我们所用的气球长仅4—5厘米,因此刺激阈值比较高

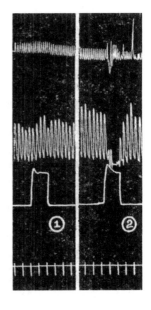

图1 ① 下段肠瘘内压力增加到120毫米水银柱,上段肠瘘出现兴奋效应;② 当以140毫米水银柱的压力扩张时,肠运动抑制,同时呼吸也抑制。曲线由上而下:呼吸记录(↑吸,↓呼);肠运动;肠扩张刺激标记(第一次扩张压力120毫米水银柱,第二次为140毫米水银柱)时间(每间隔10秒)。

是可以理解的。

在有些动物，当每天实验开始时处于兴奋和不安状态，此时抑制反射也不易出现。倘若等待15—30分钟，动物安静时再进行实验，抑制反射又可出现。动物在饥饿时，抑制反射反应较之饱食后更为容易获得。在有些场合，动物站在架上时逐渐发生瞌睡，我们观察到这时肠的节律性收缩幅度及紧张度大为降低，唤醒后又恢复。这些事实意味着肠肌的运动性非常依存于大脑皮层的机能状态，中枢神经系统高级部分机能的任何变化都可反映到肠的紧张性和节律性收缩以及它对于内感受性神经冲动的反射反应。在比较安静时，肠的内感受性反射反应是敏感的，但在大脑皮层处于兴奋状态时，这种反射就不易出现。

（二）肠抑制条件反射的建立

当动物已习惯于实验环境，在狗架上处于安静而清醒的状态时，我们尝试在肠—肠抑制反射的基础上建立条件反射。本实验用狗三只，两只狗以节拍器声音（120次/分）作为条件刺激，一只狗以电铃声为条件刺激。条件刺激单独作用时间是5秒，然后给以抑制性非条件刺激，注射空气入下段肠瘘的气球内将其压力提高到足以引起肠抑制反射。条件刺激与非条件刺激合并作用时间为25秒钟。每隔4—6分钟结合一次，每日结合6—8次。平均隔日检查一次，在检查条件反射时，将条件刺激单独作用的时间延长，或不以非条件刺激强化。

在尝试建立条件反射之初期，单独应用新异动因节拍器或电铃时，引起动物朝向反射，表现竖耳、头转向音源，此时肠运动出现轻微的抑制。而当条件刺激与非条件刺激合并应用时，则非条件肠抑制反射减弱或完全不出现（图2：1）。这可理解为朝向反射对非条件反射的外抑制作用，与上文所述动物在兴奋与不安情况下肠抑制反射的不出现是一致的。当新异动因多次应用以后，朝向反射逐渐消退，同时对非条件反射的外抑制作用也消失。随后经过一定阶段的结合，逐渐建立了条件性联系。在条件刺激被强化以前即出现抑制（图2：3），单独应用条件刺激也引起相当明显的肠抑制反射（图2：4）。

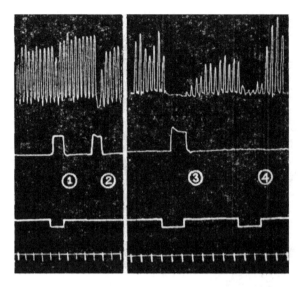

图2 ① 条件刺激（节拍器）与非条件刺激（以90毫米水银柱的压力扩张肠）初次结合，肠抑制反射几乎消失；② 当单独应用非条件刺激（同样以90毫米水银柱的压力扩张肠）时，出现明显的肠抑制；③ 结合第88次时（条件刺激与非条件刺激合并应用）；④ 结合第88次后检查时（单独应用条件刺激）的条件反射性肠抑制。

曲线由上而下：肠运动，非条件刺激，条件刺激，时间（每间隔10秒）。

第一只狗以节拍器声音为条件刺激，在结合45次以后检查，已出现明显的条件反射。第二只狗在20次结合后已有条件反射的迹象。在结合第46次后检查，条件反射相当明显。第三只狗以电铃声为条件刺激，形成条件反射的速度更快，15次结合后已有条件反射出现，结合38次后检查更为显著。

在条件反射开始形成的过程中，可看到条件刺激与非条件刺激合并应用时，肠抑制反射反应大于非条件刺激单独作用的肠抑制反射。在图（3）的实验中，引起完全抑制的非条件刺激强度为140毫米水银柱压力，但对120毫米水银柱的刺激强度则无抑制反应，说明这种非条件刺激还在阈值以下。这时，单独应用条件刺激也还不能引起明显的抑制反射。但以120毫米水银柱压力扩张肠与条件刺激节拍器合并应用时，则出现抑制反射（图3：1），说明此时条件刺激确已发生作用，并可与阈下的非条件刺激发生总和。但在此以后单独给予120毫

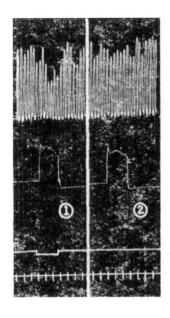

图3 ① 非条件刺激与条件刺激合并应用(结合第12次)所引起的肠抑制效应大于 ②非条件刺激单独的作用。
曲线由上而下：肠运动,非条件刺激(以120毫米水银柱压力扩张肠),条件刺激(节拍器),时间(每间隔10秒)。

米水银柱压力扩张肠时,却无反应(图3：2)。

在第一及第二只狗条件反射巩固以后,经过一段长时间未曾进行实验。第一只狗间断前共结合88次,间断了35天。第二只狗间断前结合72次,间断了25天。再检查时条件反射均已消退。但在重新与非条件刺激结合后,条件反射迅速恢复,第一只狗在27次结合后检查即已恢复,第二只狗则只需8次。第二只狗在初次形成条件反射的速度即比第一只狗稍快,实验间断的时间也较短,因此恢复也更快。

我们进一步在第一只狗进行了消退实验。在连续3天内,每次实验只给予1—2次条件刺激而不予强化,结果条件反射消失。但在第四天又将条件刺激与非条件刺激合并应用,连续3次以后条件反射又出现。这样看来,大脑皮层音分析器与肠抑制反射中枢间的暂时性联系是容易建立的,并且也容易破坏,有很大的灵活性。

讨论

实验中所记录的肠瘘管运动是由一定高度的肠内压所引起的局部性节律收缩,它不代表此时整体内小肠运动的形式,但可作为研究神经系统对小肠平滑肌运动调节作用的一个工具。动物在瞌睡时肠运动减弱,清醒时立即恢复,小肠运动的减弱很有可能是通过交感神经对肠肌的影响。因此,它是否意味着在瞌睡状态下低级部位交感中枢进入兴奋状态,乃是一个饶有兴趣的问题。非条件肠—肠抑制反射基本上是脊髓性的交感神经反射,本实验证明在整体内它是受高级中枢活动的调节的。动物在兴奋不安状态时肠瘘的运动性虽尚未发生明显的改变,而非条件反射即不出现或难于出现,这事实也说明中枢神经系统高级部位的机能状态对脊髓肠抑制中枢发生一定的影响。条件反射实验结果说明低级植物性神经中枢简单反射活动可以建立暂时性联系,也容易消退,这与一般反射系统并无不同。

摘要

在狗的慢性实验中,以5—10毫米水银柱的压力扩张一段小肠时,本段肠发生整齐的节律性收缩活动,如压力在25毫米水银柱左右时,则发生阵发性节律收缩及相应的紧张度的变化,更大压力引起广泛的肠抑制反射。重复刺激可提高感受野的敏感性。

大脑皮层对小肠的节律性活动及小肠运动的抑制反射具有影响,睡眠时肠运动减弱,而新异动因对肠抑制反射有外抑制作用,动物在暴燥不安时,不易引起肠抑制反射。

在肠—肠抑制反射的基础上,可以节拍器及电铃声建立条件反射,约40次结合后条件反射即可明显出现。在长期间隔后,条件反射消退,但很容易重新建立起来。

参考文献

[1] Morin, G. et Vial, J. Sur les voies et les centres du réflexe inhibiteur intestino-intestinal. *C. R. Soc. Biol., Paris*, 1934, **116**, 536.

[2] Youmans, W. B., Meek, W. J. and Herrin, R. C. Extrinsic and

intrinsic pathways concerned with intestinal inhibition during intestinal distention. *Amer. J. Physiol.,* 1938, **124**, 470.

[3] Hsu, F. Y.(徐丰彦): Further investigations on the nerve pathways of the intestino-intestinal inhibitory reflex. *Proc. Chinese Physiol. Soc. Chengtu Bran.,* 1942, **1**, 89−91.

[4] Freund, S. and Sheehan, D. Experimental investigation of visceral afferent synapses in coeliac ganglia. *J. Neurophysiol.*, 1943, **6**, 263.

[5] Chang, P. Y.(张培棪) and Hsu, F. Y.(徐丰彦): The localization of the intestinal inhibitory reflex arc. *Quart. J. exp. Physiol.*, 1942, **31**, 311.

[6] 王志均、崔宏、金忠厚: 慢性实验外科技术.1955,人民卫生出版社.

[7] Двидвитури, Т. Д. и Георгобиани, Т. Б. Некоторые данные о двигательной деятельностн тонкой кищки. *Фиs. Жур. СССР.*, 1957, **43**, 164.

[8] Peterson, C. G. and Youmans, W. B. The intestino-intestinal inhibitory reflex. *Amer. J. Physiol.*, 1945, **143**, 407.

THE TNTESTINO-INTESTINAL INHIBITORY REFLEX AND ITS CONDITIONED REFLEX FORMATION

CHEN MING-KUAN, HSU FONG-YEN

(Department of Physiology, First Medical College of Shanghai, Shanghai)

Abstract: The intestino-intestinal inhibitory reflex has been studied in conscious dogs provided with two Thiry fistulas. It was observed that:

(1) Distention of a segment of intestine by an inflated balloon at a pressure of 5−10 mm Hg regularly produced rhythmic contractions

of the same segment without obvious change of tone, but if the intra-intestinal pressure was raised to about 25 mm Hg, the movement became peristaltic, with great fluctuation of tone and rhythmic contraction.

(2) A greater increase of intra-intestinal pressure of one segment caused reflex inhibition of both segments. Very occasionally, however, reflex augmentation occurred.

(3) The threshold of pressure stimulus for reflex inhibition decreased on repeated stimulation, so that finally it might reach a value of as low as 20-30 mm Hg. On the other hand the intensity of inhibiton increased on repetition.

(4) The intestinal motility and its reflex change varied with the state of cortical activity of the animal. The intestinal movements diminished in amplitude when the dog became sleepy on the stand, but regained their size once the animal was aroused. On the other hand, when the dog showed uneasiness and excitement on the stand, intestino-intestinal inhibitory reflex was greatly depressed.

(5) The sound of metronome or electric bell was used in combination with the pressure stimulus. At the very beginning the unconditioned reflex was inhibited by the extraneous stimulus, which is considered as a case of external inhibition. The external inhibition gradually subsided on re-petition and clear-cut conditioned reflex was extablished after about 40 combinations. The conditioned reflex could be easily extinguished and re-established, just as in the case of other reflex systems.

生理学报, 1957, 21(4): 417-422

气功疗法机制的研究

徐丰彦　　林雅各
上海第一医学院

气功疗法是祖国医学的一个组成部分,它不但能治疗疾病,同时也是我们祖先用来强壮身体的方法。在旧社会里,由于历史条件的限制,只能有少数人掌握这种锻炼方法,在医疗上没有得到推广,更谈不到用科学方法来进行系统的研究。中华人民共和国成立以来,在党的中医政策指导之下,为广大劳动人民所欢迎的气功疗法,在临床上已得到广泛应用,而且在科学研究方面也有了积极的发展。

近几年来,各地临床经验证明,神经衰弱、肠胃疾病、初期肺结核、神经性皮肤炎、高血压和便秘等许多慢性病,如能合理地使用气功疗法,都能得到特殊疗效。由于气功疗法在我国用于治病和强身的历史已久,它的宝贵实践经验,除了反映我国古代医学家对于人体生理和病理的发展规律的认识之外,在今天,更为我们进一步掌握人体生理活动规律提供了许多宝贵资料。虽然用近代科学方法对练功过程进行生理观察为时尚不到一年,但是目前从事气功疗法的临床治疗和研究的单位已经遍布全国各地;已有研究工作的单位,如唐山市气功疗养院、北戴河气功疗养院、解放军31和33疗养所、上海市第二肺结核病院、上海市气功疗养所、上海市高血压研究所、上海第一医学院附属中山医院以及上海第二医学院附属广慈医院等,目前所发表的研究资料虽然还不多,但是这些资料对于今后气功疗法机制的研究已起到一定的推动作用。现在,本文就可能得到的资料(包括已发表及尚未发表的)加以归纳报导如下。

一、呼吸系统

练功虽以练意为主,但对呼吸却有种种特殊要求;因此,对练功时呼吸的生理特点早已进行了观察。唐山市气功疗养院曾用X线观察了练功到安静地呼气和吸气时膈肌上下活动的范围,发现有八横指的距离(约4—5寸),为常人的3或4倍。上海市第二肺结核病院根据36例观察,发现在气功疗法前膈肌在深呼吸时的移动幅度平均为2.97厘米,经过两个月气功疗法后移动幅度平均为5.97厘米。近来,上海第一医学院附属中山医院在21例具有3—4个月练功经验的胃下垂、溃疡或神经衰弱等患者身上,用通气流速测定法测定练内养功时的呼吸动力、时间、频率、潮气量及每分钟通气量等,结果看到在练功时呼吸气流速都显著降低,但其降低程度各人不同,最低者每分钟2升。此时呼吸周期延长,尤其是呼气时间延长更显著,呼吸频率每分钟能从15次降到5次,潮气量有增加,但每分通气量则降低。他们还在4例患者中测定了肺泡气的CO_2浓度及CO_2排出量:肺泡气的CO_2浓度一般均增加0.5%,而CO_2排出量则减少10%—30%。正常人进行类同练功时的缓慢呼吸时,虽然肺泡气的CO_2浓度也可以增加,但受测者感觉胸闷气急,只能勉强支持数分钟;而练功患者在同样情况下却能"恬惔虚无,精神内守",呼吸均匀柔和,维持30分钟以上,练功后更感觉精神舒畅。肺泡气中CO_2浓度之增加反映了血液中CO_2张力的增加,这在正常人原有刺激呼吸、增加通气量的作用,但是在练功过程中这种作用不存在。是否可以认为中枢神经系统此时处在抑制状态,同时机体的气体代谢率也较平时为低,这是很有意义的问题,应该做进一步研究。上海第一医学院生理教研组与上海市气功疗养所协作,以呼吸运动描记器记录了33例练内养功患者各阶段的胸腹壁呼吸运动形式,分析了调整呼吸运动与"意"之间的关系。结果看到练放松功时的呼吸频率、幅度、波形等或无明显变化,或频率减慢,或呼吸运动没有一定规律。由于放松功是以松、静为主，呼吸顺其自然，因此，各人呼吸形式之不同反映了各人神经机能状态的不同。进行调息功时，由于呼气时间延长（但呼吸运动平静），呼吸频率一般由每分钟18次减为10次，呼吸深度略为增大。在练内养功时，呼吸运动开始表现得深、长、柔和而均匀，呼吸频率可由每分钟18次降低到4—5次，甚至2—3次；腹壁呼吸运动深度显著加大，胸壁呼吸运动深度增加较不显著。这时思想活动越静，越能使呼吸慢而柔和。但在3例不能入静的患者中，或因本身思想活动较多，或由于外界因素的干扰使思想不能集中、不能入静时，呼吸运动形式则非常不柔和，不均匀，呼吸深度变化不一，没有规律，频率也不能减得很慢。因此认为练功时呼吸运动形式的特点可以反映各人大脑皮层的机能特点。此外，他们又观察了4例在一次练功过程中的呼吸变化情况，看到较好的练内养功患者平时每分钟呼吸18次，当练功（每次练功40—50分钟）开始后频率逐渐减慢，平均在开始练功的10分钟之后，呼吸频率到达每分钟4或5次，而且能平稳地维持30分钟以上。若以初学练功者对照，则后者对自己的呼吸还不能控制，最多只能维持10分钟。同时患者在练功前若情绪不佳，便不能很快地控制慢呼吸。由这些结果看来，练功时的呼吸运动形式与练功经验有关，与大脑皮层入静程度也有关。这些结果也证明了练功时的呼吸运动形式可以反映皮层活动的机能状态，练功各阶段对呼吸运动的要求就是对皮层意识活动的要求，练功的发展情况便反映了练功者控制入静能力的发展情况。

从上述资料虽然可以看到练功时的呼吸机能与睡眠时有某些相类似的地方，但两者还存在着显著的差别。

此外，上海第一医学院生理教研组还观察了练功时血氧饱和度的变化，看到练功过程血氧饱和度始终平稳不变。

以上这些证明在练功过程中呼吸功能稳定于较正常为低的水平上，表现为频率大大减慢，通气量减少，肺泡气CO_2浓度增高，但血氧浓度却无明显变化。这些变化的产生首先取决于患者是否真正能够入静。不能完全入静的患者，呼吸频率便不均匀，呼吸功能的水平也不能降到最低水平。换言之，练功过程中呼吸运动形式的特点，反映了大脑皮层机能状态的特点。练功时的大脑皮层机能状态与睡眠时不同。

二、循环系统

1. 练功对血压的作用　1958年，上海第一医学院生理教研组在上海市气功疗养所协作之下，观察了一例消化性溃疡并发高血压病患者在练内养功时的血压变化，并以10例非高血压病、但有胃肠病患者进行同样观察，以资对照。发现非高血压病患者在练功过程中血压无明显变化，而高血压患者在练功过程中血压则显著下降，心缩压从140 mmHg降至114 mmHg，心舒压从90 mmHg降至74 mmHg，但在练功后十分钟，血压又回升到原来水平。这种情况比单纯体力休息时的降压更为显著。在疗养期间，这个患者的血压从60天以后开始逐渐下降，140天之后，血压开始稳定于130/88 mmHg的水平上。他们还分析了血压变化与练功的各种方法之间的关系，发现调息时血压从135/92 mmHg降至125/88 mmHg；这时若加上意守丹田，使思想入静，则血压继续下降至115/78 mmHg。这些结果说明练功时大脑皮层的活动状态能解除高血压病患者的血管舒缩中枢的紧张性。今年上海市高血压研究所对40例用综合治疗的病程较长的顽固性高血压患者，观察了使用气功疗法时的生理变化，并详细分析了10个病例在练功时的血压变化以及练功时高级神经活动、呼吸机能等对血压变化的关系。同样发现在单纯休息时血压平均仅从160/96 mmHg降至152/98 mmHg，心舒压不下降。但练放松功时血压平均从152/98 mmHg降至136/82 mmHg，即心缩压和心舒压都明显下降，可见放松功的降压作用比单纯休息显著。在自然睡眠时血压也下降，但舒张压下降的程度不及放松功时下降来得显著。他们又发现服用阿米妥钠0.4克进行药物睡眠时，平均血压从160/96 mmHg降至124/84 mmHg。看来放松功的降压作用与阿米妥钠相似，但阿米妥钠要于服用三小时后才能使血压降到最低水平,而练放松功时,血压在25分钟内即已降到最低水平。此外,他们也发现了意守丹田时血压能从154/94 mmHg下降到128/70 mmHg,脉搏也同时减慢增强,超过放松功时的血压下降程度。看来思想集中,使大脑皮层入静,即能引起明显的降压效果。

上述现象指出了以锻炼松、静为主的放松功,对高血压患者有显著降压作用,加上意守丹田则降压作用更加明显;同时也说明了人类可以通过特殊锻炼使大脑皮层入静,思想集中,这种皮层机能状态将有利于降低高血压患者血管运动中枢的紧张性。在非高血压患者的情况则不同,当他们同样处于皮层安静状态时,没有见到血管运动中枢紧张性更形降低的现象。

上海第一医学院生理教研组在一个有三年练功经验的人身上观察到他能通过一定的方法使自己的血压上升,收缩压约自132 mmHg升高到175—180 mmHg,心舒压也同样上升,脉搏也同样增快、增强。血压恢复过程则较慢,约需5分钟或10分钟以上才能恢复到原来水平。若继续多次测验时,血压升高程度便降低,但经一小时休息之后,又能使它升高。他在血压升高时仍说话自如,并不紧张,只在测定前受测的手臂肌肉进行了活动。至于他如何使血压升高,则无从分析。

2. 练功对于血管通透性的作用　上海第一医学院附属中山医院观察5例胃下垂和十二指肠溃疡患者的毛细血管对同位素P^{82}的通透性,发现全部5例均于练功后对P^{82}的吸收率加快(吸收50%所需的时间),这说明练功之后血管通透性增加。

3. 练功过程对血管运动反射的影响　上海市高血压研究所在高血压患者练功入静时,以冰水刺激皮肤,不能引起血管的运动反应。他们认为高血压患者在练功时,由于大脑皮层处于抑制状态,因此皮肤对冰水刺激不发生血管运动性反射。

4. 练功时心电图及血象的观察　上海第一医学院附属中山医院观察了5例胃肠病患者,并没有发现心率和心电图在练功过程中有显著变化。

上海市第二结核病院观察到不同程度的肺结核患者在练功后血沉有87%恢复到正常值范围之内。根据26例观察，发现14例在练功后半小时出现嗜酸性细胞增加。

上述结果说明高血压患者和胃肠病患者，在练功时大脑皮层的机能状态对于血管运动中枢的作用不同：高血压患者在练功时由于大脑皮层处于安静状态，可以降低血管运动中枢的紧张性，而胃肠病患者在同样情况下却没有这种反应。其原因何在，还要进一步研究。

三、消化系统

上海第一医学院生理教研组在15例胃肠病患者身上，分别观察了放松功、调息功及内养功对腹鸣音频率及强度的影响。看到在调息功及内养功过程中腹鸣音均显著增加，但练放松功者腹鸣无变化。这种变化与呼吸频率的变化有一定关系：练功开始时呼吸频率逐渐减慢，而腹鸣音逐渐变频与增强；练功结束时呼吸频率恢复，腹鸣音亦恢复。上海市高血压研究所在1例植物性神经不稳定的高血压患者身上，看到腹鸣音的频率及响度在吸气时均降低，而在呼气时则显著增高。由于消化道的活动受植物性神经系统支配，迷走神经的兴奋能增强胃肠运动，因此，上述结果表明练功过程中迷走神经系统处于兴奋状态。

四、神经系统

1. 练功过程脑电图的观察　上海第一医学院生理教研组在上海市气功疗养所协作之下，在胃肠病患者和无病的练功人身上观察了练功过程的脑电图，发现练功过程都有α波幅度增大现象。这种增强现象由枕叶开始，向额叶扩散。各人α波增强程度不同。α波节律没有改变。练功完毕后振幅又恢复到原来状态。可见练功时的皮质功能状态不同于睡眠时的皮层状态。在1例练功产生外动患者（所谓外动,是练功方法掌握得不好,以致发生不自主的肢体运动)的脑电记录中看到电压积低,间断地出现振幅为 50 μV、频率为每秒 4—6 次的 θ 波。θ 波以左枕叶和顶叶较明显,可蔓延及各叶。这种 θ 波出现了 3—5 秒之后,或能伴有面部和肢体的抽搐现象。卧式记录中还在枕叶出现 δ 波。上海市高血压研究所也在高血压患者的脑电观察中看到练功时有 α 波振幅显著增强,同时还有 1 例患者脑电图中看到颞叶出现 θ 波。他们认为这是抑制现象。

此外,上海第一医学院生理教研组还看到在练功过程中光或声的刺激都能抑制 α 波,这说明练功过程中声光感觉仍然存在。

2. 练功过程中肌肉时值的反应　上海市高血压研究所看到在练功时肌肉时值延长,而在练功完毕后又恢复到原有水平。由于肌肉时值与皮层的运动分析器的功能状态有密切关系,即抑制过程扩散到运动分析器时,肌肉时值延长,因此他们认为皮层肌肉运动分析器在练功时处于抑制状态。

3. 练功过程中皮肤电位的变化　上海第一医学院生理教研组以光点反照检流计观察了胃肠病患者在练功过程中中脘、气海及足三里等俞穴点皮肤电流的变化(这时将点电极放在涌泉)。他们看到在练功过程中电位均从正 30—40 毫米的偏位转变为负偏位,练功过程中一直保持负偏位的稳定状态,且很少波动,到练功结束后立刻恢复原有之正偏位。但练功不稳定的患者电流偏位积大,且不稳定。上海市高血压研究所也发现皮肤电位的变化与神经系统功能之间有一定关系。他们看到当不练功时,皮肤电位容易变化,忽高忽低,而在练功时,电位则非常稳定,并且逐渐下降。他们认为这些结果说明了皮肤电位变化可以反映练功时高级神经系统的入静情况。

以上若干实验观察,说明在练气功时大脑皮层可能是处于抑制状态中,这种抑制是长期锻炼的结果,故属于内抑制类型,但与睡眠抑制不同。总的说来,关于这方面的资料还太少,而有关皮层功能状态的问题却正是气功疗法机制中的最主要问题,有必要进行更多的研究。

五、动物实验方面

气功能治疗内脏疾病,而调整呼吸运动是气功疗法的重要手段之一,而且不同疾病的呼吸锻炼方法也不同,那么呼吸中枢的活动状态对植物性神经系统是否具有一定的调节作用是值得研究的。上海第一医学院生理教研组用动物实验对这一问题进行了一些观察(以血压、瞳孔、胃肠道、膀胱的运动、唾液分泌、立毛肌收缩等等为指标),证明了动物在浅麻醉条件之下,通过肺的牵张反射使呼气中枢兴奋增强时,这种兴奋状态能扩散到副交感神经中枢,使副交感神经系统活动增强。若使吸气中枢兴奋时,则能扩散到交感神经中枢,使交感神经系统活动增强。因此,他们设想人类在一定条件之下,呼吸中枢与植物性神经中枢之间也存在着这种关系。上海市高血压研究所最近在一例患者身上观察到:在呼吸周期中,瞳孔反应、心跳频率、腹鸣音和血管反射等的活动现象都与上述动物实验结果相符,即当吸气时,瞳孔扩张,心跳加频,腹鸣音减弱,血管收缩,呼气时结果相反。这些结果说明了人类或有可能通过呼吸运动的意志性调节来调节植物性神经系统所支配的内脏功能。但是由于实验尚少,故在不同神经系统功能状态之下呼吸中枢活动状态与植物性神经系统之间的关系,有待进一步的研究。

六、讨论

虽然目前研究资料不多,但上述实验结果说明了在练内养功过程中大脑皮层所处的机能状态,对于呼吸运动中枢、血管运动中枢,迷走神经中枢等等都有很大关节作用;这时不论在正常人或患者,呼吸运动中枢都是处于抑制状态,因此,呼吸频率都是减慢,通气量降低;血管运动中枢的紧张性只有在高血压患者才有下降现象,所以高血压患者血压下降,非高血压患者没有影响;对于迷走神经中枢的作用是增强的,因此唾液分泌增多,肠胃蠕动增强;对心脏活动中枢的作用如何，尚未明确。至于各种练功方法和不同对象在练功时的皮层机能与皮层下这些机能的关系如何，尚无资料可以讨论。

练功时脑电图的α波等增强及此时的肌肉时值延长等，可以说明练功时皮层处于抑制状态，这种状态与睡眠时皮层机能状态不同，它是由于长期锻炼的结果，可能属于内抑制类型。但是，这种内抑制的形成是单纯由于锻炼"意守丹田"等所促成的，还是有别的原因，尚需进一步分析。上海市高血压研究所认为意守丹田的腹式呼吸可以成为大脑皮层发展内抑制过程的条件刺激物，但是实验结果还未能说明皮层内抑制的形成与呼吸中枢机能状态发展之间的相互关系。

至于练功过程中机体对于外界刺激的反应，根据脑电图反应结果及高血压患者肢体容积反应结果看来，练功时机体对于外界刺激的感受能力仍然存在，但是"效应系统"（如血管运动中枢）机能却处于抑制状态。

关于调整呼吸对内脏机能的作用，动物实验虽然指出在一定的条件之下呼吸中枢与植物性神经系统之间能有一定关系，但是在不同条件之下的关系如何，尚未提出。为了进一步了解气功疗法机制，还需要更多的观察和研究。

摘要

1. 中华人民共和国成立以来，由于气功疗法在临床上逐渐开始广泛应用，对于气功疗法机制的研究一年来也逐渐开始。本文资料多在内养功观察，研究范围主要包括：呼吸系统、血液循环系统、消化系统、神经系统等方面在练功前后和练功过程中的生理变化的观察与分析。虽然资料积累不多，但这些资料对进一步开展气功疗法机制的研究工作有重大意义。

2. 在练功过程中，由于呼吸、循环、消化和神经系统等生理机能的表现与睡眠时不同，因此，气功疗法机制与睡眠疗法机制间存在着一定的不同处。

3. 练功过程中呼吸机能的实验资料指出：研究气功疗法过程中

患者的代谢状态具有重要意义,但目前材料太少。

4. 对神经系统的初步观察,说明了在练气功时,大脑皮层可能是处于抑制状态中;这种抑制,是长期锻炼的结果,故属于内抑制类型。但皮层机能状态的问题,却是气功疗法机制的最主要问题,现在资料仍然太少,有必要进行更多的研究。

5. 动物实验虽然提出在一定条件之下呼吸中枢与植物性神经系统之间的关系,但不同条件之下的关系尚需研究。目前材料只能解释气功疗法中的部分现象。

参考文献

[1] 上海第一医学院附属中山医院:气功疗法的疗效及生理变化的初步观察,上海第一医学院科学研究技术革新资料汇编;第三辑:45,1959。

[2] 上海第一医学院附属中山医院:气功对呼吸机能的改变,上海第一医学院科学研究技术革新资料汇编,第三辑:47,1959。

[3] 上海第一医学院生理教研组及上海市气功疗养所:气功疗法的生理机制研究,上海第一医学院科学研究技术革新资料汇编,第一辑:29,1959。

[4] 同上:练功过程中脑电图的初步观察。

[5] 张镜如等:呼吸机能与植物性神经机能之关系,上医学报,第一卷,四期:257,1958。

[6] 刘贵珍:气功疗法实践,河北人民出版社,1957。

[7] 莫浣英等:人体皮肤电现象的观察。(印刷中)

庆祝建国十周年医学科学成就论文集(上).1959,115-121

植物性神经系统生理学进展

徐丰彦
上海第一医学院生理学教研组
沈 锷
中国科学院生理研究所,上海

植物性神经系统的研究大致可分两个大方面。其一是从外周方面研究交感和副交感神经的作用以及产生作用的机制。自从本世纪20年代提出化学传递学说以来,生理学者充分利用了生理学、药理学和有机化学的方法,在神经末梢传递机制上开辟了一个新的境界,把神经作用的化学本质研究得很深入。其二是从中枢方面研究各种植物性机能调节中枢的定位和作用机制。古典的刺激与切除方法有了技术上的改进,电生理方法使对于神经中枢的直观研究成为可能。特别应该提到的是定向技术的使用,使生理学工作者有可能深入探测活着的脑子中间任何一指定部位,并进行刺激、损毁、电位引导等等手续。晚近关于植物性活动调节中枢的许多确切知识都是与这一技术的应用分不开的。今后这些方法还有应用的价值,将会继续给予我们更多的知识。但也应该承认,生理学研究的每一工作方法,既善于解决某一特定类型的问题,同时也就有它内在的局限性。它所能阐明的只能是整个问题的某一个方面。生理过程本身是统一完整而又非常复杂的过程,要求我们不断地改进旧的方法和创造新的方法,从各个角度研究这一复杂的有机体,从而更全面地认识它。

植物性神经系统生理学的现代进展是多方面的,限于时间与个人水平，只能提出其中的一小部分问题作一简单报告，并提出一些不成熟想法。

一

人和动物的植物性神经系统，尤其是交感神经系统，在很早以前就和情绪活动联系起来了。肯农的经典著作到现在还有它的价值，并且在内容上已得到许多补充。近来由于儿茶酚胺化学测定方法的进展，已有可能在少量体液中测定它的浓度并对肾上腺素和去甲肾上腺素做出鉴别，不但证明肯农原来的理论，并且还能区别在不同程度的情绪状态下血浆中肾上腺素和去甲肾上腺素量的不同比率。例如比较强度的损伤性条件刺激仅引起动物血液去甲肾上腺素的分泌增加，而在更能引起紧张情绪的同类刺激下，血液肾上腺素分泌也增加[1]。有人认为人的愤怒情绪伴随着血中去甲肾上腺素的增加，而忧郁情绪则伴随着肾上腺素的增加[2]。

由于精神状态和交感神经系统的这种关系，因此有人设想精神病患者是否也表现植物性神经系统反应性的失常。精神病学者曾设计了一些对人体的测验方法。例如所谓Funkenstein测验，用肾上腺素（0.05毫克）作静脉注射，和用乙酰甲胆碱（10毫克）作肌肉注射，测定所引起的血压反应。特别是乙酰甲胆碱所引起的后作用更有意义，反应的大小、长短可作为病人交感神经系统反应性的指标[3]。有人用急性动物实验的资料来说明这种测验确能反映下丘脑交感和副交感中枢的反应性[2]。但应用在人体时，要考虑到高级神经活动尤其是第二信号系统活动所起的作用，人体对药物的反应已不能简单决定于下丘脑本身的反应性了。注射时外周组织的机能状态自然也影响到注射的效果。由于以上的考虑，不能认为这种测验具有高度的准确性。尽管如此，测定人体植物性神经系统的"神经类型"，对于一些疾病的发病机制的了解可能具有一定的参考意义，因此不断有临床实验工作者设计着对人体植物性神经系统机能的测定方法[4]。

二

作为植物性神经系统的主要中枢下丘脑,近来仍旧是主要研究对象。这些年来,由于前述方法上的改进,关于下丘脑的许多所谓中枢的定位与功能增添了不少的材料,下面是其中的一部分。

1. 体温调节

生理学工作者很早以前就已认为下丘脑的外侧后侧部整合着机体的产热与保温活动,而前侧部则整合着散热活动。还发现除温度感受器的传入冲动外,中枢本身也能对温度变化直接感受。远在本世纪30年代[5],生理学者在急性实验中把对温度最敏感的脑组织定位在下丘脑前部,这区域的直接加温可引起散热反应,包括呼吸浅速和出汗,它的损伤则引致动物失去对高温进行适应性反应的能力。现代的生理学者进一步在清醒动物犬、羊身上用埋藏电极对下丘脑中枢进行刺激或改变温度,证明如用电流刺激下丘脑前部前连合与视交叉之间的区域,或将其加温至39～41℃时,便引起血管舒张、呼吸浅速、代谢率降低等等反应。如动物在寒冷环境中,肌肉战栗时,则这种刺激可减少甚至抑制战栗。曾有实验记载,在寒冷中持续刺激动物下丘脑前部3小时之久,体温下降至29.5℃。此时停止刺激,动物迅速恢复强度战栗,3小时之内体温恢复正常[6]。相反,同一区域的人工降温至35℃上下,则引致皮肤血管收缩。如在冷环境中,或在同时皮肤受到冷刺激,则进一步发生骨骼肌的战栗[7]。用放射性碘方法可测得甲状腺释放碘的速度也加速[8]。因此可以认为下丘脑前侧司理散热反应的中枢对高温有直接敏感性,是个"温度感受器"。至于它是否对低温也敏感,还没有一致意见。但有人认为此中枢只对高温敏感,而低温则仅仅是一般性地降低神经组织的活动,并无特异性,这说法似乎较为合理。从以上结果看来,下丘脑外侧后侧部与前部似乎具有下列关系:即外侧后侧部管理肌肉战栗和血管收缩等等对冷刺激的防御反应,是一冷防御中枢,它在皮肤冷感受器传入冲动下发挥作用;而前侧区的兴奋则能抑制此中枢的活动,故当前侧区的刺激停止时,外侧后部被释放出来,于是冷防御反射又重新出现。

在下丘脑前方透明隔区域,用电流刺激时对下丘脑水平的冷防御中枢有刺激作用。透明隔区的持续刺激引致体温上升[9]。故此区域的作用正与下丘脑前部的作用相反。

2. 摄食的调节

早已知道,人类下丘脑的病理变化能引起肥胖症。在实验动物也可做出这种模型。由于现代实验技术的改进,已有可能确定产生实验性下丘脑肥胖症的区域是在所谓腹侧内侧核[10]。毁坏大白鼠下丘脑两侧的腹侧内侧核之后,动物食量增加,似乎丧失了饱的感觉,以致多食而逐渐肥胖,因而这一区域就命名为"饱中枢"。后来,更发现大白鼠下丘脑外侧的一定部位损伤时,引起相反结果,完全拒食,可以一直至死亡[11]。在先损伤腹侧内侧核而致多食的动物再一次损伤外侧区域时,动物也拒食。因此,外侧区域是保证动物摄食动作的中枢,命名为"摄食中枢"。摄食中枢的兴奋,使动物发生食物行为,而饱中枢的兴奋则可能抑制摄食中枢。曾经有人用埋藏电极自我刺激装置的实验发现如果电极埋藏在下丘脑"饱中枢"时,动物在缺乏食物的状态下倾向于较多地发生自我刺激行为,电极埋藏在他处时无此现象[12]。这实验结果是否意味着饱中枢兴奋时动物发生饱的感觉或能克服饥饿感觉,当然无从猜测,但很有兴趣。

但这里的所谓"摄食中枢"与"饱中枢",并不能认为是动物用以调节与整合有关营养摄取的最高机构。动物选择食物的机能或有关食欲的整合机能可能属于边缘皮层。

除电刺激或切除方法之外,曾有人在实验中用化学方法破坏动物的"饱中枢"。用葡萄糖、金和硫结合起来的化合物金硫葡萄糖(gold-thio-glucose),当一次注射于小白鼠后,即可使它逐渐由于多食而发生肥胖症。这化合物有毒性,据说能选择性地作用于下丘脑腹侧内侧核区域,将其破坏,但有同样毒性的非葡萄糖金硫化合物却无此作用。因此认为前者之所以能选择性地对腹侧内侧核细胞发生作用,是因为这种细胞对葡萄糖有特大的亲和力,大量吸收了这种化学分子,产生了毒性作用。由于这种考虑,下丘脑腹侧内侧核区域被称为"糖感受器"[13]。按照这一派人的看法,血糖对动物食物行为的调节起很大作用,当糖的利用率(动静脉血含量之差)减少时就发生饥饿,而糖的利用率高时即有饱感。"糖感受器"与外周组织一样,能吸收和利用糖,当糖的利用多时,则抑制摄食中枢的活动。因此动物可通过"糖感受器"来调节摄入食物的量。近来有人用埋藏电极引导动物下丘脑中枢的脑电变化,当人工地增加动物血糖浓度时,"饱中枢"的脑电频率显著增加而"食物中枢"的脑电幅度则减少;血糖浓度过低时,"饱中枢"脑电幅度下降而"食物中枢"脑电频率稍有增加。改变血中蛋白质或脂肪的浓度时不引起脑电变化,葡萄糖浓度的改变也不引起下丘脑其他区域的脑电变化。这些结果支持所谓"饱中枢"乃是"糖感受器"的说法[14]。但这一饶有兴趣的问题并不能说已完全解决。糖感受器是否可以精确定位在腹侧内侧核还有疑问[13],对于控制动物摄食行为的基本调节因素也还有不同看法,糖调节论仅是许多学说之一。

3. 饮水的调节

以前生理学者在研究垂体后叶抗利尿激素的调节时,曾经提出"渗透压感受器"概念。这一感受器的定位是在间脑由内颈动脉所灌注的区域。近年来对此继续有所研究。用电流刺激或微量高渗盐水(2~3%NaCl)注射到清醒动物下丘脑的一定部位时,可引起饮水行为。电刺激的效果比盐水刺激更高。在用山羊的实验中,持久刺激下可使动物饮下大量的水,达到它自己的体重的大约40%,结果形成血液稀释和多尿[15]。用山羊做这类实验的有利之点就是它有巨大的胃,可以暂时容纳大量的水,以充分表现效果。组织学检查指出被刺激部位是在上述食物中枢的稍内侧,处于穹窿与乳头体丘脑束之间。用电流凝固方法损坏动物的这一区域时,则饮水量减少,以致产生严重的失水症[16]。这区域的刺激同时引起抗利尿和乳汁排出。但引起后一效应的区域位置比较靠前侧,与引起饮水行为的区域并不完全在一起。直接刺激视上核和旁室核也只引起抗利尿和排出乳汁而不引起多饮[17]。似乎下丘脑管理饮水的中枢与管理抗利尿激素分泌的中枢是分开的,也就是有两个神经机构分别调节着水的摄入与排出。

近代形态学研究指出下丘脑视上核、旁室核(或视前核)神经细胞具有腺细胞特点,含有可染色的小颗粒,这种小颗粒并沿着视上—垂体束的神经纤维向神经垂体方向运输。实验指出这些颗粒实际上就是垂体后叶激素,它由下丘脑神经细胞所分泌,而神经垂体只不过是贮存激素的场所[18]。有一些研究,还指出后叶激素通过门脉进入垂体前叶,还可调节前叶促肾上腺皮质素的分泌,作为下丘脑—垂体前叶之间的介质[19,20],但后一假设还未得到公认[21]。

关于视上核与旁室核的机能有无区别的问题,有人报告从颈动脉注入高渗盐水可引起视上核区域单位放电频率增加,而旁室核区域单位放电频率则减少[22]。有人在大白鼠下丘脑的研究中对旁室核的机能进行分析。旁室核有大小两种细胞,小型细胞不含有神经分泌物质,其纤维也不伸向神经垂体;大型细胞含有神经分泌物质,纤维走向神经垂体。旁室核的损毁可使神经垂体组织中丧失催产素。因此认为下丘脑视上核的机能为分泌加压抗利尿素,旁室核大型细胞的机能则为分泌催产素[23]。此等说法尚待更多的实验加以证实。

三

对于脑干部分的植物性机能调节中枢的研究,主要集中在延髓区域,虽然中脑和桥脑区域也曾有过若干工作。

1. 呼吸中枢

本世纪二十年代和三十年代的研究工作,把脑干中管理呼吸运动的机构分成三个水平,对于它们之间的相互作用也有初步的设想,已成为教科书材料了。近来有关呼吸中枢的研究,在具体现象和理论上做了若干修正和补充。例如王世濬等[24]特别强调长吸中枢作为正常呼吸活动中一个重要的中枢,肺牵张感受器冲动和所谓调整中枢的冲动都是对它起控制作用的,延髓中枢则不是维持正常呼吸的主要机构。他们用刺激和电解破坏方法把猫脑调整中枢定位在桥脑网状结构背侧外侧部的一个局限区域,长吸中枢定位在桥脑中部的网状结构中[25],并用刺激和电位引导方法把延髓网状结构的吸气中枢定位在闩部前后,呼气中枢则延伸至闩部之后约3毫米[26]。这是与教科书材料不相同的,但已有其他工作者加以证实[27]。他们还从调整中枢和长吸中枢引导出与呼吸节律同步的许多类型的神经细胞冲动发放。

Salmoiraghi等成功地引导出吸气与呼气中枢神经细胞内的电位变化[28],这是比较困难的作业。从细胞内电位引导的实验方法,可以获得资料,在理论上推测中枢神经细胞节律性兴奋发放的机制。例如这些学者看到呼吸中枢神经细胞在发放一阵冲动的同时,膜电位逐渐降低,使他们推测这些神经细胞具有一种自我限制机制,在发放了一系列冲动以后限制了再发放而停止活动。

呼吸中枢的节律性活动如何发生,这一问题长期以来存在着两种不同看法。简括地说来,一种认为它本身具有节律性活动能力,另一种认为节律性活动依靠外来的影响。上述这些作者[29]用切除法孤立脑干,引导电位,发现随着孤立程度的加大而发生节律性活动的神经元愈少,因而认为延髓中不存在所谓起步者的神经细胞,呼吸节律的发生依靠延髓以外的传入冲动,而呼吸节律的维持,认为是由于呼和吸两种神经元组成的网络的"自我再兴奋"和交互抑制。

单个神经元的电位引导,可使研究者探测脑组织深部的单位活动,但却不能同时观察许多单位之间的相互作用与相互关系。在呼吸中枢节律性活动的起源问题上,看来还有待于在神经元之间的相互关系上进一步阐明。

呼吸中枢概念中近来还分化出一个化学感受器的概念。在去大脑的猫,氯醛糖可阻抑呼吸中枢对CO_2的敏感性,但对传入神经冲动的反应性却无变化[30]。以微量碳酸氢钠注射入脑与电刺激脑两者相对照,发现延髓对化学敏感的区域较对电流敏感的区域靠后,有些对化学不敏感的区域,电刺激可引起很强的呼吸反应[31]。这些事实形成了呼吸中枢附近存在着化学感受器的看法基础。

2. 心血管中枢

单个神经细胞冲动引导的方法不独被应用在呼吸中枢，并已开始应用到心血管中枢的神经元。去年有人在孤束核记录与心搏同步的神经元放射[32,33]，今年有人记录出在血压变化时脑干神经元冲动发放的变化[34]。这些神经元大部分在网状结构中，分成两类，一类在血压升高时频率加快，另一种则相反。沈锷等在兔的网状结构神经元电位引导的实验中，找到了一些神经元，它的放电频率可为减压神经刺激所影响。

本世纪三十年代以来，对于延髓血管运动中枢的基本概念，变化不大。缩血管中枢所占的部位似乎要比林可胜等[35]当时的概念要广泛。林可胜等认为延髓的减压区实际上是对脊髓交感神经元发生抑制作用的神经机构[36]，现在则有人认为是减压反射的传入通路[37]。至于所谓延髓舒血管中枢，现在绝大多数人的看法并不承认它的存在，减压反射乃是由于缩血管中枢受抑制而非由于另一舒血管中枢的兴奋。

关于心加速中枢的定位，有人发现在切割中脑以后，刺激延髓就再不能得到心加速反应，因而认为中枢位于较高部位[38,39]，但最近王世濬等则仍认为延髓背侧乃是重要的心加速中枢[40]。

3. 呕吐中枢

王世濬等把呕吐中枢定位在延髓网状结构外侧，毁坏之后动物不再对阿朴吗啡起呕吐反应。又发现在第四脑室的"最后区"有一化学敏感的"触发"区域，阿朴吗啡首先作用于它，触发呕吐中枢的兴奋而起反应。因此最后区也具化学感受器的特性[41]。所谓最后区，过去不认为是一种神经组织，后来观察到其中有神经细胞，并有疏松神经纤维束和延髓其他部分联系，其中尚有较多的血管和血窦。这些性质使得它适宜成为一个化学感受区[42]。

在皮肤电反射的调节方面，汪敬熙等切除猫的丘脑水平以上，由刺激皮肤神经所引起的皮肤电反射幅度大为增加，而在中脑中部横切则反射强度大减,以至不出现反射,如此时将延髓机能去除,反射又出现。电刺激延髓网状结构腹侧内侧亦可抑制这种反射[43]。脑干部分的其他工作如关于膀胱运动中枢等等的研究,也体现着脑干不同水平对低级中枢具有加强和抑制作用,不再一一细述。

四

植物性神经系统的外周神经末梢与神经节传递机制问题,这些年来积累了许多新的资料。在肾上腺素能传递方面,这次将另有详细讨论,兹仅提出胆碱能传递中有待解决的一部分问题。

1. 胆碱能神经元与肾上腺素能神经元

四十年代徐丰彦等对犬的在体小肠运动的急性实验中,观察到颈迷走神经的刺激或肠系膜动脉的乙酰胆碱或烟碱注射能引起肠运动的双重反应,用阿托品处理以后,对刺激或注射的兴奋反应消失,抑制反应仍存在[44]。这些事实使他们设想肠壁内神经丛迷走神经节后神经元具有两种类型:胆碱能神经元和肾上腺素能神经元。近来其他国家的工作者也有人做出同样的结果与推测,并发现在兔肠局部注射肉毒素以消除乙酰胆碱的影响以后,肠段在离体状态下对烟碱的运动反应也仅是抑制而无兴奋[45]。肠肌内神经丛同时具备两种不同作用的神经元可能对于蠕动的调节有利,因而这种推测是可能的。但首先还须了解这些药物本身的作用机制:它们的作用是否仅仅限于消除平滑肌对乙酰胆碱的收缩反应而不在其他方面影响平滑肌的反应性?因此欲对上述假设做出决定性的判断还依靠有更好的工作方法。

2. 心脏中迷走神经的末梢传递

很早以前已有人在实验中看到颈迷走神经刺激对心脏也有兴奋作用。最初时认为这可能由于迷走神经干中含有交感纤维,但在离体哺乳类心脏,尤其是在用阿托品、冷冻或其他药品处理以后,迷走神经、乙酰胆碱或烟碱都能引起兴奋效应[46]。这现象曾有不同的解释。例如有人以为心肌的节律性活动本身依靠一定量的乙酰胆碱或一定的乙酰胆碱合成能力[47],或者说心肌在受冷冻后,其膜电位降低,失去兴奋传导性,乙酰胆碱作用在于改变其通透性[48],提高其膜电位[49];膜电位恢复到一定水平时兴奋传导性恢复,故重新表现可见的心搏。但同时也不应忽视另一事实,即在灌流心脏实验中,用乙酰胆碱或烟碱刺激心脏时,灌流液中出现肾上腺素样物质,这物质可能是刺激心肌活动的重要因素[50,51]。梅俊在他的实验中,又发现当用利血平处理兔子后,其离体冷冻心肌不再能为迷走神经和乙酰胆碱所兴奋[52]。因此,这里也存在着肾上腺素能迷走节后神经元的可能性。当然完全也有可能,被乙酰胆碱所释放的儿茶酚胺不是来自神经节细胞而是来自心组织中的嗜铬物质。因为没有神经节细胞的乳头肌也能对乙酰胆碱起兴奋反应[53]。以上这些问题都牵涉到儿茶酚胺,乙酰胆碱等物质对心肌和平滑肌基本生理特性的作用机制方面。

五

下面是个人对于植物性神经系统研究方向的一些看法。

1. 神经生理的化学本质

神经通过它的介质(神经激素)对外周组织起作用,外周效应器官通过它的受体对介质起反应,神经作用归根到底是化学作用。效应器官的兴奋和抑制的本质自然也必须与这些介质和相应的受体的相互作用机制相联系。在神经中枢方面,神经细胞的兴奋和抑制的机制这类基本问题,在原则上与外周组织不应有所不同。也就是说,神经细胞的生理活动与它的代谢特征是分不开的。

神经元的功能和活性化学物质的功能的不可分割性在下丘脑神经垂体系统表现得最突出。在这里,视上核和旁室核的神经细胞本身似乎同时又是内分泌腺细胞,参与着激素的产生过程,而神经纤维则似乎是一条传布激素的通路。假如这种猜测是正确的,那么这里的神经元与其他部位的神经元在功能上似乎很不相同:其他部位的神经元,通过它们的兴奋的传导和传递,调节另一效应器官的活动,而这里的神经元则通过它的分泌物而起调节作用。这区域的单位放电已有人研究过[22]，我们亟需知道从这种神经细胞体和它的纤维引导出来的生物电特性与一般神经原有什么不同,这冲动又起什么作用？

上文还介绍了不少位于下丘脑和延髓的多种"感受器",一个神经细胞能对环境中的理化变化敏感,这是毫不足怪的,但问题在于它们的特异性。这是从另一方面体现着中枢神经细胞具有不同的化学特征。

化学传递学说曾经产生出对于外周神经的一个新的分类方法。是否可以设想,在中枢神经系统兴奋传递的化学本质以及各种类型神经细胞的代谢特点得到充分阐明以后,神经中枢各个机能系统也可以用它的化学特征来加以分类？这或者能更好地把神经系统的生理学与病理生理学或者药理学的特征配合起来,但达到这个远景的先决条件在于细胞水平神经化学的进展。

2. 内脏神经系统与躯体神经系统功能的整合

内脏功能与躯体功能的统一表现在各个不同水平对两种机能的整合作用上。

内脏神经与躯体神经中枢之间的相互联系在脊髓水平已有表现。脑干网状结构存在着调节骨骼肌运动与内脏活动的神经元。首先可以看到所谓心血管中枢和呼吸中枢的神经元就错综复杂地分布在大致相同的区域中[54],只有用电生理方法才有可能鉴别它们。在这一解剖特点的背景上很难想象它们之间不发生功能上的相互影响。事实上我们知道呼吸中枢的节律性兴奋活动的确能反映到心血管神经支配上,使后者也表现阵发性活动[55]。从交感神经和膈神经分别引导电位活动时,可发现这种关系,一般是膈神经先开始放电,然后交感神经也随之开始放电,因此称之为呼吸中枢兴奋向交感神经中枢"扩散"。我们实验室近来发现两中枢兴奋性高时,有利于扩散,降低时则扩散影响也减少,而在一定条件下呼吸中枢的兴奋节律也可与交感阵发性放电分离。同时,这种扩散并不需要桥脑以上的脑组织参加。

由于脑干网状结构对呼吸、循环、皮肤电反应、膀胱运动和骨骼肌运动功能都有控制，而且控制方式都不外易化和抑制；又由于呼吸和循环两机能间的上述扩散关系，因而使人设想所谓去大脑僵直、长吸式呼吸和植物性神经机能亢进反应都归结于统一的网状结构易化区的功能表现，而相反的一面则归结于统一的网状结构抑制区的功能。在Hoff等的去大脑动物实验结果中，网状结构易化作用取得相对优势时，表现着去大脑僵直、长吸式呼吸和副交感机能亢进[56]。Glasser则看到长吸式呼吸伴随着血压升高、心率加速[57]。曾有人用电流分别刺激延髓各个点，的确找到有些点在受刺激时能引起膝跳反射、血压和呼吸三者同时加强，但也有些点只引起其中两种机能的相同变化，更有些点引起彼此相反的变化[58]。因此还不能用简单的刺激方法发现脑干水平对躯体与植物性机能的整合规律。

高一级的整合在间脑水平。下丘脑所整合的机能不仅限于某一器官或某一系统的机能，而是具有较高意义的某一基本生命活动：摄食、饮水、保持体温等等。参加这些活动者已不仅是一个系统的功能而是包括内脏与躯体各方面功能的协调。在这一水平上，呼吸运动与植物性神经机能的协调也很明显。例如损伤或用药物处理下丘脑时既改变了血压也改变了呼吸运动[59]。

内脏机能最高一级的整合是在大脑皮层，包括新皮层和边缘叶。电刺激新皮层可以引起植物性反应，尤其是血管反应，这在较早时期已被认识。近来一些学者所发现的胆碱性肌肉舒血管神经系统，研究得比较仔细[60]。它发源于运动区，具有自己的特殊通路，仅仅调节肌肉中血流量而不参加加压和减压反射。这是机体系统与内脏系统功能的整合的一个最明显例子。它的生理意义现在虽还不清楚，但很有可能与保证肌肉在运动时的血液供应有关。

在内脏神经系统的高级整合水平上，现代对于所谓大脑边缘系统的研究是一新的进展。刺激、切除、电位引导和临床病理观察都指出动物和人大脑皮层的这一区域对内脏功能的调节特别有关，主要是关于食物行为和性的活动的出现，内分泌腺活动的调节和情绪活动表现等等。下丘脑、脑干网状结构等部位的内脏活动调节机能可能与边缘叶有相互的联系。从初步事实资料看来，有人概括地认为杏仁核、颞叶和额叶皮层部分主要功能有关于个体生存的保持，而隔部、海马和扣带回部分主要功能则有关于种族生存的保持[61]。对于这一方面问题的继续深入研究，除原来已有的方法外，可能要求有一些新创造，以便更能具体了解在完整机体中在正常或病理状况下这些结构的作用规律，这将会给临床医学，尤其是神经精神病学带来新的资料。

我们对于机体与内脏功能的整合问题特别感到兴趣的是，机体活动是随意运动，而内脏活动则是不随意活动，通过中枢神经系统的各个水平，它们之间以兴奋扩散方式，以非条件反射和条件反射方式互相联系起来，这就意味着机体内有意识的与无意识的生理过程可以互相影响。如何产生影响，这是生理学者的研究任务，但在这一方面的工作还不是很多。这种研究不仅限于能解释一些生理现象，同时也为临床医学和心理生理学上某些问题的阐明提供理论根据。

参考文献

[1] Mason, J. W.: *Ann. Rev. Physiol.*, 1959, **21**: 353.

[2] Gellhorn, E.: Autonomic Imbalance and the Hypothalamus. Univ. of Minnesota Press, 1957.

[3] Funkenstein, D. H., Greenblatt, M. and Solomon, H. C.: *J. Nerv. and Ment. Dis.*, 1948, **108**: 409.

[4] Wenger, M. A.: Psychosom. Med., 1957, **19**: 240.

[5] Magoun, H. W. et al: *J. Neurophysiol.*, 1938, **1**: 101.

[6] Andersson, B.: *Acta Physiol. Scandinav.*, 1957, **41**: 277.

[7] Andersen, H. T. et al: *Acta Physiol. Scandinav.*, 1962, **54**: 159.

[8] Andersson, B. et al: *Acta Physiol. Scandinav.*, 1962, **54**: 191.

[9] Andersson, B.: *Acta Physiol. Scandinav.*, 1957, **41**: 90.

[10] Hetherington, A. W. and Ranson, S. W.: *J. comp. Neurol.*, 1942, **76**: 475.

[11] Anand, B. K. et al: *Proc. Soc. exp. Biol. Med.*, 1951, **77**: 323.

[12] Wendt, R. and Olds, J.: *Federation Proo.*, 1957, **16**: 136.

[13] Mayer, J.: *Clin. Research*, 1957, **5**: 123.

[14] Anand. B. K. et al: *Electroenceph. and Clin. Neurophysiol.*, 1961, **13**: 54.

[15] Andersson, B. et al: *Acta Physiol. Scandinav.*, 1953, **28**: 188; 1955, 33:333.

[16] Andersson, B. et al: *Acta Physiol. Scandinav.*, 1955, **35**: 312.

[17] Andersson, B. et al: *Acta Physiol. Scandinav.*, 1955, **35**: 191.

[18] Scharrer, E. and Scharrer, B.: *Becent Progress in Hormone Research*, 1954, **10**: 183.

[19] Mirsky, I. A. et al: *Endocrinology*, 1954, **55**: 28.

[20] McCann, S. M.: *Endocrinology*, 1957, **60**: 664.

[21] McDonald, R. K. et al: *Proc. Soc. exp. Biol. Med.*, 1957, **96**: 652.

[22] Cross B. A. and Green, J. D.: *J. Physiol.*, 1959, **148**: 554.

[23] Olivecrona, H.: *Acta Physiol. Scandinav.*, 1957, **40**: suppl. 136.

[24] Wang, S. C. et al: *Amer. J. Physiol.*, 1957, **190**: 333.

[25] Ngai, S. H. and Wang, S. C.: *Amer. J. Physiol.*, 1957, **190**: 343.

[26] Haber, E. et al: *Amer. J. Physiol.*, 1957, **190**: 350.

[27] Nelson, J. R.: *J. Neurophysiol.*, 1959, **22**: 590.

[28] Salmoiraghi, G. C. and Baumgarten, R. von: *J. Neurophysiol.*, 1961, **24**: 203.

[29] Salmoiraghi, G. C. and Burns, D.: *J. Neurophysiol.*, 1960, **23**: 2, 14, 27.

[30] Euler, C. von and Söderberg, U.: *J. Physiol.*, 1952, **118**: 545, 555.

[31] Liljestrand, A.: *Acta Physiol. Scandinav.*, 1953, **29**: Suppl. 106.

[32] Hellner, K. and Baumgarten, R. von: *Pflügers Archiv.*, 1961, **273**: 223.

[33] Smith, R. S. and Pearce, G. W.: *Canad. J. Biochem. Physiol.*, 1961, **39**: 933.

[34] Salmoiraghi. G. C.: *J. Neurophysiol.*, 1962, **25**: 182.

[35] Chen, M. P. et al: *Chinese J. Physiol.*, 1936, **10**:445; **11**: 355, 367, 385.

[36] Lim, R. K. S. et al: *Chinese J. Physiol.*, 1938, **13**: 61.

[37] Lindgren, P. and Uvnäs, B.: *Amer. J. Physiol.*, 1954, **176**: 68.

[38] Peiss, C. N.: *J. Physiol.*, 1960, **151**: 225.

[39] Peiss, C. N.: *Fed Proc.*, 1960, **19**: 86.

[40] Chai, C. Y. and Wang. S. C.: *Amer. J. Physiol.*, 1961, **202**: 25, 31.

[41] Wang, S. C. and Borison, H. L.: *Gastroenterology.*, 1952, **22**: 1.

[42] Brizzee, K. R. and Neal, L. M.: *J. Comp. Neurol.*, 1954, **100**: 41.

[43] Wang, G. H. et al: *J. Neurophysiol.*, 1956, **19**:340, 350, 446, 564.

[44] Hsu, F. Y. et al: *Proc. Chinese Physiol. Soc.* Chengtu Branch, 1944; **2**: 39; 1945, **2**:107.

[45] Ambache, N.: *British J. Pharmacol.*, 1951, **6**: 51, 311.

[46] Hsu, F. Y., et al: *Sci. Technol. in China*, 1948, **1**(4): 84.

[47] Bülbring, E. and Burn, J. H.: *J. Physiol.*, 1949, **108**: 508.

[48] Marshall, J. M. et al: *J. Physiol.*, 1956, **131**: 186.

[49] Burn, J. H.: *British Med. Bull.*, 1957, **13**: 157.

[50] Hoffmann, F., et al: *Amer. J. Physiol.*, 1945, **144**: 189.

[51] Richardson, J. A. and Woods, E. F.: *Fed. Proc.*, 1957, **16**: 330.

[52] 梅俊:生理学报,1959,**23**: 8.

[53] Middleton, S.: *Acta Physiol.* Lat-amer., 1956, **6**: 82.

[54] Amoroso, E. C. et al: *J. Physiol.*, 1954, **126**: 86.

[55] Adrian, E. D. et al: *J. Physiol.*, 1932, **74**: 115.

[56] Hoff, H. E. et al: *Amer. J. Physiol.*, 1952, **171**: 178.

［57］Glasser, R. L.: *Amer. J. Physiol.*, 1960, **198**: 421.

［58］Bach, L. M. N.: *Amer. J. Physiol.*, 1952, **171**: 417.

［59］Redgate, E. S. and Gellhorn, E.: *Amer. J. Physiol.*, 1958, **193**: 189.

［60］Uvnäs, B.: *Physiol. Rev.*, 1960, **40**: suppl.4, 69.

［61］MacLean, P. D.: *Amer. J. Med.*, 1958, **25**: 611.

生理学进展,1963,58-73

针刺促进动脉血压正常化的机制探讨

徐丰彦

针灸是我国古代医学的宝贵遗产。解放以后,许多科学工作者做了大量广泛的生理与病理观察和实验,多数意见认为针刺对正常生理功能趋向于正常化,并将此作用名为"调整"作用。

1960年胡旭初等报告在清醒狗捻针"足三里"可使低速静注法去甲肾上腺素稀溶液所引起的高血压降低,也可使低速静注乙酰甲胆碱稀溶液所引起的低血压升高。这是针刺促进动物血压正常化的有用模型。根据他们的实验,损毁中央导水管周围的中央灰质,正常化作用即不出现。他们还指出,刺激不限于捻针"穴位",以适当的压力、温度或电刺激作用于动物皮肤,都可达到同样目的。但未继续研究。1978年青岛的中国生理科学学术会议上,我提出晚近我国的针灸生理研究,大量集中于针刺镇痛专题,我国学者早年建立的上述动物血压正常化模型似乎也应该分出一部分力量进一步深入研究。在此后我教研室部分同志从事于针刺对循环功能正常化的研究,近二、三年来工作已有所进展。兹将工作的一部分作简略汇报。

我们按照胡旭初等的方法,但以电针代替手针,在清醒狗上实验,完全可以证明慢速静注一定浓度的去甲肾上腺素产生实验性高血压时,电针"足三里"或"内关"可减少内脏血流量,减低心率而使血压降低;而在慢速静注一定浓度的硝普钠(Nitroprusside,扩血管药)产生实验性低血压时,同样参数的电针可增加心输出量,减少肾脏血流量而使血压升高。

电针升高血压与降低血压的机制是不同的。电针降低高血压，必须用清醒犬，在药物麻醉下无效；电针升高低血压，在戊巴比妥麻醉下仍有效。电针降低高血压，在静注或通过埋藏导管微量注射纳洛酮于下丘脑后部、中脑中央灰质等部位后不再发生；反之，静注或微量注射吗啡于脑的上述部位，实验性高血压狗的血压却可以下降。可见电针能在脑内释放内源性吗啡样物质，作用于相应受体，降低血压，正如电针镇痛作用一样，但静注阿托品或东莨菪碱对这种狗没有作用，电针仍能降压。电针升高低血压的作用，在静注阿托品或东莨菪碱后不再发生，但静注纳洛酮对这种狗无作用，电针仍能升压。

我们尝试在慢性实验中，切除四条缓冲神经以产生另一种实验性高血压，但手术恢复后不出现持久性高血压，只不过血压较不稳定。在这种动物慢速静注去甲肾上腺素，仍能引起高血压，但不为电针所抑制，我们注意到慢速静注去甲肾上腺素的动脉血氧分压降低数十毫米汞柱，怀疑此种高血压可能伴随有动脉化学感受性升压反射。我们在另一些正常狗慢速静注山梗菜碱以产生高血压，发现此种高血压也可被电针所抑制，后者可被纳洛酮所阻断。作为对照，我们取对组织代谢影响不大的升压药苯肾上腺素慢速静注于清醒犬，所引起的高血压也不为电针所抑制。由此可见原来由慢速静注去甲肾上腺素所引起的高血压实际上伴随有化学感受器升压反射，电针所致的降压作用主要乃由于内源性吗啡样物质抑制了化学感受性升压反射。

生理科学，1982（Z1）：31-32

岁月留痕

徐丰彦教授证件照

20世纪20年代,徐丰彦在复旦求学期间留影

徐丰彦与儿子徐耀垣

20世纪50年代,徐丰彦教授(右二)与教研组同事讨论工作

1955年,苏联专家基比雅柯夫来院,与徐丰彦教授(右一)等讨论工作

1956年，上医抽调部分力量支援组建重庆医学院，图为徐丰彦教授（右）在向生理技术员范维正交代配备的部分实验器材使用要点

1956年，生理学教研组部分教职员工服从组织决定，赴重庆支援重庆医学院建设，临行前全体教研组合影

二排左三为徐丰彦教授

1957年春节期间,徐丰彦(左一)与颜福庆(右四)等到苏联专家基比雅柯夫住处拜年

1957年4月,生理学教研组欢送苏联专家基比雅柯夫回国
前排左六为徐丰彦教授

1957年4月,徐丰彦教授(右二)等欢送苏联专家基比雅柯夫回国

1959年,徐丰彦教授(右)与中医专家盛梦仙在讨论中医

1959年,徐丰彦教授在学术讨论会上作气功疗法生理机制初步探讨的报告

1959年4月,徐丰彦教授陪同诺贝尔奖获得者海门斯教授参观上医生理学教研组并进行座谈

1959年11月,苏联医疗体育专家雷可铎夫斯基教授来上医参观生理学教研组和气功研究室,徐丰彦教授(右)等接待

20世纪50年代,徐丰彦教授在进行神经中枢相互关系的研究工作

1961年7月,上海第一医学院生物物理专业第一届毕业生合影
二排右六为徐丰彦,右七为庄鸣山,右八为郑葆芬

1961年8月,上海第一医学院生理学、生物化学、生物物理学专业毕业生合影
二排左九为徐丰彦教授

1962年,徐丰彦教授(前排右五)与教研组同事合影

1963年,徐丰彦教授等专家同赴朝鲜平壤考察经络研究所
后排左五为徐丰彦教授

1977年,徐丰彦教授获上海市教育战线先进工作者荣誉时留影

1978年,生理学工作者在上海讨论中国生理学会活动计划
前排左三为徐丰彦教授
［图片来源:《中国生理学史》(第2版)］

1978年,生理学工作者在北京讨论生理学发展规划
前排左三为徐丰彦
[(图片来源:《中国生理学史》(第2版))]

1979年3月,上海第一医学院1976届试办研究班毕业留念
前排中为徐丰彦教授

1980年1月,上海第一医学院78级生理学高师班结业留影
前排中为徐丰彦教授

1980年11月,上海第一医学院80届生理师资进修班结业留影
前排左七为徐丰彦教授

1981年,上医纪念中国共产党成立60周年大会上,徐丰彦教授(左三)被评为先进党员

1982年7月,徐丰彦教授(左)与学生张镜如(中)、姚泰(右)在讨论工作

1983年6月10日,学校向80岁高龄以上的11位老教授祝寿
图为徐丰彦教授(前排中)在发言

1983年6月10日,学校向80岁高龄以上的11位老教授祝寿
前排右三为徐丰彦教授

1985年，上医专家委员会成立大会上，徐丰彦（中）与徐荫琪（左）、朱国恩（右）合影

1985年，徐丰彦教授（二排左四）与师生合影

1986年,徐丰彦教授(二排中)与师生合影

1986年9月,徐丰彦教授(左)与学生姚泰合影

1987年10月,徐丰彦教授(右)欢迎美籍华裔生理学教授高逢田来访

1987年10月,高逢田(右三)、姚泰(右四)、张镜如(左一)等向徐丰彦教授(左三)祝酒

1989年11月，中国生理学会第18届全国代表大会暨学术会议在上海举行，晚餐时徐丰彦教授（中）与姚泰（右）、邓希贤（左）合影

20世纪80年代，徐丰彦教授（中）与生理学教研组同事讨论工作

20世纪80年代,徐丰彦教授(左)接待瑞典皇家卡罗林斯卡医学研究院第二生理研究所主任戴·奥托逊(David Ottoson)

20世纪80年代,徐丰彦教授(右四)与研究生们合影

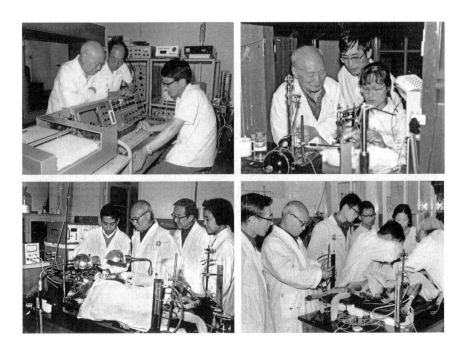

20世纪80年代,徐丰彦教授在指导实验

徐丰彦与段恕诚伉俪

丰泽杏林 隽彦长辉——徐丰彦教授诞辰120周年纪念文集

徐丰彦教授（前排右）与家人合影

晚年的徐丰彦教授

1992年,上医生理学教研组同事在医院为徐丰彦教授(左三)祝寿

1992年,徐丰彦教授90岁寿辰留影

1966年2月,徐丰彦教授写给校党委的报告

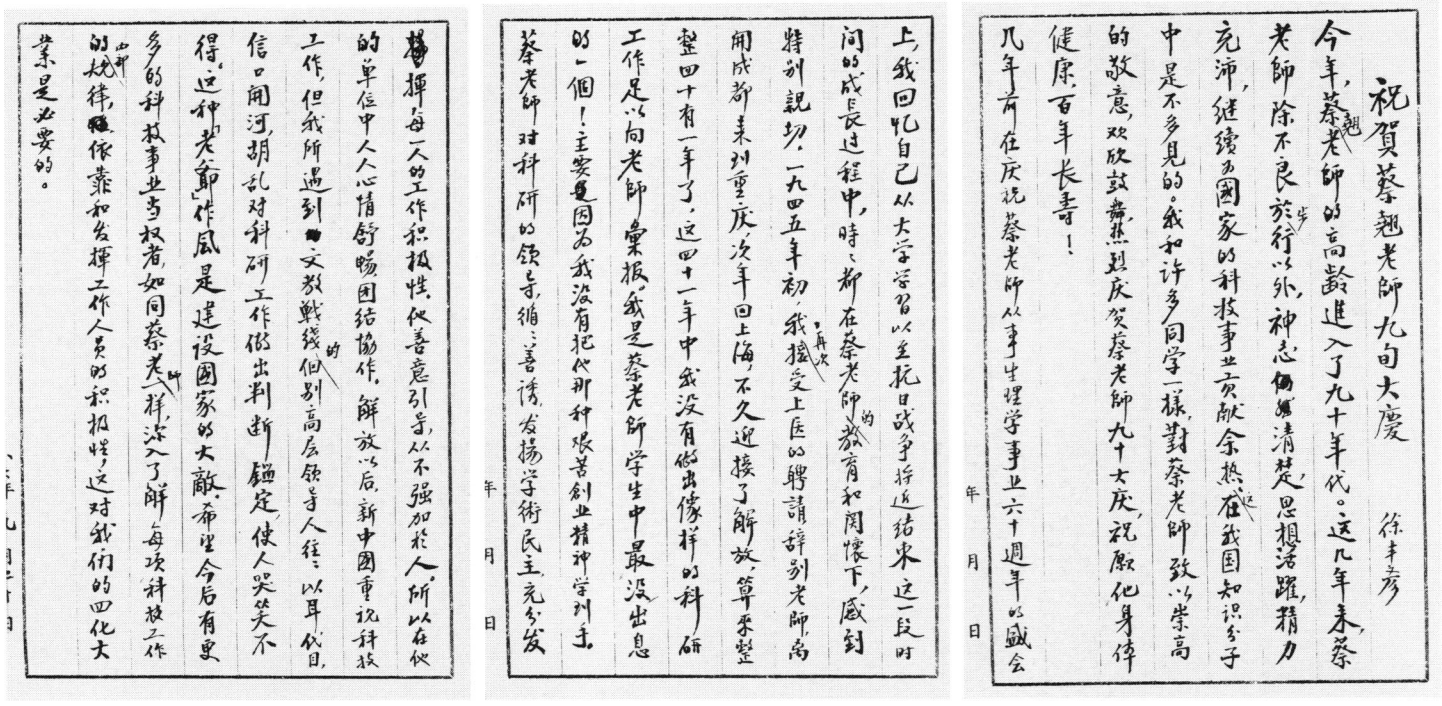

祝賀蔡翹老師九旬大慶　徐丰彦

今年，蔡翹老師的高齡進入了九十年代。這几年來，蔡老師除不良於行以外，神志倘清楚，思想活躍，精力充沛，继續为國家的科技事业貢献余热，在我国知识分子中是不多見的。我和许多同学一樣，對蔡老師致以崇高的敬意，欢欣鼓舞，热烈庆贺蔡老師九十大庆，祝愿他身体健康，百年長寿！

几年前在庆祝蔡老師从事生理学事业六十週年的盛会上，我回忆自己从大学学習以至抗日战爭将近結束这一段时间的成長过程中，时时都在蔡老師的教育和関懷下，感到特别親切。一九四五年初，我接受上医的聘請，辞别老師，离開成都来到重庆，次年回上海，不久迎接了解放，算来整整四十有一年了。这四十一年中我沒有做出像样的科研工作，足以向老師彙报，我是蔡老師学生中最沒出息的一個！主要是因为我沒有把你那种艰苦创业精神学到手。

蔡老師对科研的領导，循循善誘，发揚学術民主，充分发揮每一个的工作积极性，从善意引导，从不强加於人，所以在你的单位中人人心情舒畅，团結協作，解放以后，新中國重视科技工作，但我所遇到的文教战线，似别高层領导人往往以耳代目，信口開河，胡乱对科研工作做出判断，錮定，使人哭笑不得。这种老爺作風是建設國家的大敵，希望今后有更多的科技事业当权者，如同蔡老师一样，深入了解每项科技工作的規律，依靠和发揮工作人员的积极性，这对我们的四化大業是必要的。

1986年9月，蔡翹90岁寿辰时徐丰彦手写的贺信

徐丰彦教授《祖国医学针灸疗法在我国的研究》手稿

苏轼 念奴娇 赤壁怀古 大江东去浪淘尽千古风流人物 故垒西边人道是三国周郎赤壁乱石穿空惊涛拍岸 捲起千堆雪江山如画一时多少豪杰 遥想公瑾当年小乔初嫁了雄姿英发羽扇纶巾谈笑间樯橹灰飞烟灭故国神游多情应笑我早生华发人间如梦一尊还酹江月

辛弃疾 菩萨蛮 书江西造口壁 郁孤台下清江水中间多少行人泪西北望长安可怜无数山 青山遮不住毕竟东流去江晚正愁予山深闻鹧鸪

岳飞 满江红 怒发冲冠凭阑处潇潇雨歇抬望眼仰天长啸壮怀激烈 三十功名尘与土八千里路云和月莫等闲白了少年头空悲切 靖康耻犹未雪臣子恨何时灭驾长车踏破贺兰山缺 壮志饥餐胡虏肉笑谈渴饮匈奴血 待从头收拾旧山河朝天阙

陆游 卜算子 咏梅 驿外断桥边寂寞开无主已是黄昏独自愁更着风和雨 无意苦争春一任群芳妒零落成泥碾作尘只有香如故

八四·七·廿二日十五时十五分 丰彦

徐丰彦教授的书法

编者注：本书图片除特别注明外均来源于复旦大学档案馆。

图书在版编目(CIP)数据

丰泽杏林　隽彦长辉:徐丰彦教授诞辰120周年纪念文集/金力,袁正宏主编.—上海:复旦大学出版社,2023.11
(百年上医·大师风采)
ISBN 978-7-309-17028-3

Ⅰ.①丰… Ⅱ.①金…②袁… Ⅲ.①徐丰彦-纪念文集 Ⅳ.①K826.2-53

中国国家版本馆CIP数据核字(2023)第194410号

丰泽杏林　隽彦长辉:徐丰彦教授诞辰120周年纪念文集
金　力　袁正宏　主编
责任编辑/贺　琦

复旦大学出版社有限公司出版发行
上海市国权路579号　邮编:200433
网址:fupnet@fudanpress.com　http://www.fudanpress.com
门市零售:86-21-65102580　团体订购:86-21-65104505
出版部电话:86-21-65642845
上海四维数字图文有限公司

开本787毫米×1092毫米　1/16　印张18　字数242千字
2023年11月第1版
2023年11月第1版第1次印刷

ISBN 978-7-309-17028-3/K·817
定价:88.00元

如有印装质量问题,请向复旦大学出版社有限公司出版部调换。
版权所有　　侵权必究